北京铭文城砖研究

明清城砖铭文的历史信息与多元文化价值

The Research of Inscription of Beijing Wall Brick

The Historical Information and Multiple Cultural Value of Inscription of Ming/Qing Wall Brick

蔡青 / 著

图书在版编目（CIP）数据

北京铭文城砖研究：明清城砖铭文的历史信息与多元文化价值 / 蔡青著 . —北京：金城出版社，2018.1
ISBN 978-7-5155-1651-6

Ⅰ . ①北… Ⅱ . ①蔡… Ⅲ . ①古砖—研究—北京—明清时代 Ⅳ . ① K876.34

中国版本图书馆 CIP 数据核字（2018）第 025753 号

北京铭文城砖研究：明清城砖铭文的历史信息与多元文化价值

作　　者	蔡　青
责任编辑	张朴远
开　　本	889 毫米 ×1194 毫米　1/16
印　　张	50
字　　数	120 千字
版　　次	2018 年 3 月第 1 版　2018 年 3 月第 1 次印刷
印　　刷	三河市腾飞印务有限公司
书　　号	ISBN 978–7–5155–1651–6
定　　价	398.00 元

出版发行	**金城出版社**　北京市朝阳区利泽东二路 3 号 邮编：100102
发 行 部	(010)64210030
编 辑 部	(010)84257510
总 编 室	(010)64228516
网　　址	http://www.jccb.com.cn
电子邮箱	jinchengchuban@163.com
法律顾问	陈鹰律师事务所　(010)64970501

城墙是磚石构築的史书
城磚是历史印记的载体

丙戌年雪月　阎振堂

国家文物局原副局长　中国收藏家协会名誉会长阎振堂先生题

铭文城砖研究

城砖铭文图版

北京城垣、城门示意图

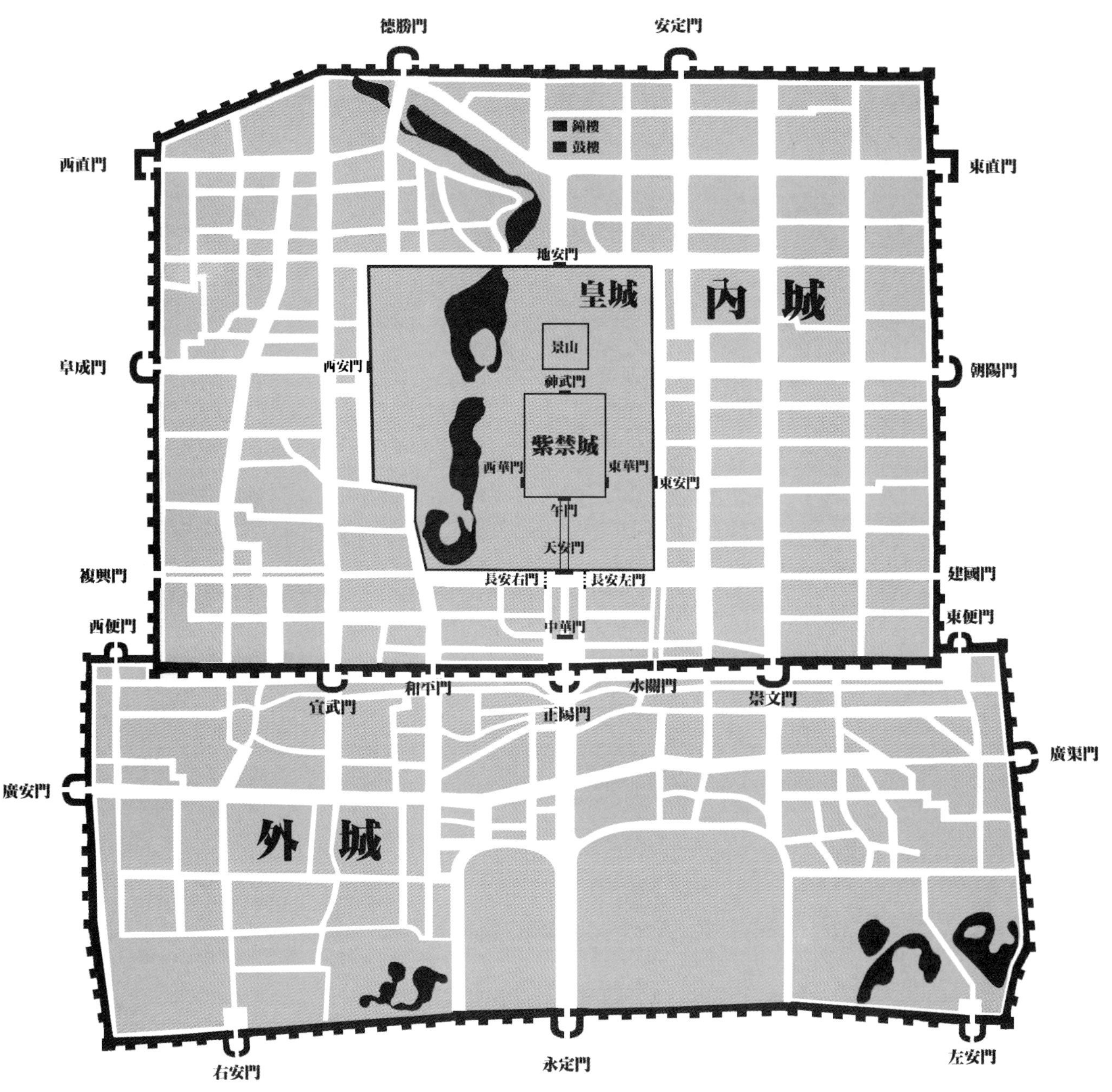

蔡青、严师制图

凡 例

一、《北京铭文城砖研究》是一部关于北京城市历史文化的专著，研究内容为明清时期北京城砖铭文特有的历史信息与多元文化价值。

二、本书研究的对象系明清时期全国各地专门为京师（北京）敕建工程烧造的钦工物料砖，由于其主要用于北京的内外城城墙、皇城城墙、紫禁城城墙、皇陵宝城及陵墙等城工项目，故文中统称为“北京城砖”。

三、“城砖铭文”指钤印于城砖之上，记录各类城砖相关信息的汉字。

四、书中遴选的城砖铭文主要采撷于北京老城危改拆迁区域及各类皇家古建筑，一小部分源自与明清时期北京城砖生产有密切关系的外阜，如：北京城砖主要产地山东临清。

五、本书内容主要由“铭文城砖研究”和“城砖铭文图版”两部分构成。铭文城砖研究部分系从不同视角对城砖的文化内涵进行多层面分析研究，城砖铭文图版部分则收纳了明、清时期北京的城砖款识图片：

1. 明代款系从成化至崇祯按朝代排序；（成化前，永乐至天顺六个朝代尚未发现铭文砖实物）

2. 清代款系从顺治至道光按朝代排序；（道光后，咸丰至宣统四个朝代尚未发现铭文砖实物）

3. 其他类型款则包括各种无朝代名称的款识，如：纪年款、干支款、官府款、卫所款、产地款、窑厂款、窑户款、图形款、专项款、材质款、色印款、杂项款等。

六、文中引用城砖铭文时，为保持其原真性，字型尽量保持与原砖文相同（包括繁体字、俗体字、简写字、通假字、错字、反字等）。对残损或模糊不清的文字，统一在其原位置以相同数量的“□”代替。

七、城砖铭文图版共收入各种城砖铭文照片1600余帧，每幅图片均附有与之相对应的释文。为方便对照和解读，释文选用与原砖文相同的字体，对于砖文中出现的俗体字、异体字、简写字、通假字、错字、反字等，在释文中则尽量保持其原字形；对铭文中缺失及漫漶难辨的文字，释文也统一以相同数量的“□”代替。

八、对于铭文内容相同，但源于不同砖模的款识，本书也一并收录以供比较。

九、有时不同城砖出现同一砖模的铭文，如果各自存在不同部位的残缺、漫漶现象，也将酌情选录以供对比与互补。

十、图录中尽可能展示款识及所附砖面的完整形态，如有些砖款过小或模糊不清，则在旁边增补一幅该款识的局部特写图，以助辨识。

十一、为方便文图对照，在文中部分引用砖文后面的括号内，标有该砖铭在图版中的页码。

十二、书后附有明清北京城砖铭文名词释读，对砖文中涉及的各类名词做了初步注释。

十三、书后还附有砖款中不同人物的人名检索表，以供查考。

|代序|

铭文城砖
被忽视的珍稀实物史料

·蔡青

北京城砖是专为敕建工程烧造的“钦工物料”，论材质当属砖中上品，而其中那些钤有铭文的城砖，更因承载着丰富的历史信息而成为珍贵的实物史料。

明初修建凤阳中都城和南京城时即广泛采用钤印砖文的方式记录与城砖生产相关的内容，筑建北京城亦延续了这一做法。如今，南京古城墙幸存于世，且有大量文字砖保留，而北京古城垣早已不复存在，内容丰富的铭文砖也鲜有遗存，因而也更感北京铭文城砖的弥足珍贵。

北京城砖系明清时期各地砖窑专为朝廷烧造并运抵京师用于各类敕建工程的物料砖，城垣是使用城砖最多的建筑物，内城、外城、皇城、宫城（紫禁城）乃至坛、庙及皇陵，无不大量施用此“钦工物料”。

城砖铭文又称“砖铭”或“砖文”，以款识的方式钤印于砖面之上，如果说古城墙是一部砖石砌筑的史书，那么城砖就是构成这部巨著的浩瀚字符。这些古城砖见证了历史的演进，而城砖铭文则详实记录了北京城发展的悠久历程。

瑞典史学家喜仁龙（Osvald Sirén）先生是最早系统考察北京古城砖的人，他在二十世纪二十年代初曾不辞艰辛地对北京古城垣进行了认真、细致的考察，也因此成为迄今为止唯一实地系统研究北京城墙砖的人。尽管由于当时的客观条件不能对浩瀚的古城砖款识进行全面、系统的拓印或拍照，但他还是极尽所能地用文字记录下了观察到的大多数城砖铭文，并认为，城墙是这座城市发展过程的历史见证，它身上的每一块城砖都“布满着已逝岁月的痕迹和记录”。

二十世纪五十年代初至六十年代末，北京的城墙被逐步拆除，大量的城砖转瞬间成了各类建筑物的墙体和地基。二十世纪九十年代初至二十一世纪前十年，随着旧城危改工程的实施，无数城砖被拆出，但在挖掘机的轰鸣中，在拆迁工人的锹镐下，大多又沦为废弃的建筑垃圾。然而，这也为我提供了一个难得的近距离研究考证古城砖的机遇。

明清城砖铭文研究是一个多元化、综合性的系统工程，其内容涉及政治、经济、文化、军事、制造、管理、运输、工役、职级建制等领域。

政治层面：涉及政府各级职官建制，政府在行政层面对制砖业采取的监管措施，以及城砖制造、运输及检验等各项管理机制。

经济层面：城砖产地的分布及演变、制砖业的经济管理模式、城砖制造业的职务责任制度、城砖的材质、城砖的不同种类、城砖的用途、城砖规制及验收标准。

军事层面：军事卫所参与制砖业的情况、军队职官参与城砖制造管理的情况。

文化层面：丰富的砖文书法、砖文字体特征、民间俗体字、艺术图形等。

作为一项具有多元文化价值的实物史料，长期以来，北京城砖铭文并没有受到足够的重视。如今，在经过不断认真、深入的研究后，我们欣喜地看到，这些砖文为研究明清时期城市建设、地理沿革、经济状况、产业管理、职官建制、匠役制度、文字演变等提供了大量极有价值的信息。通过辨识、考证这些历史资料，探索其学术价值和文化内涵，得以从这一特殊视角对北京的这段历史进行宏观认识和微观剖析。

期望本书关于铭文城砖的研究，能够填补北京城垣建筑历史方面的一些空白，也为北京的城市文化建设再增添几块新砖。

铭文城砖研究

一、北京铭文城砖款识类别

北京城砖文化历经明清两代五百余年的演变和发展，其款识可归纳为以下几种主要类型：综合款、皇朝款、纪年款、干支款、官府款、卫所款、产地款、窑厂款、窑户款、图形款、专项款、材质款、色印款、杂项款。

1. 综合款

明初筑建凤阳中都城和南京城时，综合性的城砖铭文较为普遍，内容丰富详实为其主要特征。砖款一般综合记录以下几项主要内容：（1）皇朝名号和纪年；（2）府、州、县名称；（3）各类官员的职级与姓名；（4）窑匠等各类造砖人的姓名。例：

淮安府海州提調判官劉□□
司吏徐庸　作匠朱惠山
洪武七年　月　日造（明中都凤阳城砖铭文）　（152）

南康府提調官通判趙斌司吏游清
都昌县提調官主簿房秉正司吏張伯行
總甲段常甲首馮世中小甲于京原
窑匠黄昇造磚人夫陳阿刘（明南京城砖铭文）

营建北京城时，产自江南一带的城砖仍延续了明早期综合款铭文的形式。如下：

直隷蘇州府衛管工委官指揮魯洪知事趙榮
吳县提調官知縣陳振所縣委官千户唐弘主簿于通
該吏屠嵩
成化拾年　月　日造　黑窑匠錢行　陸行　曹昌（明北京城砖铭文）　（161）

應天府委官通判戴昊
江寧縣委官典吏陳奇
弘治拾肆年　月　日該吏郭时聡窑匠曹□（明北京城砖铭文）　（242）

應天府委官通判郭濬

江寧縣縣丞彭鋭該吏章洪

正德二年 月 日老人曹剛窑匠曹勝 （明北京城砖铭文） （257）

嘉靖四年三月 日造 匠人胡玉

委官黎明陳□

督造推官李欽昊司吏周邦

直隸安庆府提調知府陸鈳 （明北京城砖铭文）

2. 皇朝款

皇朝款是北京明清两代城砖款识中最具皇室特征的一种主流款识，以皇朝名号为主要内容，彰显其“钦工物料”的至尊身份。

（1）明代皇朝款

明代的皇朝款铭文城砖较常见，然而，成化之前的几个王朝（永乐、洪熙、宣德、正统、景泰、天顺）目前尚未发现其皇朝款铭文砖，尚待研究，但成化及其后面的几个王朝则不乏皇朝款铭文砖。

成化、弘治、正德三朝的城砖铭文主要以皇朝名和年号开头，后面附加产地。

成化（1465—1487）

成化九年 月 日金乡縣窑造

成化拾柒年 月 日湯陰縣窑造 （176）

弘治（1488—1505）

弘治拾肆年滑縣窑造 （239）

弘治十八年陵縣窑造

正德（1506—1521）

正德十年臨清州造 （268）

正德十一年東光縣營造 （270）

嘉靖朝的城砖铭文以皇朝名和年号开头，后面再附加季节、产地、窑户等。

嘉靖（1522—1566）

嘉靖伍年临清厰精造窑户孙倫 （311）

嘉靖十年春窑户孫文銘為大名府造 （361）

嘉靖十九年秋季窑户韓浦造 （419）

隆庆朝的城砖铭文以皇朝名和年号开头，后面附加厂和窑户。

隆庆（1567—1572）

隆庆二年下廠窑户汪禮造 （463）

隆庆四年上廠窑户杜翠造 （472）

隆庆五年后廠窑户盖昂匠人刘延年造 （476）

万历朝的城砖铭文以皇朝名和年号开头，后面一般附加窑户和匠人。

万历（1573—1620）

萬歷三十一年窑户張亨匠人楊鹿造 （494）

萬歷三十五年窑户柴成匠人趙□造 （497）

天启、崇祯二朝的城砖铭文以皇朝名和年号开头，后面则附加窑户和作头。

天启（1621—1627）

天啟六年窑户朱文作頭石應举造 （509）

天啟七年窑户汪元作頭劉虎造 （513）

崇祯（1628—1644）

崇禎元年窑户朱文作頭張时造 （520）

崇禎四年窑户張亨作頭張守信 （526）

以上明代皇朝款城砖铭文的基本规律是：各朝均以皇朝名和年号开头，后面内容则有所不同，或突出产地、或突出季节、或突出窑厂、或突出窑户、匠人、作头等各类造砖人。细节的变化体现的是皇朝的改换，但记录的主要还是两部分内容，即皇朝年号和造砖责任人。

（2）清代皇朝款

清代各朝仍保持以城砖铭文记录信息的做法，但最大的变化是改变了城砖款识的钤印位置。明代砖款均在砖的长侧面，而清代砖款则全部改印于砖的短侧面，毋庸置疑，这种变化是原则性的，是一个新王朝对旧王朝在细节上具有代表性的否定态度。

清代皇朝款铭文城砖主要出于清中前期，即顺治、康熙、雍正、乾隆四朝，砖文形式接近明晚期天启、崇祯砖铭的特征，即皇朝名和年号开头，后面附加窑户和作头。

顺治（1644—1661）款城砖铭文：

顺治四年分窑户張澤作頭趙邦印造 （529）

顺治十五年分臨清窑户孟守科作頭崔文舉造 （529）

顺治十七年分臨清窑户平柴誠作頭李仕造 （539）

康熙（1662—1722）款城砖铭文：

康熙拾伍年臨清窑户孟守科作頭巖守才造　（542）

康熙拾捌年臨清磚窑户周循魯作頭梁继尧張化豹造　（543）

康熙二十八年臨清磚窑户張有德作頭刘奇施茂擇造　（544）

康熙二十八年臨清□□□□作頭郭守貴造　（545）

雍正（1723—1735）款城砖铭文：

雍正五年臨清磚窑户劉成恩作頭王加禄造　（546）

雍正十年臨清磚窑户張泽作頭趙起奉造

清代以乾隆年间铭文城砖数量最多，铭文种类最丰富。除上述特征外，还有很多以皇朝名加干支年的款识。

乾隆（1736—1795）款城砖铭文：

乾隆貳年分臨清磚窑户張有德作頭焦天禄造　（547）

乾隆十四年臨清磚窑户孟守科作頭崔成造　（549）

乾隆丙子年烧造　（549）

乾隆拾伍年窑户周循魯作頭林森造　（550）

乾隆辛未年製　（553）

乾隆辛未年製 人和窑户武邦照　（556）

乾隆四十二年窑户孟守科作頭崔成造　（557）

嘉庆款的铭文城砖很少见，目前仅发现一例。

嘉庆（1796—1820）款城砖铭文：

嘉庆五年臨清磚窑户薛洺作頭于彭年造　（558）

道光款的铭文城砖在北京及清西陵都未见到，目前仅在城砖产地临清考察到不多的几例：

道光（1821—1850）款城砖铭文：

道光十年臨磚程窑作頭崔貴造　（559）

咸丰款铭文城砖至今尚未考察到实物，以下城砖铭文系瑞典史学家喜仁龙于二十世纪二十年代初考察北京城垣时所记录，咸丰年号铭文砖信息目前仅此一例。

咸丰（1851—1861）款城砖铭文：

咸丰元年作頭王泰立造

同治款铭文城砖至今尚未考察到实物，以下城砖铭文系瑞典史学家喜仁龙于二十世纪二十年代初考察北京城垣时在西直门一带城墙上所见及记录，同治年号铭文砖信息目前也仅此一例。

同治（1862—1874）款城砖铭文：

同治万万岁

光绪款铭文城砖至今尚未见到任何实物及信息。

光绪（1875—1908）款城砖铭文：

尚待考证。

宣统款铭文城砖至今尚未见到任何实物及信息。

宣统（1908—1911）款城砖铭文：

尚待考证。

3. 纪年款、干支款

明清两代统治时间较长的皇朝，都会出现一些仅有纪年或干支的砖款，如明代嘉靖朝（45年）、明代万历朝（48年）、清代康熙朝（61年）、清代乾隆朝（60年）等。

（1）明代纪年款

二十三年分窑户李楨造（万历）

三十六年窑户胡永成作頭李□造（万历）　（574）

四十八年窑户汪元作頭石文造（万历）　（579）

卅九年窑户李養德造（嘉靖）　（582）

（2）清代纪年款

三十年窑户周循魯作頭吴□造（康熙）　（567）

卅一年窑户暢道造（康熙）　（581）

（3）明代干支款

丙寅年窑户符□□作頭□□造（天启）　（582）

甲申年臨清窑户張廉匠人孫現造（万历）　（583）

戊寅年窑户張越翔造（万历）　（590）

戊子年窑户紀鄉造（嘉靖）　（592）

（4）清代干支款

甲辰年窑户将志大作頭□□造（康熙）　（584）

辛巳年誠造（乾隆）　（584）

戊子年窑户华戴造（乾隆）

4. 官府款

明清两代，城砖均属钦工物料，为保证上乘质量，专为朝廷制造城砖的砖窑大多属官办或官督民办。

皇城官窑新様城磚　（599）

官窑辦造新様城磚　（601）

興泰官窑誠造　（602）

工部監督桂　（603）

5. 卫所款

明代军事卫所广泛参与造砖工役，其款识多钤有卫、千户所、百户等。

直隸松江府金山衛管工委官指挥魏文照磨任輅
上海縣提調官知縣李豫所縣委官百户華珪縣丞湯學該吏王愷
成化拾年 月 日造 黑窑匠計文恭 金福海　（159）

直隸安庆衛委官指揮仓□朱□
右千户所百户刘□□
弘治十四年 月 日 小甲趙錢 匠人吳□　（247）

成化十七年彰德衛造　（184）

直隶潼关衛造　（618）

6. 产地款

（1）明代产地款

直隸常州府武進縣造　（622）

六合縣造　（621）

直隶松江府城磚　（627）

莘縣窑造　（630）

（2）清代产地款

五里屯窑户孫山貴造　（613）

清河窑户蒋恩造　（614）

十里河窑户潘雲鳳造　（621）

7. 窑厂款

(1) 明代窑厂款

明代窑厂款的砖铭并不多见，隆庆朝有上厂、中厂、后厂等厂款，嘉靖朝和万历朝有临清厂款，而单纯钤以窑名的则很少。

後廠窑户暢紀造 （652）

上廠窑户孫長富匠人李寬造 （653）

中上廠窑户□□ （654）

临清廠窑户吴應龍造 （660）

嘉靖伍年临清廠精造

(2) 清代窑厂款

清代窑款的砖铭较为普遍，很多砖文以窑名为主，而钤以厂名的则很少。

永定官窑瓣造新樣城磚

永成窑記 （636）

廣顺窑細泥停城 （637）

寶祥窑廠 （643）

西通合窑澄漿停城 （644）

榮陞窑 （666）

8. 窑户款

(1) 明代窑户款

明代砖文一般较为丰富，而单独记载窑户的则很少。

加泒窑户暢紀造 （684）

窑户紀鄉造 （701）

临清窑户方世亨匠人□□造 （704）

(2) 清代窑户款

清代窑户砖铭较为普遍，很多砖文只记窑户名。

窑户石钦 （683）

窑户張春造 （683）

窑户孫国貴造 （687）

9. 图形款

明清城砖图形款识较少，因而也愈显珍贵，其寓意也值得从不同视角深入探究。

飞龙款 （745）

足（桃形）款　（745）

停城（葫芦款）　（746）

10. 专项款

标明专属名目的城砖铭文限定了物料等级与专项用途，其特殊身份在烧造时就已明确定位。

皇城墻新様城磚

大工　（734）

壽工　（735）

圓明園　（739）

王府足製　（740）

11. 材质款

此砖文注重表述的是城砖自身的优良材质和特殊工艺。

新様城磚　（766）

城工細泥城磚　（770）

大停城磚　（771）

細泥停城磚　（771）

12. 色印款

色印款是一种特殊的城砖印迹，红色印大多为官府验收城砖的戳记，另有一些黑色与白色印迹，应是窑户的简易砖铭。

验收（红色印）　（725）

臨清工部验中（红色印）　（759）

民記（黑色印）　（759）

楊記（白色印）　（761）

新磚（红色印）　（762）

13. 杂项款

有些砖铭由于其特殊性难以归类，杂项款则收纳了这些具有独特意义的城砖款识。例：

错印款（先错印一款，后又改印）　（774）

反字款（正刻字模印出的反字砖文）　（775）

作坊款（砖铭中极少见的造砖单位名）

二、北京城砖产地的分布与变迁

明城砖烧造始于明代初期，洪武二年（1369年），朱元璋“诏以临濠为中都”，在临濠（今凤阳临淮）大规模修建都城，至洪武八年（1375年），又“以劳费罢之”，继而将南京城按京师之制大规模改建。当时，为建中都城和南京城，朝廷向长江中、下游近一百多个府、州、县广泛征集钦工用砖，范围涉及今湖南、湖北、安徽、江西、江苏五省。为切实保证城砖质量，明确落实职责，朝廷下令，被征砖的各府、州、县相关官员以及窑匠和各类工役等必须在这些钦工用砖上留下姓名，明确城砖的来源，便于统计数量，发现次品后也容易查究相关窑户及官员的责任。可见，明初即已开启钤刻铭文记录城砖信息的模式。

北京城砖征集时仍采用了这一法则，并在明清五百余年的城建历程中延续贯彻。遗憾的是，北京古城垣如今已消失殆尽，原本内容丰富的铭文砖也鲜有传世。作为珍稀的文化遗产，这些铭文城砖所记载的历史信息，无疑会为我们深入研究明清时期北京城砖产地的分布与变迁提供大量有价值的史料。

1. 北京城砖产地分布

（1）北京城砖产地

自明永乐初至嘉靖初，这一时期朝廷并未停止在江南一带征用城砖。而嘉靖四年（1525年）以后，在京师就很少再见到江南款的铭文砖了。

1）明营建北京城仍延用的原中都（凤阳）城砖产地如下：

安庆府：	怀宁县	（今安徽省安庆市怀宁县）
	太湖县	（今安徽省安庆市太湖县）
	宿松县	（今安徽省安庆市宿松县）
	望江县	（今安徽省安庆市望江县）
镇江府：	丹阳县	（今江苏省镇江市丹阳市）
	丹徒县	（今江苏省镇江市丹徒县）
宁国府：	宣城县	（今安徽省宣城市）
赣州府：	赣　县	（今江西省赣州市赣县）
扬州府：	江都县	（今江苏省扬州市江都市）
	六合县	（今江苏省南京市六合区）

（注：根据目前北京已发现的砖铭统计）

2）明营建北京城仍延用的原南京城砖产地如下：

安庆府：	怀宁县	（今安徽省安庆市怀宁县）
	桐城县	（今安徽省桐城市）
	太湖县	（今安徽省安庆市太湖县）
	宿松县	（今安徽省安庆市宿松县）
	望江县	（今安徽省安庆市望江县）
镇江府：	丹阳县	（今江苏省镇江市丹阳市）
	丹徒县	（今江苏省镇江市丹徒县）
应天府：	句容县	（今江苏省镇江市句容市）
	江宁县	（今江苏省南京市江宁区）
	上元县	（民国元年并入江宁县，今江苏省南京市江宁区）
常州府：	武进县	（今江苏省常州市武进区）
	无锡县	（今江苏省无锡市）
太平府：	当涂县	（今安徽省马鞍山市当涂县）
	芜湖县	（今安徽省芜湖市芜湖县）
扬州府：	江都县	（今江苏省扬州市江都市）
	湾头镇	（今江苏省扬州市）
宁国府：	宣城县	（今安徽省宣城市）
	宁国县	（今安徽省宁国县）
赣州府：	赣　县	（今江西省赣州市赣县）
池州府：	贵池县	（今安徽省池州市）

（注：根据目前北京已发现的砖铭统计）

3）明营建北京城新增城砖产地如下：

（根据目前掌握的北京城砖铭文资料统计）

府	州	县	
苏州府	——————		（今江苏省苏州市）
		吴　县	（今江苏省苏州市吴中区和相城区）
		常熟县	（今江苏省常熟市）
		昆山县	（今江苏省崑山市）
松江府		华亭县	（今上海市）
		上海县	（今上海市）
扬州府	——————		（今江苏省扬州市）
	泰　州		（今江苏省泰州市）

府	州	县、镇	今地
		湾头镇	（今江苏省扬州市）
汝宁府			（今河南省驻马店市汝南县一带）
凤阳府			（今安徽省凤阳市）
	宿　州		（今安徽省宿州市）
南阳府			（今河南省南阳市一带）
怀庆府			（今河南省沁阳市一带）
		修武县	（今河南省焦作市）
		武陟县	（今河南省焦作市）
归德府			（今河南省商丘市睢阳区）
		睢阳县	（今河南省商丘市睢县）
卫辉府			（今河南省卫辉市）
		新乡县	（今河南省新乡市）
		汲　县	（今河南省卫辉市）
		淇　县	（今河南省鹤壁市淇县）
		胙城县	（今河南省新乡市延津县胙城乡）
		滑　县	（今河南省安阳市滑县）
		辉　县	（今河南省新乡市辉县市）
彰德府			（今河南省安阳市）
		汤阴县	（今河南省安阳市汤阴县）
		安阳县	（今河南省安阳市安阳县）
开封府			（今河南省开封市一带）
		阳武县	（今河南省新乡市原阳县）
		封丘县	（今河南省新乡市封丘县）
		原武县	（今河南省新乡市原阳县）
登州府			（今山东省蓬莱市一带）
东昌府			（今山东省聊城市一带）
		堂邑县	（今山东省聊城市东昌府区堂邑镇）
		聊城县	（今山东省聊城市东昌府区）
		临清县	（今山东省临清市，弘治二年升为临清州）
		冠　县	（今山东省聊城市冠县）
		莘　县	（今山东省聊城市莘县）
		博平县	（今山东省聊城市茌平县博平镇）
		清平县	（今山东省临清市水城屯村）
	高唐州		（今山东省聊城市高唐县）
		武城县	（今山东省德州市武城县）

恩　县　（已分别并入武城县和平原县）
夏津县　（今山东省德州市夏津县）
濮　州 ——— （今山东省聊城市）
观城县　（今河南省范县一带）
朝城县　（今山东省聊城市莘县朝城镇）
临清州 ——— （今山东省临清市，弘治二年由县升州）
馆陶县　（今河北省邯郸市）
青州府 ——— （今山东省青州市）
临淄县　（今山东省淄博市临淄县）
济南府 ——— （今山东省青州市）
长山县　（今山东省淄博市邹平县）
新城县　（今山东省淄博市桓台县）
禹城县　（今山东省禹城市）
青城县　（今山东省淄博市高清县）
商河县　（今山东省济南市商河县）
邹平县　（今山东省滨州市邹平县）
淄川县　（今山东省淄博市淄川区）
平原县　（今山东省德州市平原县）
德　州 ——— （今山东省德州市）
陵　县　（今山东省德州市陵县）
滨　州 ——— （今山东省滨州市）
利津县　（今山东省东营市利津县）
蒲台县　（今山东省东营市一带）
武定州 ——— （今山东省滨州惠民县城区）
乐陵县　（今山东省德州市乐陵县）
阳信县　（今山东省滨州市阳信县）
商河县　（今山东省济南市商河县）
莱州府 ——— （今山东省莱州市）
兖州府 ——— （今山东省兖州市一带）
城武县　（今山东省菏泽市城武县）
金乡县　（今山东省济宁市金乡县）
济宁州 ——— （今山东省济宁市）
巨野县　（今山东省荷泽市巨野县）
郓城县　（今山东省荷泽市郓城县）
东平州 ——— （今山东省泰市东平县）

府/卫	州	县	今地
		汶上县	（今山东省济宁市汶上县）
		寿张县	（今山东省阳谷县、河南范县一带）
	曹　州		（今山东省荷泽市）
顺天府			（今北京市）
河间府			（今河北省沧州市）
		静海县	（今天津市静海区）
		任丘县	（今河北省任丘市）
		献　县	（今河北省献县）
		东光县	（今河北省沧州市东光县）
	沧　州		（今河北省沧州市）
		庆云县	（今山东省德州市庆云县）
真定府			（今河北省正定县）
	晋　州		（今河北省衡水地区安平县）
		安平县	（今河北省衡水地区安平县）
	深　州		（今河北省衡水市辖深州市）
大名府			（今河北省邯郸市大名县）
		元城县	（今河北省邯郸市大名县城区）
		浚　县	（今河南省浚县）
		南乐县	（今河南省濮阳市南乐县）
		清丰县	（今河南省濮阳市清丰县）
	开　州		（今河南省安阳地区濮阳市）
		东明县	（今山东省荷泽市）
		长垣县	（今河南省新乡市长垣县）
保定府			（今河北省保定市）
		新城县	（今河北省高碑店市）
广平府			（今河北省永年县一带）
		威　县	（今河北省邢台市威县）
		清河县	（今河北省邢台市清河县）
		鸡泽县	（今河北省邯郸市鸡泽县）
	徐　州（直隶）		（今江苏省徐州市）
	和　州（直隶）		（今安徽省巢湖市含山县）
		含山县	（今安徽省巢湖市含山县）
潼关卫			（今陕西省潼关县）
归德卫			（今河南省东北商丘市一带）
平山卫			（今山东省西部聊城一带）

怀庆卫　（今河南省西北焦作市一带）
宣武卫　（今河南省开封市一带）
金山卫　（今上海市金山区金山卫镇一带）
真定卫　（今河北省正定市一带）
宁山卫　（今河南省北部新乡一带）
济南卫　（今山东省济南市一带）
信阳卫　（今河南省信阳市一带）
安庆卫　（今安徽省安庆市一带）
青州左卫　（今天津市东南一带）
镇海卫　（今江苏省太仓市一带）
彰德卫　（今河北省邯郸市临漳县一带）
河间卫　（今河北省沧州市辖河间市一带）

（根据目前掌握的北京城砖铭文资料统计）

4）凤阳、南京与北京城砖产地数量比较

明凤阳中都城	22 府	69 州县		（来源：《明中都研究》）
明南京城	35 府	140 州县		（来源：《南京城墙志》）
明清北京城	31 府	104 州县	15 卫	（作者实物考察与研究成果，截至 2017 年 6 月）

（2）明清北京城砖产地名录

目前已考证的明清北京城砖铭文资料所涉及的产地：

31 府　17 州　87 县　15 卫　（见图 2-1）

府：

应天府　安庆府　镇江府　常州府　太平府　宁国府　苏州府　扬州府　松江府
池州府　赣州府　凤阳府　汝宁府　南阳府　卫辉府　彰德府　归德府　怀庆府
开封府　东昌府　济南府　青州府　兖州府　莱州府　登州府　顺天府　河间府
真定府　广平府　保定府　大名府

州：

和　州　德　州　高唐州　临清州　东平州　武定州　濮　州　曹　州　滨　州
济宁州　沧　州　宿　州　深　州　开　州　徐　州　泰　州　晋　州

县：

上元县　句容县　六合县　江宁县　太湖县　桐城县　怀宁县　宿松县　望江县　常熟县
武进县　无锡县　崑山县　芜湖县　当涂县　临浦县　江都县　宣城县　宁国县　贵池县

吴　县 丹阳县 丹徒县 赣　县 华亭县 上海县 含山县 淇　县 汤阴县 城武县
长山县 金乡县 新乡县 汲　县 安阳县 辉　县 东光县 博平县 睢阳县 武陟县
修武县 观城县 利津县 汶上县 新城县 寿张县 乐陵县 堂邑县 莘　县 聊城县
郓城县 武城县 朝城县 阳信县 蒲台县 商河县 陵　县 禹城县 青城县 冠　县
原武县 阳武县 恩　县 平原县 钜野县 邹平县 淄川县 鸡泽县 清平县 长垣县
威　县 滑　县 元城县 东明县 任丘县 安平县 南乐县 献　县 浚　县 静海县
清丰县 临清县 胙城县 夏津县 清河县 庆云县 封丘县

卫：

潼关卫 归德卫 平山卫 怀庆卫 宣武卫 金山卫 真定卫 宁山卫 济南卫
安庆卫 信阳卫 镇海卫 彰德卫 河间卫 青州左卫

2. 明代铭文城砖与产地

明初永乐皇帝定都北京，永乐、洪熙、宣德、正统、景泰、天顺前六个王朝至今未发现有明确记录皇帝年号的铭文砖，这一现象尚待研究。

明光宗朱常洛（年号泰昌）在位不足一年，没有泰昌年号的铭文砖似乎也在意料之中，但也仍须考证。

目前，北京发现年代最早的砖铭为明朝成化款。

成化朝 (1465—1487) 地名款铭文砖

成化朝的铭文砖在城墙等敕建工程上虽不多见，但在其皇陵建筑上却出现较多，且大多钤印具体产地名称，从成化朝铭文砖的砖文内容和文字排列方式看，江南一带产的城砖大多仍延续了明代早期的风格，即府、州、县地名俱全。而产于江北一带的城砖，其款识已趋于简化，不过仍保持了产地名称，只是不像江南砖款府州县等地名齐全，大多仅标示县名，有少数标有州名。另外，成化朝还首次出现了一些产于某地军事卫所的铭文砖。

成化朝江南砖款模式：

成化七年八月二十四日
直隸寧國府 寧國縣管工委官□□
□□匠高手郭永 □匠陶叔芳造　（158）

直隸常州府委官知事王忠
無錫縣委官縣丞朱□□
成化拾柒年拾月　（171）

成化朝江北一带砖款模式：

成化十七年德州窑造　（166）
成化拾柒年城武縣窑造　（170）

成化十七年湯陰縣窑造　　（180）

成化朝军事卫所砖款模式：

成化拾柒年　月　日懷慶衛前所造　　（166）

成化十八年　月　日平山衛窑造　　（191）

弘治朝 (1488—1505) 地名款铭文砖

弘治朝的城砖多产于今山东、河北一带，其款识特点接近成化朝，砖文简洁但仍保留产地名称。二十世纪二十年代初，喜仁龙考察北京城墙时也没有记录到弘治砖铭。近几年，在对北京城砖的考察中也是偶尔发现一两块残损的弘治铭文砖，北京的弘治铭文砖大多集中于皇陵，这一点与成化大致相似。

弘治朝砖款模式：

弘治八年武陟縣造　　（213）

弘治十四年任丘縣窑造　　（234）

弘治十九年高唐州窑造

正德朝 (1506—1521) 地名款铭文砖

正德朝的城砖产地同样南、北皆有，《武宗正德实录》记："工部以修乾清、坤宁宫会计财物事宜上请。命尚书李燧提督营建。……张惠于南直隶、属员外郎主事唐升于北直隶俱烧砖。"[1] 因而正德朝的砖文内容和文字排列方式一部分仍有明代早期的江南风格，如详实记录府、州、县及各相关人员名称，一部分则体现出只标示具体产地的北方款识特色。

正德朝江南砖款模式：

直隸蘇州府委官經歷陳震該吏景质

正德二年五月　日窑户王縉造　　（253）

直隸安庆府提調官知府□□□□□□

桐城縣提調官□□

正德貳年捌月　日□□□□　　（256）

正德朝趋于简化的江南砖款模式：

正德丁卯應天府句容縣窑匠李秀五烧造　　（249）

直隸常州府武進縣造　　（634）

直隸常州府無錫縣造　　（628）

[1]　《武宗正德实录》卷一一七。

嘉靖朝(1522—1566)地名款铭文砖

嘉靖皇帝在位45年，各类土木工程几乎没有停止过，这一点，城砖铭文可为佐证，嘉靖朝砖铭记录的制砖年代几乎涵盖了整个王朝的始末。嘉靖朝城砖有产地名称记录的主要集中在早期，从目前考察看，基本在嘉靖十年以前。如果从产地名称的角度考证，嘉靖朝城砖生产大致可分为三个阶段：（1）嘉靖四年（1525年）以前，这一时期征集的江南砖，主要是嘉靖四年的砖，砖款基本延续了明代早期的特征，如砖文布局主要为竖向多行排列式，有产地所在府州县名称及其他与造砖相关的详实信息。而这一时期征集的北方砖铭文则很简洁，如嘉靖三年的一些砖铭，只有皇帝年号和窑户名。（2）嘉靖五年至十年，这一时期城砖的主要产地已经转移到东昌府临清州一带（今山东省临清市），制砖业在这里逐渐形成了较大的生产规模，朝廷对制砖业的管理也日趋规范化。从砖文所反映出的信息看，这一时期砖款中出现的“临清厂”便是朝廷为规范制砖业而组建的官办砖厂。其他个体砖窑也都被纳入统一的管理模式，具有一定的官管民办的性质，从早期的官员、窑户责任制逐渐转化为官府、窑厂负责制，形成了具规模化的砖产业模式。这一时期砖款体现出的严格构成规制和高度统一的文字组合形式，从一个侧面反映出了当时统一管理的严格性。（3）嘉靖十年以后的城砖铭文很少再见到有产地名称了。

嘉靖四年（1525年）以前的砖款模式：

嘉靖叁年杲造　（298）

嘉靖叁年窑造倫记　（286）

嘉靖肆年肆月 日窑户余義□造

直隶常州府□□□羅江該吏□□□

嘉靖五年（1526年）至十年（1531年）的砖款模式：

嘉靖伍年臨清廠精造窑户許友　（314）

嘉靖十年秋季窑户李楽爲兗州府造　（362）

以“嘉靖×年春（秋）季窑户×××为××府造”为模式的砖款，在当时颇具典型性和普遍性，砖款的形式、尺寸和字体也都有一定的规范。款识模式的统一，体现出当时政府对制砖业的严格管理。

嘉靖十年（1531年）以后的砖款模式：

嘉靖十五年秋季臨清廠窑户周世隆造

嘉靖二十六年分窑户孫子澄造　（435）

嘉靖三十三年窑户梁煉造　（448）

从嘉靖十一年（1532年）至四十五年（1566年），长达35年的时间里，除十五年的砖款注有临清厂外，几乎很少再见到钤有产地名称的铭文砖。

隆庆朝（1567—1572）地名款铭文砖

目前尚未发现隆庆朝带有具体产地名称的铭文砖，可作参考的城砖来源只有窑厂名。

隆庆四年上廠窑户孫文鎬匠人侯奉造　　（468）

隆庆四年中廠窑户趙輔匠人費強造　　（465）

隆庆二年下廠窑户汪禮造　　（463）

隆庆五年後廠窑户盖昂匠人刘延年造　　（476）

隆庆朝铭文砖虽未标示具体地名，但其前朝嘉靖年间砖款常见“臨清廠”及“後厂”的称谓，如：“嘉靖伍年臨清廠精造”“嘉靖三十四年後廠春季窑户陳府造”等。嘉靖朝城砖产地主要在东昌府临清州（今山东省临清市）境内，沿运河分布，据此推断，隆庆朝砖铭中的“上廠”“中廠”“後廠”应是对嘉靖朝制砖体制的延续与整合，其砖窑所在地亦应集中在东昌府临清州一带。

万历朝（1573—1620）铭文砖

万历朝铭文砖较多，但尚未见到标示具体地名的款识，从目前发现的万历款铭文砖来看，生产年代大多集中在万历三十年以后，目前只发现很少量三十年以前的铭文砖。

万历朝砖款模式：

萬曆九年窑户杨潼造　　（487）

萬曆三十一年窑户張亨匠人杨鹿造　　（494）

萬曆三十三年窑户吳中梓造　　（496）

萬曆三十五年窑户柴成匠人趙□造　　（497）

天启朝（1621—1627）铭文砖

天启皇帝在位七年，时值明朝后期，国力渐弱。经考察，这一时期的铭文砖较少，而且有些砖的尺度也明显小于前几朝，砖款模式与万历朝相近，目前尚未发现带有具体地名的款识。

天启朝砖款模式：

天啟元年窑户将守作頭尤□□造　　（502）

天啟七年窑户宋尚約作頭高臣造　　（517）

崇祯朝（1628—1644）铭文砖

崇祯皇帝在位十七年，时值明朝末期，国力衰竭。这一时期的铭文砖也不多，砖款模式与砖的尺度均与天启朝相近，小型砖较多，目前尚未发现带有具体产地的崇祯朝铭文砖。

崇祯朝砖款模式：

崇禎元年窑户陳禮作頭趙清造　　（518）

崇禎四年窑户张亨作頭張守信造　　（526）

3. 清代铭文城砖与产地

清代铭文砖在款识钤印的位置上有一个很大的变化，改变了明代砖款钤印在砖长侧面上的惯例，一律将款识钤印在砖的短侧面上，似乎是要从形式上明确区分两个不同的王朝，这一砖款位置的特征也成为今天我们分辨明、清两代铭文砖的一个基本要素。清代砖的铭文内容较明代简单，款识尺寸比明代短小，砖文字数也从明代的十几字、几十字变为廖廖几个字。清代城砖生产总量趋于减少，乾隆以后更呈逐朝递减之势，这当与日趋衰退的国力和动荡的国内外形势有很大关联。

顺治朝（1644—1661）铭文砖

顺治皇帝在位时正值清朝建国初期，这一时期的铭文砖主要集中在清东陵顺治孝陵的建筑上。在考察北京城墙砖及其他各类敕建建筑时均未见到顺治款的铭文砖。从目前已发现的顺治款铭文砖来看，这一时期基本延续了明代的城砖生产规制，砖文模式也与明天启、崇祯两朝相近，只是加入了具体产地。

顺治朝砖款模式：

顺治十五年分臨清窑户孟守科作頭崔文擧造 （527）

顺治十六年分臨清窑户劉承恩作頭李仲道造 （535）

顺治十七年分臨清窑户平柴誠作頭李仕造 （539）

康熙朝（1662—1722）铭文砖

康熙帝在位时正值大清盛世，但在考察北京城墙砖及其他各类敕建工程时却未见到有其皇朝款识的铭文砖。甚至在康熙陵寝的建筑上也未见有其款识的铭文砖。

在北京城砖的主要产地临清考察时，却意外发现了康熙款的铭文城砖。其砖文的构成模式与顺治砖款相同，均有明确的产地。值得注意的是，康熙款的作头大多有两个人名，并以小号字分左右对称排列，这一点也与明清绝大部分砖款不同。

康熙朝砖款模式：

康熙十五年臨清窑户暢道作頭郭守貴造

康熙十八年臨清磚窑户周循魯作頭梁继尭張化豹造 （543）

康熙二十八年臨清磚窑户張有德作頭劉奇施茂擇造 （544）

雍正朝（1723—1735）铭文砖

雍正帝在位十三年，在考察北京城墙砖及其他各类敕建工程时未见到有其皇朝款识的铭文砖，陵寝建筑也未见有其款识的铭文砖。在北京城砖产地临清考察时，却意外地在临清博物馆的展品中发现了雍正款识的铭文城砖。其砖文形式与顺治、康熙砖款相同，均有明确的产地。

雍正朝砖款模式：

雍正五年臨清磚窑户劉成恩作頭王加禄造 （546）

雍正十年臨清磚窑户張泽作頭趙起奉造

乾隆朝（1736—1795）铭文砖

目前发现的清代皇朝款城砖当属乾隆时期最多，从砖文内容看，乾隆早期的砖文与顺治、康熙、雍正的砖文形式相同，这类砖款主要集中在乾隆十五年和乾隆十六年，在此之后，乾隆朝的砖款就简化多了，考察中见到最多的乾隆朝砖款是**“乾隆辛未年製”**，而辛未年正是乾隆十六年，目前尚未发现十六年以后有钤印产地名称的铭文砖，窑户名也异常少见，看来，乾隆十六年是砖款由繁变简的一个转折点。从乾隆朝款识所透露出的信息看，乾隆十六年以后，逐步加强了砖窑的官府监管力度，如款识中经常能见到“工部监督”“工部监造”“内府官辦”等字样。其他一些表示干支年的砖款也较为普遍，如“辛未年製、丙子年烧造”等，可能是因为当时的砖厂属性相对稳定，无需再详细标注产地和制造者，《乾隆会典》卷七十记：“金砖取备于江苏，城砖取备于临清。”

乾隆朝砖款模式：

乾隆貳年分臨清窑户張有德作頭焦天禄造 （548）
乾隆拾伍年窑户周循鲁作頭林森造 （550）
乾隆十六年臨清磚窑户孟守科作頭崔成造 （551）
乾隆辛未年製（十六年） （553）
乾隆丙子年烧造（二十一年）
乾隆辛巳年（二十六年）
乾隆甲午年（三十九年）
乾隆辛未年製
人和窑户武邦照 （556）
工部監督桂 （605）
工部監造官图記 （604）
内府官辦裕成窑造 （604）

嘉庆朝（1796—1820）铭文砖

在北京城砖的考察中，带有皇朝年号和产地的嘉庆款铭文砖从未见到。二十世纪二十年代初，瑞典学者喜仁龙考察北京城墙时，也只是从城墙上镶嵌的碑记内容来分辨和判断嘉庆朝铭文砖的分布区域，并将其记录在案，如碑记有：嘉庆二年、嘉庆三年、嘉庆四年、嘉庆七年、嘉庆八年、嘉庆十二年、嘉庆十六年、嘉庆十八年、嘉庆二十年等修葺年代的记录。并据此推断“停泥新城磚”“新様大城磚”“瑞盛窑造城磚”“大停细磚”“永定官窑新大城磚”“永定官窑造停泥细磚”“永定官窑造”等砖款的城砖出于嘉庆朝。正是当年的这些考察成果，才使我们在城墙、碑记都已无存的今天能够对嘉庆朝铭文砖有一个间接的认识。

从碑记上看，嘉庆朝并未间断对北京城墙进行修葺，只是尚未在北京城砖砖款上明确见到过其皇朝年号，亦未见产地记载。可见嘉庆朝砖文的特点是比较注重其官办性质和砖本身的特质，如：“官窑”“新様”“停泥”“细磚”等砖文出现的频率较高。如：**“永定官窑**

瓣造新様城磚（604）、**新様城磚**（766）、**亭泥城磚**（766）、**大亭城磚**（771）” 等。

但在城砖主要产地临清考察时，却意外在老城区发现了一块嘉庆款识的铭文城砖。其砖文形式与顺治、康熙、雍正各朝砖款相同，并明确注明产地为临清。如：

嘉庆五年臨清磚窑户薛洺作頭于彭年造　　（558）

这是迄今为止唯一发现的一款嘉庆年号铭文砖。

道光朝（1821—1850）铭文砖

在北京目前尚未发现带有道光年号和产地的铭文砖，但据喜仁龙在《北京的城墙和城门》一书中记载，城墙上镶嵌的碑记记录了道光四年、道光五年、道光九年、道光二十年和道光二十一年的修葺记录。并据碑文内容推断“瑞順窑造大城磚、大停細磚”等为道光四年的砖铭。

2017 年 4 月，笔者在临清考察古砖窑遗址时，在所剩无几的废墟上意外发现了一块道光款识的铭文城砖残块。其砖文为：“**道光二十七年臨清磚窑户程□□**”（559）。其砖文形式与顺治、康熙、雍正各朝款识相同，并注明产地为临清。这也是目前所发现最明确的一款道光年号铭文砖了。

咸丰朝（1851—1861）铭文砖

带有咸丰朝年号和产地名称的铭文砖至今尚未见到，但喜仁龙在考察北京内城东城墙内侧时曾发现钤有“**咸豐元年作頭王泰立造**”款识的城砖。同时在内城北城墙内侧还发现有两块咸丰年间修葺城墙的碑记，其中一块是咸丰十年重修城墙的记录。

同治朝（1862—1874）铭文砖

同治朝也未发现带有皇帝年号和产地的铭文砖，甚至连修葺城墙的碑记都很少见，喜仁龙在上世纪二十年代初考察北京城墙时，曾在内城东城墙内侧发现过一块同治九年重修城墙的碑记，但未见其记录该处同治款的城砖铭文。而他在考察至西直门城楼以南一带内侧城墙时，意外发现了一块钤有“**同治万万岁**”的铭文城砖。这类比较特殊的城砖铭文无疑具有某种特殊意义，从砖文内容看，应该是为了纪念皇帝登基或万寿庆典等重大喜庆活动而专门特制的。

光绪朝（1875—1908）铭文砖

光绪朝同样未发现带有皇帝年号和产地名称的铭文砖。我们的信息来源同样是喜仁龙考察北京城墙时的记录，他曾在城墙上发现了光绪二年、光绪十年、光绪十七年、光绪十九年和光绪二十年修葺城墙的碑记，但却没有记录下任何带有光绪年号的砖文。

宣统朝（1909—1911）铭文砖

至今未见钤有宣统年号的铭文砖。宣统帝在位仅三年，时值清朝末期，帝国行将衰亡，早已无暇顾及营建修缮之事，这些“钦工物料”也随大清王朝一起走到了命运的末日。

4. 明清北京城砖产地的变迁

北京城营建初期，仍从南方部分城砖产地征集城砖，如：安庆府的怀宁县、桐城县、太湖县、宿松县、望江县，镇江府的丹阳县、丹徒县，应天府的句容县、江宁县、上元县，常州府的武进县、无锡县，扬州府的江都县，池州府的贵池县，太平府的当涂县、芜湖县，宁国府的宣城县、宁国县和赣州府的赣县等。

由于江南各地所产城砖均须运抵京杭运河岸边，再搭粮船输解京师（北京），因而逐渐舍弃了一些远离运河的产地，同时也增补了部分便利水运的城砖产地。目前已在北京铭文砖上发现了一些在明中都和南京砖文中未曾见到的江南产地，如苏州府、松江府、汝宁府等。

同时，征砖范围逐渐向北方发展。永乐六年（1408年），“命户部尚书夏原吉自南京抵北京，缘河巡视军民运木烧砖，务在抚绥得宜，作息以时”[1]。同时，“差工部侍郎一员于临清管理烧造，提督收放，自直隶至山东、河南、军卫、州、县有窑座者，俱属统辖”[2]。此后几朝，京师用砖基本由南、北方窑厂各自烧造。“宣德二年令河南、山东二都司并直隶卫所拨军夫五千名于沿河一带烧砖，以添设官十五员分行提督；成化十七年添设郎中二员于山东、河南及南、北直隶原有窑处减半烧造。弘治八年奏准停止烧造官员，敕河南、山东、南、北直隶巡抚官委布按二司、分巡、分守，及府州县官提督管理烧造”[3]。

目前发现的北京年代最早的成化砖文，证实明早期城砖产地已大部分移至长江以北黄河中下游一带，但仍保留了部分江南产地。

至嘉靖初，尽管敕建工程中仍有部分江南砖，但城砖产地已基本分布于长江以北的山东、河南、北直隶一带，尤以东昌府临清州（今山东省临清市）的砖窑最为集中。

嘉靖四年八月，工部会廷臣议：“营建仁寿宫，工役重大，今世庙大工方兴，……其砖料于京城近地及苏州定价烧造。”[4]从目前考证的嘉靖款城砖来看，嘉靖四年后城砖产地确实北移至“京城近地”。只是苏、松等府的“特产”——被尊称为“金砖”的细料方砖，仍无法由其他产地替代，在城砖产地普遍北移的情况下，为保证“金砖”质量，继续保留江南苏、松一带为钦工细料方砖产地。

嘉靖时期基本形成了南、北造砖的种类分工，南直隶苏州、松江等府主要负责为皇室烧造质量等级最高的墁地细料方砖，“细料方砖以甃正殿者，则由苏州造解”[5]。北直隶及山东、河南各府则以烧造各类城砖为主。“嘉靖五年题准差部属二员，一往南直隶各府于苏州有窑处所烧造方砖，一往山东、河南、北直隶各府，于临清有窑处所督造方城斧券等砖，俱领敕

[1] 〔明〕余继登：《典故纪闻》卷十一。

[2] 〔明〕沈德符：《万历野获编》卷五，《勋戚·惧内》。

[3] 《明太祖实录》卷九十一。

[4] 《明世宗实录》卷五十四。

[5] 《明世宗实录》卷四百九十六。

行事。”[1]嘉靖时，北方参与城砖制造的主要有以下各府：

（1）山东：东昌府、济南府、登州府、兖州府、临清州、莱州、宿州、德州、高唐州、武定州、东平州、濮州（位于今山东省一带）。

（2）河南：南阳府、归德府、彰德府、卫辉府、汝宁府、怀庆府、开封府，（位于今河南省一带）。

（3）北直隶：顺天府、河间府、大名府、真定府、保定府、广平府（位于今河北省一带）。

与明代不同的是，清代砖铭带有产地的不多，除临清砖大多有“临清”“临清厂”“临清砖”“临砖”等产地名称外，其他产地的砖款大都是以砖窑名为主，在考察中发现，很多城砖的窑名与民用小型砖的款识相同，如：榮陞窑、德順窑、瑞盛窑、廣泰窑等，可见这些砖窑当时既生产皇家用砖，同时也生产民用砖。另外，还有一些城砖款识钤有“十里河”“五里屯”“清河”等非常明显的北京一带地名。这说明晚清时已有很多城砖产地分布在北京城的周边了。

城砖产地逐渐北移而临近京师，主要有几方面原因：（1）清末皇室工程用砖量越来越少，而修缮频率却越来越高，因此，在京师近地征集部分砖窑由官府统一督办，即可保证质量又方便管理。（2）城砖产地临近京师，无疑可大大节省运输时间和费用，在国库空虚的清代末期，这无疑是最实用的措施。（3）清朝末期，内忧外患不断加剧，朝廷早已没了国力鼎盛时的心气，对于钦工物料的质量要求，已明显低于明代与清盛世时的标准。

从明初到清末，历经二十多个皇朝，京师的修葺与建造工程不断，也一直延续着对各类城砖的征用，然而，在这五百多年里，政治、经济、文化、军事等各个方面都发生了巨大的变革，这些都直接或间接地影响到城砖产地的分布与变迁。可以说，北京城砖的历史演变是明清两代政治、经济、文化发展历程的一个缩影。

[1] 《明太祖实录》卷九十一。

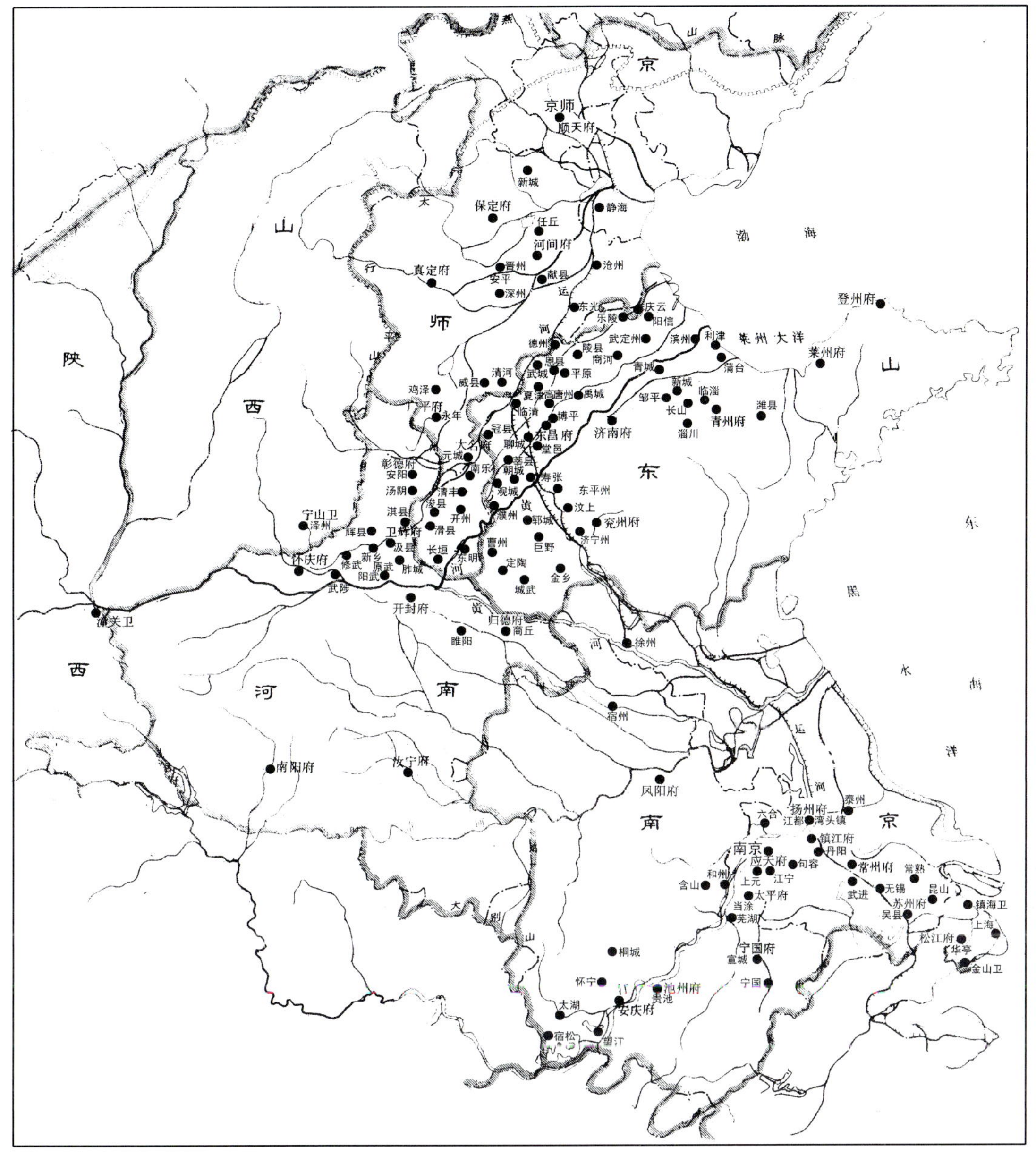

图 2-1　北京城砖产地分布图

蔡青、严师 制图

明清历朝城砖产地信息表

（明永乐—清宣统）

朝代	年号	纪年	产地	史料载体	来源
明代	永乐	元年至二十二年（1403—1424）	江南、山东、河南、北直隶一带	《明实录北京史料》	北京古籍出版社，1995
	洪熙	元年（1425）	待考	待考	待考
	宣德	元年至十年（1426—1435）	待考	待考	待考
	正统	元年至十四年（1436—1449）	待考	待考	待考
	景泰	元年至七年（1450—1456）	待考	待考	待考
	天顺	元年至八年（1457—1464）	待考	待考	待考
	成化	元年至二十三年（1465—1487）	江南、山东、河南、北直隶一带	铭文城砖	北京危改拆迁出土，明十三陵
	弘治	元年至十八年（1488—1505）	江南、山东、河南、北直隶一带	铭文城砖	北京危改拆迁出土，明十三陵
	正德	元年至十六年（1506—1521）	江南、山东、河南、北直隶一带	铭文城砖	北京危改拆迁出土，明十三陵
	嘉靖	元年至四十五年（1522—1566）	江南、山东、河南、北直隶一带	铭文城砖	北京古建筑及危改拆迁出土
	隆庆	元年至六年（1567—1572）	山东、河南、北直隶一带	铭文城砖	北京危改拆迁出土，明十三陵
	万历	元年至四十八年（1573—1620）	山东、河南、北直隶一带	铭文城砖	北京古建筑及危改拆迁出土
	泰昌	元年（1620）	待考	待考	待考
	天启	元年至七年（1621—1627）	山东、河南、北直隶一带	铭文城砖	北京危改拆迁出土，明十三陵
	崇祯	元年至十七年（1628—1644）	山东、北直棣一带	铭文城砖	北京危改拆迁出土
清代	顺治	元年至十八年（1644—1661）	山东临清州	铭文城砖	清东陵
	康熙	元年至六十一年（1662—1722）	山东临清州	铭文城砖	临清老城区
	雍正	元年至十三年（1723—1735）	山东临清州	铭文城砖	临清河隈张庄砖窑遗址
	乾隆	元年至六十年（1736—1795）	山东临清州 北直隶一带	铭文城砖	北京古建筑及危改拆迁出土
	嘉庆	元年至二十五年（1796—1820）	山东临清州	铭文城砖	临清老城区
	道光	元年至三十年年（1821—1850）	山东临清州	铭文城砖	临清河隈张庄砖窑遗址
	咸丰	元年至十一年（1851—1861）	待考	《北京的城墙和城门》（瑞典）喜仁龙著	北京燕山出版社，1985
	同治	元年至十三年（1862—1874）	待考	《北京的城墙和城门》（瑞典）喜仁龙著	北京燕山出版社，1985
	光绪	元年至三十四年（1875—1908）	待考	待考	待考
	宣统	元年至三年（1909—1911）	待考	待考	待考

蔡青 制表

三、城砖生产管理体系与职官建制

1. 城砖生产管理体系中的职官

明代实名制砖文在记录职责人姓名时，还附带了各级官员的职称，这些职级名称，既反映了各朝代官府的行政建制，也记录了不同时期行政区划的演变。

元至正十六年（1356年），朱元璋攻克集庆（今南京），设江南行中书省，后占之地均设置行省。明王朝建立后，在全国设十二行省，行省与中书省的官职设置基本相同，有行省平章政事、左右丞、参知政事、左右司郎中、员外郎、都事、检校、照磨、管勾、理问所正理问与副理问、知事（后改为提控案牍）。洪武九年（1376年）改行省为承宣布政使司，撤行省平章政事、左、右丞等职官，改参知政事为布政使。承宣布政使司、提刑按察使司和都指挥使司合称“三司”，布、按、都三司三权分立，皆为省级行政区划。

承宣布政使司掌一省之行政，是明代的第一级行政区划，其官职设有：左、右布政使各一人，从二品；左右参政，从三品；左右参议，从四品；经历司，设经历一人，从六品；都事一人，从七品；照磨所，照磨一人，从八品；检校一人，从九品。理问所，理问一人，从六品、副理问一人，从七品；提控案牍（原知事）一人，从七品；司狱司，司狱、库大使、仓大使各一人，均为从九品；杂造局、军械局、宝泉局、织染局各设大使一人，均为从九品。

都指挥使司是省级最高军事机关，掌一省之军政大权，其权位在布、按二司之上。

明代的第二级行政区划是“府”和“直隶州”，明初改元代的“路”为“府”，而直属于布政使司的州亦为二级行政区划，称直隶州，地位相当于府而略低。

元代“路”到明代“府”的改变（部分）：

元代	明代
大都路	顺天府
河间路	河间府
东昌路	东昌府
真定路	真定府
集庆路	应天府
济南路	济南府
扬州路	扬州府
安庆路	安庆府

明代的第三级行政区划是“县”和“府属州”，隶属于府的州为三级行政区划，称府属州，地位与县相当，略高于县。

明代府、州、县的官职设置：

府：

知府一人，正四品，府级最高行政长官，掌一府行政，集“宣风化，平狱讼，均赋役”等责于一身，上听命于布、按二司，下有责“教养百姓”。

同知，无定员，正五品，分管巡捕、海防、水利、督粮。

通判，无定员，正六品，分管农田水牧、粮运等。

推官一人，正七品，专司刑事。

所属经历司，设经历一人，正八品，主管府属中的总务工作，负责收发上下行文。

知事一人，正九品，知府直属的事务官。

照磨所，照磨一人，从九品，掌管文案卷宗，负责审计。

检校一人。负责检、校公事卷宗等。

州：

直隶州，知州一人，从四品；府属州，知州一人，从五品。皆为州级最高行政长官，掌一州行政，

同知，从六品，分管巡捕、海防、督粮。

判官无定员，从七品，佐理州一级政事。

吏目一人，从九品，掌文书出纳。

县：知县一人，正七品，县级最高行政长官，掌一县行政，主要负责征收田赋，派遣工役，上听命知府，下亲历民间世事。

县丞一人，正八品，协管县政，掌农粮、巡捕等。

主簿一人，正九品；掌文书、簿籍印鉴。

典史一人，协管刑狱及其他县事。

从明代早期砖文看，府、县两级官府一般会委派下属职官专职负责城砖的烧造工作，如下例：

南昌府提調官通判王武府吏萬宗程　（156）

豐城縣提調官縣丞譚九皋司吏汪宪

此款中府级委派提调官为正六品通判，县级委派提调官为正八品县丞。

明早期南京砖文中很少见知府、知县亲任提调官，而北京砖文中则时有知府、知县担任提调官的记载。如：

安庆府提調官知府周洪　（254）

安庆府提調官知府陸珂

華亭縣提調官知縣郭倫　　（159）

吳縣提调官知縣陳振　　（161）

怀寧縣提調官知縣趙鏗　　（254）

在上述砖文中提调官均由该级政府最高职官正四品知府和正七品知县亲任。

洪武年间，为防止官场腐败，有时会采取异地调用提调官的方式。府级提调官一般由相应级别的知府或直隶州知州兼任，县级提调官一般由相应级别的知县或府属州知州兼任，如：

吉安府委提調官沈宣

吉安府委提調官劉延

安庆府委官潜山縣丞趙德

此款中的“委提调官”后面未见有其他官职，应为异地调用的知府级别提调官。在第三款砖文中我们看到赵德则是在潜山县丞职位上被安庆府委任为府级提调官的。

与南京砖文不同的是，北京砖文中未见“委提调官”，但常出现“委官”一词，而南京砖文中“委官”则较少见，但通过对以下两款南京砖铭的对比，应能解答这一问题。

安庆府提調官潜山縣丞赵德司吏尚質

太湖縣提調官縣丞高岳中司吏王致中

總甲程润甲首李雄叔小甲但福

窑匠蘆玄二

造磚人夫詹友

安庆府委官潜山縣丞趙德司吏尚質

太湖县提調官县丞高岳中司吏王致中

总甲程润甲首李□叔小甲刘志

窑匠蘆玄二

造磚人夫祝云

以上两款砖文的内容基本一样，无疑出于同一时期。值得注意的是，潜山县丞赵德在两款砖文中分别为“提调官”和“委官”，综合分析，两词均应为“委派提调官”的简称。由此推断，北京砖文中的“委官”亦为“委提调官”的简称。在北京砖文中，“委官”后面跟着不同级别的官职，这些职官皆为知府或知县的属下职官，如府属的同知、通判、推官、经历、知事、照磨和县属的县丞、主簿、典史等，即由府、县级官员委派属下官吏出任造砖工程的提调官。如：

應天府委官通判戴昊　　（240）

江寧县委官典史陳竒　　（242）

弘治拾肆年　月　日该吏郭時聡窑匠曹□　　（242）

此款中府级委派提调官为正六品通判，县级委派提调官为典史。

弘治捌年捌月
委官直隸常州府推官汪璡
武進縣主簿詹□　　（216）

此款中府级委派提调官为正七品推官，县级委派提调官为正九品主簿。

直隸常州府委官知事王忠
无錫縣委官縣丞朱璉
成化拾捌年四月 日造　高手匠□□　　（193）

此款中府级委派提调官为正九品知事，县级委派提调官为正八品县丞。

直隸蘇州府委官經曆陳震该吏景質
正德二年五月 日窑户王缙造　　（253）

此款中府级委派提调官为正八品经历。

从以上几款具有代表性的北京城砖铭文看，大多数砖款中都携有一个府属和一个县属委派受任的职官，而且府、县两级政府属下几乎所有官职都曾被委派专职负责城砖制造的管理工作。作为一项珍贵的实物史料，这些城砖铭文真实地记录了明代早期府、县两级政府所属各级职官的设置及使用情况。

2. 城砖铭文中的各类职官

明・成化（1465—1487）

知府、知县、指挥、提调官、管工、推官、委官[1]

鲁　洪（160）	赵　荣（160）	唐　弘（160）	薛　麟（160）	魏　文（159）
任　铬（159）	郭　伦（159）	袁　玉（158）	李　诚（159）	马　澄（159）
陈　振（160）	于　通（161）	屠　嵩（161）	罗　檄（190）	王　忠（171）
张　兴（170）	黄　庆（161）	李　豫（159）	华　珪（159）	汤　举（159）
王　恺（159）	张　政（171）	何　治（171）	张　富（162）	谭　祥（162）
沙　梓	叶　进（169）	李　□（171）	陈思明	张　兴（170）
朱　琏（193）	陈　安（161）	邹　□（169）	朱　□（170）	

明・弘治（1488—1505）

知府、知县、指挥、提调官、委官

戴　昊（240）　陈　森（240）　陈　奇（242）　郭时聪（240）　张　钦（217）

[1] "委官"：非朝廷正式任命，受府、州、县等职官之托临时受任，职责与相应的府、州、县各级提调官相同。

单　元（245）	郭　经（245）	王　善（245）	曹　淮（245）	姜　干（230）
李　浒（218）	张　弼（218）	武　瑄（212）	施　庆（218）	正　辅（212）
温　瀛（217）	汪　琎（216）	詹　钟（220）	赵　俊（217）	龙　□（212）
夏　寅	赵　阳	曹　□（241）	张　朴（240）	何　□（233）

明・正德（1506—1521）

知府、知县、指挥、提调官、委官

戴　昊（259）	郭时聪（259）	张　朴	郭　濬（255）	孔　瑄（255）
韩　□（255）	汪　进	周　洪（254）	陈　奇	董　伦
王　忠	朱　琏	赵　隆	陈　震（253）	景　质（253）
郭　清	彭　锐（257）	章　洪（257）	齐仁武（562）	戴继承
夏　□（254）	陈　森（259）	赵　铿（254）	张　□（254）	□　杰（262）

明・嘉靖（1522—1566）

知府、知县、指挥、提调官、督造推官、委官

陆　钶	李钦昊	周　邦	黎　明	陈　□
罗　江	罗　达（302）	孙　怡（302）		

清・乾隆（1736—1795）

工部监督、工部监造官

桂（605）	永（601）	福（600）	来（604）	克（601）
图（604）				

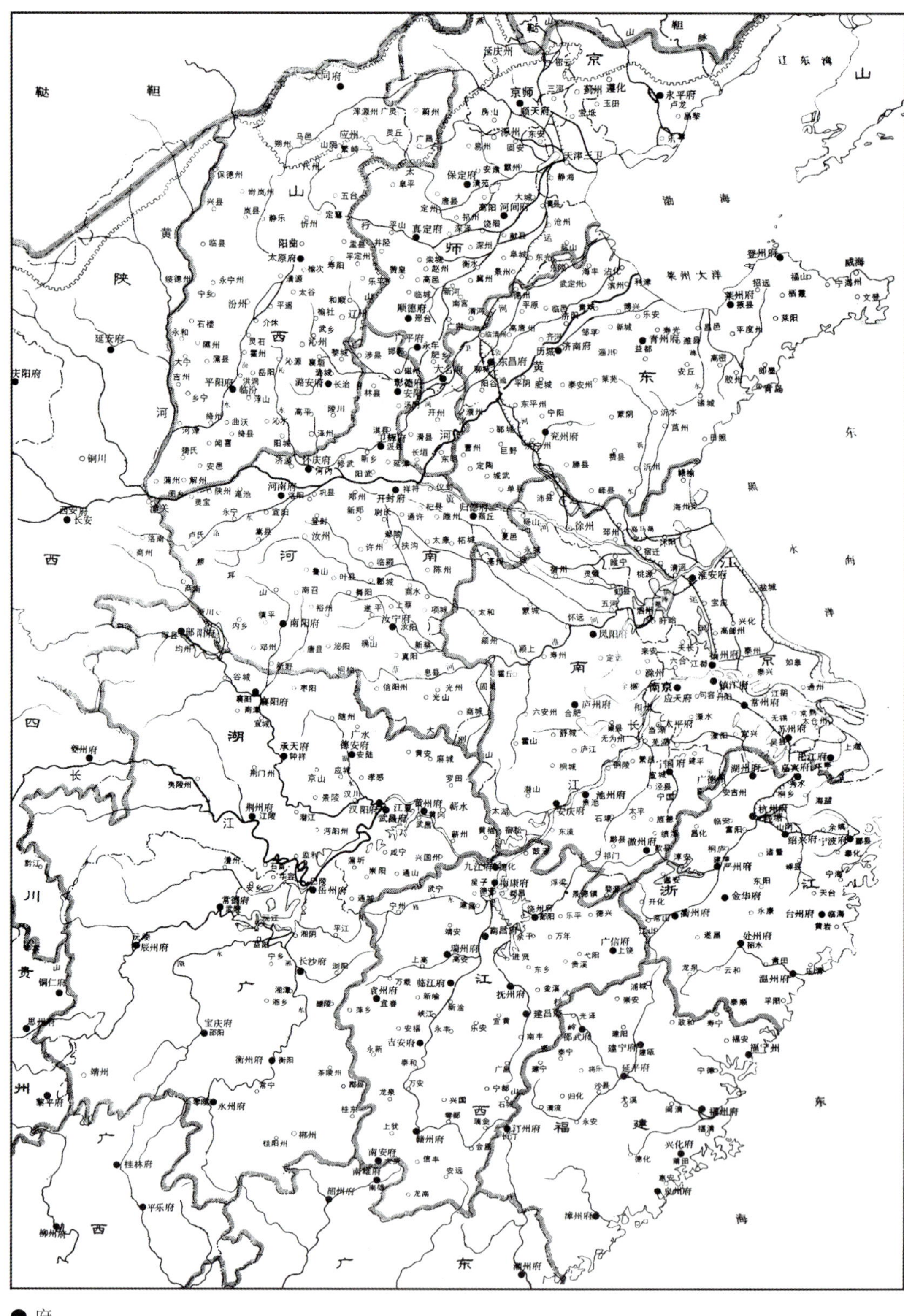

● 府

○ 州、县

图 3-1　明清城砖产区府州县分布示意图

蔡青、严师 制图

四、城砖制造业的实名职责制度

1. 砖铭诠释的制砖业职责制度

具有完善的实名职责制功能的铭文城砖始见于明初期，洪武二年（1369 年），朱元璋在临濠（今凤阳临淮）大规模修建都城，至洪武八年（1375 年），又“以劳费罢之”，继而将南京城按京师之制大规模改建。在中都城和南京城建设期间，朝廷向长江中、下游近一百多个府、州、县广泛征集城砖，范围涉及今湖南、湖北、安徽、江西、江苏五省。为切实保证城砖质量，明确落实职责，朝廷下令，供砖的各府、州、县相关官员以及各砖窑的窑户、工匠等必须在经手烧造的钦工城砖上留下姓名，以备事后追究不合格城砖制造者的责任。从明中都城和南京城遗存的铭文砖来看，明初期针对城砖制造群体制定的岗位职责制度已相当严格，城砖铭文典例：

淮安府海州提調判官劉□实
司吏徐庸作匠朱惠山
洪武七年 月 日造（明中都城城砖铭文）

长沙府醴陵縣提調官典史陈福司吏冷荣
□作匠王□人户刘高叔
洪武七年八月 日造

吉安府委提調官刘延府吏吴彬
安福縣提調官縣丞張禧司吏戴仁
捴甲刘孟和甲首王子林小甲刘伯友
造磚窑匠王正五人夫王天与（明南京城城砖铭文）

在明北京城建设时，城砖制造者仍被要求延续这一做法。从明初至清末，两朝历经 500 余载，这期间的城砖铭文内容虽逐渐简化，但形式却呈多样性。据目前考证，在嘉靖四年之前，运抵京城的城砖基本来自于江南和江北黄河中下游一带。这一时期，江北的城砖铭文内容比较简单，而江南城砖铭文仍保持着明初以实名记录各级官员及工匠职责的惯例，实例对比如下：

江南城砖铭文：

直隸松江府金山衛管工委官指挥魏文照磨任輅
華亭縣提調官知縣郭倫所縣委官鎮撫袁玉典史李誠吏馬澄
成化拾年 月 日造 黑窑匠高大壽 謝阿魚（158）

直隸蘇州府衛管工委官指揮鲁洪知事趙榮
吳縣提調官知縣陳振所縣委官千户唐弘主簿于通該吏屠嵩
成化拾年 月 日造 黑窑匠錢行 陸行 曹昌 （161）

應天府委官通判戴昊
上元縣委官典吏陳森
弘治拾肆年 月 日該吏郭時聰 窑匠趙隆 （241）

應天府委官通判郭濬
江寧縣縣丞□鋭□□□□
正德二年 月 日老人曹刚窑匠□□ （261）

直隸安庆府提調知府陸釗
督造推官李欽昊司吏周邦
委官黎明陳□
嘉靖四年三月 日造 匠人胡玉报
（江南款，砖文仍保留明早期实名制风格，但不再有总甲甲首小甲等职责人）

江北城砖铭文：

成化十八年陵縣窑造 （189）
弘治拾肆年安陽縣烧造 （235）
正德拾年堂邑縣造 （269）
（此时江北款砖文大多不计实名）

江南款砖文虽保留了明代早期实名规制，但不再有总甲、甲首、小甲等责任人，而江北款砖文则大多只记县级名称。

自嘉靖始，城砖产地逐渐稳定在黄河中下游一带，以山东临清砖窑较为集中。嘉靖四年八月，工部会廷臣议："营建仁寿宫，工役重大，今世庙大工方兴，……其砖料于京城近地及苏州定价烧造。"[1] 从目前考证嘉靖四年后的砖文来看，产地已向山东、河南、北直隶一带"京城近地"转移，山东临清逐渐成为京师城砖的主要产地，而江南，除苏州府仍继续为皇室制造"金砖"（细料方砖）外，已基本不再向京师供应城砖。

明代中后期，官方已逐渐认识到保证城砖质量在于遵循严格的制砖工艺，工匠自身的责

[1] 《世宗嘉靖实录》卷五十四。

任心远比官员的监督重要得多，在生产过程中，任何环节的疏忽都可能严重影响到城砖的质量。因此，严把制造关，加强一线造砖者的责任感，被认为是生产优质城砖的重要保障。自嘉靖五年始，砖款中已不再出现各级官员的职务及姓名，但却始终保留着窑户、作头、匠人等的名字。

朝廷支付窑户的砖价是由砖的质量决定的，成品砖不仅要外观平直规整，还须“敲之有声，断之无孔”，在验收时以此分出不同等级。乾隆五十年《临清直隶州志》记载：“砖每块给工价银二分七厘，如挑出哑声者，每块变银一分七厘，不堪用者，每块变价银一厘七毫。”砖款实名制既为方便检验和确定窑属，也是为日后追责存留依据。

嘉靖及后世各皇朝砖铭一般都有代表本朝的基本范式，内容也简化为年号加窑户、作头及匠人的名字。嘉靖朝砖文除有年号与窑户外，还经常出现“春季”“秋季”等季节性记载，如：**嘉靖柒年秋季窑户王禄造**；隆庆朝砖文一般只记年号和窑户，如：**“隆慶五年窑户陸卿造”**；万历朝多记年号、窑户和匠人，如：**“万历三十三年窑户錢岐匠人李林造”**；天启、崇祯两朝则偏重记录年号、窑户和作头，如：**“天启六年窑户汪元作頭李縣造、崇禎元年窑户朱文作頭劉虎造”**。

至清代，顺治、康熙、雍正及乾隆时期的少部分砖文内容还带有一些明代中晚期的特征，乾隆以后各朝的砖文大多趋于简化，以至很难分辨出年代，实例如下：

乾隆十六年臨清磚窑户孟守科作頭崔成造　（551）

乾隆辛未年製　（554）

永定官窑新大城磚（嘉庆）

停泥新城磚（嘉庆）

大停細磚（道光）

咸豐元年作頭王泰立造

同治万万岁（同治）

官窑造停泥城磚（光绪）

尽管如此，还是能在清代砖文中看到为数不多的一些钤记官员名的砖文，如乾隆时期的工部砖款，虽简化到相关责任官员只以一个字来标示，但却通过实名制体现了当时对城砖质量的重视。如：

工部監督桂　（605）

工部監督福　（600）

工部監造官图記　（604）

工部接瓣監□□　（610）

这些实名的砖文无疑会对监造官们有一定的职责压力，同时，城砖的质量也会得到相应的保障。

清代实名的砖文中还有一部分仅有窑户名，这些更简单的实名砖文看上去既有责任的成分又有些像窑厂的宣传广告。如：

窑户李忠造、窑湾刘記、興記、磚匠丁鉞

以上这些极精简的工部官员名款和窑户名款，应该是清代最典型、最具职责意义的实名制城砖铭文了。

2. 明、清两代城砖铭文的不同功能

明代城砖铭文虽然丰富，却很少见到与制砖工艺及材质标准相关的内容。在其早期的砖文中，除各级官员外大都载有各类制砖人的称谓，如“窑户”“作头”“匠人”“砖匠”“高手”“窑匠”“管工”“人匠”“匠作”“高手匠”等。

例：

成化十七年六月十四日
直隶太平府管工推官張興
當涂縣管工委官驛丞朱□
窑匠高手□□
人匠焦回平造　（170）

嘉靖十六年春季窑户王敖匠人商讓造　（391）
萬曆三十一年窑户張亭匠人楊鹿造　（494）

从以上砖文看，明代更注重造砖者的个人职责，砖款一般都详细记载制砖各环节责任人的名字，而砖的用途和制造工艺却很少涉及。官方对砖的具体质量要求是“有声无孔”，即无论制造工艺如何，只要能达到“敲之有声，断之无孔”的检验标准即可。

而从对清代城砖的考察来看，不仅质量已明显不如明代，款识内容也不如明代城砖丰富、详实，尤其清晚期砖铭内容大多偏重于制造工艺、用途以及窑厂名称等方面的内容，如：

通和窑澄漿停城（637）、**裕金窑官办停泥城磚**（603）、**通和窑細泥停城**（647）

显然，清代砖铭的作用已不再是记录制砖人的职责，感觉更像是宣扬商品材质的广告。砖文中的“澄浆”“细泥”“停泥”等显然都是在表述其制砖工艺，虽表面强调质料精良，可整体品质却早已不如明代。而“**寶豊窑記、萬順窑記、興記**”等看上去则颇似生产厂家的标签，仅一个中国传统商业、制造业常用的“記”字，就透出一股商业味道。砖款只标示城砖用途也是清代晚期常见的做法，我们常见到“**新様城磚、大亭城磚記、亭泥城磚**”等砖文，似乎也是在借助“钦工物料”的身份来标榜其材质。

中国古代严谨、科学的制砖工艺是传统文化和工艺的结晶，正是由于当年各级造砖人的责任心和过硬的职业技能，加上行之有效的质量检验标准，才成就了城砖的优良品质，研究古代城砖的质量标准、生产工艺和管理机制，对我们反思当今产品生产制度和工作责任心有着积极的现实意义。

五、砖铭对城砖用途与等级的规范作用

明清时期，为准确把握京师（北京）各类敕建工程对城砖的不同要求，以砖文来区分城砖的不同用途与等级成为一种重要的手段。

1. 京师各城垣工程用城砖

（1）京师内、外城垣用砖

城砖上加印款识，其作用之一就是要明确限定砖的用途。明早期洪武年间，城砖使用功能相对比较单一，主要是用于城垣建设，因此，这一时期的砖文似乎不用特意注明用途，而是对产地和各项责任人记述得比较详细，如：

直隸蘇州府衛管工委官指挥鲁洪知事趙榮
□縣提調官知縣□□所縣委官千户唐弘典吏馬麟該吏□□
成化拾年 月 日造　　黑窑匠錢行 陸行 曹昌　　（161）

尽管砖文内容已如此祥细，但仍没有表述此砖的具体用途。

自永乐年间始，朝廷陆续向全国100多个府、州、县征集城砖，所征城砖仍主要用于京师城垣建设。

至嘉靖后期，北京内外城的城垣建设已基本完善，对城砖的需求量已不是很大，所需城砖主要是对城墙局部损坏之处进行修补。随着时间的推移，城砖产地逐渐减少，明中后期各朝砖铭也形成了一定的模式，即保留皇朝纪年和砖的制造者，如：“**嘉靖三十年窑户梁腾造**（441）、**萬曆三十三年窑户将志大作頭王九思造**（496）、**天啓元年窑户将守作頭尤□□造**（502）、**崇禎十四年窑户劉元煥作頭張石造**”，但均未涉及砖的用途。

清代的砖文较明代中后期更加简单，款识内容也与明代完全不同，几乎很少像明朝时那样详细记录年代、制造时间和产地，转而更加注重标示砖的用途，而且明代砖文中很少涉及的制砖工艺也在清代的砖文中频繁出现，例如：“**城工細泥城磚、遵钦窑細泥城磚記、裕盛窑大新樣城磚、亭泥城磚、通合窑澄漿停城、榮陞窑澄漿停城磚**”等。这些砖文除注明“細泥”“亭泥”“澄漿”等制造工艺外，均强调其城砖属性，即城墙专用物料，这也构成了清代砖文的一个特征。

（2）皇城专用的皇城墙砖

北京皇城始建于明永乐年间，据《明史》记：“永乐四年闰七月诏建北京宫殿，修城垣。……宫城之外为皇城，周一十八里有奇。门六：正南曰大明，东曰东安，西曰西安，北曰北安，

大明门东转曰长安左，西转曰长安右。皇城之外为京城……”

永乐初修筑皇城时是否有专用于皇城墙的砖，目前还难下定论，通过多年对北京城砖的考察，始终未见有永乐年号款识的铭文砖。北京皇城自明永乐年始建，至民国初期被大部分拆除，历时 500 余年，且明清两代屡经修葺，用砖已较混杂，从款识上能确认属于皇城专用的城砖很少见，目前仅发现几例，如：“**皇城官窑新様城磚**（599）、**皇城墙新様城磚**（605）”。官府为保证皇城用砖的质量，专门设立了“皇城官窑”，而且砖的规格与质量也都有“新様”为标准。为烧造专用于修建“皇城墙”的砖而专设“皇城官窑”，这已经足以说明对于皇城的重视程度。

除以上两款可以通过铭文确定的皇城墙专用城砖外，还有几款铭文砖可能也与修筑皇城墙有一定关系，如：“**内府官辦裕成窑記**（604）、**内府足制**”。从当年喜仁龙考察北京城墙的记录看，清乾隆年间对城墙的修葺维护工作主要由工部负责，很多城砖都带有“工部”的名号，像“**工部監督桂**（603）、**工部監督永**（601）、**工部監造官圖記**（600）”等，这种带有官员职称的铭文砖在当时城墙上比较普遍，但“内府”款的铭文砖却比较少见，虽非专项款，但这些由“内务府”办造的城砖很可能也兼供筑修皇城之用。

光绪二十四年（1898 年）刑部尚书赵舒翘和左都御史英年在勘察完京师城垣状况后，向朝廷奏《为遵查京师城垣各工分别情形轻重折》，鉴于京师城垣破损严重，故在奏折中提出：“一律兴修恐无从筹此巨款，当饬该司员等钦遵谕旨，分别极重、次重、较轻三项，……现值度支奇绌，国用浩繁，……只有于极重之中再兴分别缓急之一法，……先尽皇城，次及正阳崇文宣武三门，又次则各段城墙……”

藉此可见，皇城维修绝非一般工程，在“极重之中”也属“急”者，其位列正阳、崇文、宣武三门及城墙之前。

明清时期，为确保敕建工程质量，砖瓦等主要物料的用途和等级划分始终在官府的掌控之中。

2. 各类敕建工程用城砖

（1）园苑、庙宇、祭坛等建筑用砖

贵为京师，北京城皇家园苑、庙宇、祭坛众多，不论规模大小，其规制与等级皆为皇室标准，所用物料档次也是最高级别的。在这些皇室工程的钦工物料中，城砖是用量较大的一种，其规制也与京师城垣、皇城和紫禁城相等。

笔者在考察中，发现用途标示最明确的当属钤有“**圓明園**（739）”款识的城砖。当年圆明园废弃后，部分城砖也被移用于修葺皇室其他工程，目前我们见到的两块“**圓明園**”款的铭文砖，一块在故宫太和殿的基座上，另一块在今北海公园的围墙上。从现场情况看，这两块砖显然是后来补修时换上去的，此举也说明这几项皇家工程等级的一致性。

北海是明清时皇家园苑“三海”的一部分，与圆明园级别相等，不过，到现在还未发现

有明确标注其名称的专用砖。在城砖砌筑的北海围墙上，能隐约见到不少带有明、清两代款识的城砖，如**嘉靖十八年□季窑户于盛造**、**□□□樂陵縣窑造**、**昌盛窑大停磚**、**裕盛窑大新様城磚**、**大停城磚記**等，这些砖文无疑是这座皇家苑囿的等级标牌。

在其他敕建工程围墙等处的城砖上，我们也同样见到皇家工程才有的款识，如：

历代帝王庙：**嘉靖九年秋窑户孫倫爲大名府造**、**嘉靖十年春窑户張輔爲汝宁府造**。

天　坛：**嘉靖伍年臨清廠精造．窑户孫倫**、**嘉靖拾柒年秋季窑户王保造**。

地　坛：**嘉靖伍年臨清廠精造**、**四十八年窑户汪元作頭石文造**、**乾隆辛未年製**、**亭泥城磚**。

先农坛：**嘉靖十六年秋季窑户吳嵩造**、**乾隆叁年**。

国子监：**東盛窑細泥停城磚**、**萬盛窑細泥停城磚**。

月　坛：**廣義窑造**、**窑户白宣**。

在月坛钟楼的墙砖中，有一款砖的长侧面钤印着一条龙，砖上没有任何砖文，但这块龙砖已足以说明月坛这组建筑的级别。

明代的皇室重点工程亦称“营建大工”，一些钤有“大工”二字的城砖专用于修建紫禁城三大殿、武英殿、文渊阁等皇家主要建筑。例：**“大工．嘉靖九年秋季窑户孫铭爲開封府造”**。而带有“内工”二字的砖则专用于修建内廷，如后宫、御花园等。例：**“内工．貳拾伍年窑户陳禮作頭高臣造”**。

在砖上加印“大工”“内工”款识，无疑是为强调其皇家物料的身份和专项用途。而上述这些建筑工程，也由于其皇家背景，在建造时才被允许使用最高规格的城砖。

（2）明代皇家陵寝工程用砖

皇陵是敕建工程中一个非常重要的项目，一般皇帝在登基后不久即开始为自己修建陵寝，皇陵建筑又称“寿宫”，《明实录》记：“（嘉靖十六年五月戊申）时修葺七陵、预建寿宫及内外各工，……外而七陵、寿宫、山陵行宫，内而慈宁宫，……”[1] 此寿宫即始建于嘉靖十六年的永陵。

北京十三陵是明代皇帝陵寝聚集之地，此处的皇陵建设初始于永乐帝的长陵。北京明皇陵砖与北京城墙砖有一个相同的现象，即永乐至天顺六朝的四座皇陵（景泰帝未葬此处）——长陵（永乐）、献陵（洪熙）、景陵（宣德）、裕陵（正统、天顺两朝为同一皇帝）——砖上也没有发现纪年款铭文砖，十三陵铭文砖同内城城墙铭文砖一样，年代最早的均为成化朝。从砖铭考察看，成化、弘治、正德三朝的陵寝用砖来自江南和江北，涉及范围较广，而嘉靖时城砖产地就基本移至江北一带了。

皇陵专用城砖亦称“寿工”砖，有些砖上钤有醒目的“寿工”款识，用以表示此砖的特殊用途，如定陵的砖上有：**“壽工．臨清窑户芦魁匠人張子孝造**（737）、**壽工．臨清窑户**

[1]　《世宗嘉靖实录》卷二百。

吴謙（739）、**壽工．臨清窑户方禄匠人杜萬造**（738）”等款识。《明实录》记：“（嘉靖十九年六月丙戌）……一议工程，内工如二号等殿，外工如诸陵、寿工、沙河桥工，……”[1]此处诸陵指修葺嘉靖前的七座陵寝，寿工即正在建造的永陵，沙河桥工为嘉靖十七年兴建的沙河行宫巩华城（专供皇帝往返十三陵中途休息）的配套工程。

皇陵用寿工砖基本有两种规格，宝城通常使用大砖，规格约为48厘米 ×24厘米 ×12厘米，而陵墙则多用小砖，规格约为40厘米 ×10厘米 ×9厘米。

皇陵砖属专项用途的钦工物料，对质量要求严格，宝城所用大砖无论规格还是材质皆与京师城垣的城砖相等。在有砖文可考的成化、弘治、正德三朝，京师城墙的修葺任务并不重，所征城砖也不多，因而在城墙用砖中很少见到这三朝的铭文砖。而成化、弘治、正德三朝却由于修建皇陵的需要大量征砖，因此，这一时期各地供应京师的主要是寿工用砖。

茂陵（成化）：**直隶常州府委官知事王忠**
無錫縣委官縣丞朱璉
成化拾捌年四月　日造
高手匠□□　（193）

成化拾玖年長垣縣窑造　（205）

泰陵（弘治）：**弘治捌年**
委官直隶常州府推官汪璡
武進縣主簿詹□　（216）

弘治拾叁年滄州燒造　（228）

康陵（正德）：**應天府委官通判□□□**
江寧縣委官縣丞 □□□
正德二年　月　日　（255）

正德拾年堂邑縣造　（269）

从以上三座皇陵砖的砖铭来看，其产地遍及长江中下游和黄河中下游的几十个府、州、县，砖文也大多带有皇帝年号。

自嘉靖朝开始，城砖产地逐渐北移至黄河中下游，即山东、河南、北直隶一带，皇陵所用砖的款识仍带有皇朝年号，不同朝代具有代表性的砖文如下：

[1]　《世宗嘉靖实录》卷二百三十八。

永陵（嘉靖）：**嘉靖十五年秋季臨清廠窑户李舜卿造**　（378）

昭陵（隆庆）：**隆庆六年分窑户鐘立造**　（479）

定陵（万历）：**萬曆臨清窑户張佐作頭李交造**

德陵（天启）：**天啟六年窑户朱文作頭石應举造**　（509）

皇陵砖带有皇朝年号主要有两个原因，一是陵寝大多于皇帝生前修建，砖款纪年自然为本朝年号；二是历代帝王均极其重视皇陵工程，所用物料皆为当时最高等级，砖的等级标准主要也是以款识来表示。

在明朝末代皇帝崇祯简陋的思陵，没有见到带有皇朝年号的铭文砖，反而在其皇哥天启皇帝的德陵发现了一些崇祯年号的砖，制造时间大多为崇祯元年，如：“**崇禎元年窑户楊逢時作頭□□造**”（520）。

据说崇祯帝原本不想在此陵区建陵，打算于其他地方另择新址，但由于战事常年不断、国库空虚，一直未及动工。崇祯年款的铭文砖除部分补建德陵外，基本都被用于修葺城墙了。

3. 王府工程用城砖

城砖在王府工程中主要被用于外墙的建造，王府围墙所用城砖的尺寸与钦工城砖差异不大，但款识内容却有很大区别，北京城墙砖中常见的皇朝纪年款铭文砖在王府围墙上从未出现过，这应归结于明清时期严格的建筑等级规制。

从目前考察看，王府工程用砖带有款识的不是很多，砖文一般也都比较简单，如礼王府的“**王府足製**（740）、**寶祥窑廠**”；定王府的“**王府足製、福盛大停、永成窑記**”；醇王府的“**細泥停城甎**”；庆王府的“**大新様城甎**”；和嘉公主府的“**新興窑記、德興窑記**”等。其中钤有“王府足製”款的城砖显然是专为修建王府而烧造的，应属王府专用物料，从而也严格限定了此砖适用的工程范围，而那些只有普通窑厂名或制砖工艺款识的城砖在用途的区分上就不是很明确了。清末城砖铭文逐渐简化，在管理上也不如明代严格，比如：“**永成窑記、細泥停城甎、大新様城甎**”等款识的城砖，在内、外城的城墙及王府等其他建筑上都出现过。

由此可见，王府工程在城砖的使用等级上是有严格制约的，除王府专用款的城砖外，一般只能使用钤有民间窑厂款识的城砖，不允许使用皇朝纪年款和官窑款的钦工用砖。对下保持其王公府邸的身份，对上又绝对不敢僭越。

可以说，以砖铭来规范和限定城砖的用途是封建等级制度的产物，也是建筑材料等级划分的一个重要方式。明清城砖铭文中包含有丰富的内容，而划分砖的不同用途和等级是其中十分重要的一项。

六、明清时期城砖制造业产权制度的变革

1. 明代前期的官办砖窑和工匠轮班服役制

洪武二年（1369年），朱元璋“诏以临濠为中都”，在临濠（今凤阳临淮）大规模修建都城，至洪武八年（1375年），又“以劳费罢之”，继而将南京城按京师之制大规模改建。当初，为兴建中都城和南京城，朝廷向长江中、下游近一百多个府、州、县征集钦工用砖，范围涉及今湖南、湖北、安徽、江西、江苏五省。据统计，洪武年间，为南京城墙工程供砖之地已达200个以上，其中包括府、州、县及军事卫所。当时系明朝建国初始，都城建设是当务之急的头等大事，遂以摊派的方式向各地征集城砖，为完成朝廷摊派的任务，被征的府、州、县等均设官窑烧制城砖。为保证城砖质量，明确落实职责，朝廷特命被征砖的各府、州、县相关官员以及窑户、工匠等必须在这些钦工用砖上留下姓名，以备事后追责之用。

明初，对征派赴京服役的工匠还未有明确的组织管理计划，致使大量工匠聚集京师后“无工可役”。洪武十九年（1386年），京师已有将近九万工匠，然而用工的效率并不高，鉴于这种状况，工部侍郎秦逵向朝廷提出工匠轮班服役的建议，这一提议得到了朱元璋的认同：“工作人匠，将及九万，往者为创造之初，百工技艺尽在京城……九万工技之人，年年在途者有之，暂到京者有之，方到家亦者有之，无钱买嘱终年被微工所役者有之。呜呼！九万工技之人，年年在途在京在家，皆无宁息……九万工技之人，至如此艰难跋涉，不得休息。朕命进士秦逵职工部侍郎，掌行其事。本官到任未久，识此奸诡甚多，躬亲来奏。其词曰：创造已定，工技有劳甚久。虽有些须未完，所用人匠甚不须多。匠将应用数目，立定限期，编成班次，使轮流而相代之。其九万之人，一班诸色匠人不满五千，以此轮之，四年有余，方轮一交。朕见其词善，可其奏，不月编成。”[1]

朝廷采纳了秦逵提出的关于工匠轮班服役的管理建议，将手工业者编入匠籍，归工部和内务府管理，“凡作工匠人皆隶于官，世守其业”。并须轮班为朝廷服役，三年一期，每期赴京师服役三个月。据文献记载：“初，工部籍工匠，验其丁力，定以三年为班，更番赴京，输作三月如期交待，名曰输班匠。”实行工匠轮班制后，“除当该赴工者在京，余有八万五千尽皆宁家，各奉父母，保守妻子……”。应当说工匠轮班制在当时是有积极意义的。

为朝廷烧砖的窑匠们则不适宜轮班服役京城，他们由官府调配到分散于各地的官砖窑轮班服役，这些窑匠虽不赴京服役，但亦属“棣事京师”。洪武二十六年（1393年），勘合工匠总数为232089人，赴京服役的“各色人匠”为129983人，而分散于各地的工匠为102106人，在这十余万工匠中，造砖匠应占据绝大多数。

[1] 《全明文》卷三十一，上海古籍出版社，1992年12月版。

2. "官督商办"促进了明中晚期制砖业产权制度的演变

被编入匠籍的"窑户"在官办砖厂轮班服役的制度一直延续到明嘉靖年间，嘉靖帝素喜营造之事，据文献记载，其登基不久便大兴土木。在位期间敕建工程几乎不断。

嘉靖三年，江北、江南及湖广等地水灾、旱灾频发，河南、山东、陕西等地又遭地震，世宗谓群臣："上天示戒，朕心警惕。……凡政教有未明、刑赏有未当、冤抑有未伸、困穷有未恤、与夫利所当兴，弊所当革，俱一一着实举行。"[1]朝廷遂减免各受灾府县赋税，裁革匠役。

嘉靖四年，大学士费宏等上言："今用度不能节省，则民财竭于科征，工役不能节减，则民力劳于奔走。……太仓无三年之积，而冗食者收充不已。京营无十万之兵，而做工者借拨不修。"[2]

面对不断的灾荒，嘉靖帝也开始自我反省："朕自嗣位以来，灾异屡见，虽因事省谕，而未臻实效……此非下民之咎，其失在朕也。"对大臣们所奏工役之事，也同意"未造者停止，见造者坐完。"对服役的工匠，也要求"各监局匠役人等系是旧额，除奉旨外，毋得烦扰"[3]。

当年的工程除仁寿宫和世庙外，其余皆停工罢建。而且为节省运力，"其砖料于京城近地及苏州定价烧造。"[4]从对嘉靖城砖铭文的考证来看，嘉靖四年后城砖产地已逐渐移至江北，江南一带基本停止了向京城供应城砖，只保留苏州作为钦工"细料方砖"（俗称"金砖"）的产地。

由于嘉靖四年后工程缓减，这段时期的铭文砖也很少，此时似乎只有官办的"临清厂"仍在继续烧造城砖，见砖文：**"嘉靖伍年臨清廠精造窑户孫倫**（312）、**嘉靖陸年臨清廠精造窑户李栾**（329）"，而且目前也只有嘉靖五年和六年款。嘉靖七年和嘉靖八年的铭文砖很少见到。

嘉靖九年始，敕建工程又开始大规模兴工。

嘉靖九年五月："以四郊兴工，敕武定侯郭勳、宣城伯卫錞、大学士张璁知建造事总督工程……"[5]

嘉靖十年七月："以恭建神祇二坛并神仓工成。"[6]

嘉靖十年九月："修葺西苑宫殿工毕，"[7]

嘉靖十年十月："命工部修造圜丘坛祭器。"[8]

嘉靖十年十月："议以四十五丈为雩坛，……坛制圆径九尺，用周尺，高七尺与神坛

---

[1] 《世宗嘉靖实录》卷三十八。

[2] 《世宗嘉靖实录》卷五十六。

[3] 《世宗嘉靖实录》卷五十六。

[4] 《世宗嘉靖实录》卷五十四。

[5] 《世宗嘉靖实录》卷一百一十三。

[6] 《世宗嘉靖实录》卷一百二十八。

[7] 《世宗嘉靖实录》卷一百三十。

[8] 《世宗嘉靖实录》卷一百三十一。

等。……上命坛座圆广仍用今尺五尺，高比神坛增五寸，待来春三月择日兴工。”[1]

敕建工程浩繁，用砖量自然大增，而从明初开始实施的砖匠轮班服役制已不能有效地调动窑户的积极性，“费往往倍蓰民间，而工不能半”[2]。

嘉靖九年（1530 年），为保证敕建工程城砖质量及加强制砖业的管理，又将河南、直隶一带砖窑“停罢”，由“部颁砖值”，集中在临清开窑“招商烧造”[3]。

由于官府的举措，从嘉靖十年开始，运河沿线的商业重镇临清成了制造城砖的集中地。运输方便无疑是选择此地的原因之一，更重要的是这一带为黄河冲击平原，河两岸多为细腻的潮褐土（又称莲花土），正是这种优质原料最大限度地保证了城砖的质量。

临清制砖业最兴旺时，沿河两岸的砖窑曾达到 200 余座，窑厂亦由“官办”演化为“官督商办”。经营方式的改变，使生产规模也“视昔加倍”[4]，“岁额城砖百万”，是当时全国规模最大的砖窑聚集地，场面蔚为壮观。

嘉靖十年（1531 年）是明代制砖业产权制度变化的一个转折点，这在嘉靖初至嘉靖十年砖铭内容的变化上可见一斑。嘉靖四年以前基本延续前朝旧制，江南各府也仍在为朝廷烧造城砖，如：

嘉靖肆年赣縣□□□□窑户莊勝造
直隸赣州府委官通判羅達該吏孫怡（今江西省赣州市赣县）　（302）

嘉靖肆年肆 月 日窑户余義造
直隸常州府尹□□□□羅江該吏孫怡（今江苏省常州市）

嘉靖四年三月　日造　匠人胡玉
委医官黎明陳□
督造推官李欽昊司吏周邦
直隸安庆府提調知府陸釗（今安徽省安庆市）

而嘉靖四年后，江南各府逐渐退出造砖工役，这一时期城砖烧造主要集中在山东临清一带。

从以下砖铭传达出的信息来看，嘉靖前十年间的砖窑厂仍是官办性质的，甚至砖款都有统一规范。此时仍为轮班匠役制，山东、河南、北直隶一带在匠籍的手工业者，都要服从政府调配，轮班到临清官砖窑来服役，代表各地为朝廷制造城砖。从下列砖文看，临清聚集了各地轮班为朝廷制砖的工匠。从砖文可以看到，窑户孙伦在嘉靖五年时即在临清厂服役，嘉

[1]　《世宗嘉靖实录》卷一百三十一。

[2]　于慎行：《司空大夫刘君陶政记》，载乾隆五十年《临清直隶州志》卷九《关榷 · 附临砖》。

[3]　（万历）《明会典》卷一百九十，《工部十》。

[4]　乾隆十四年《临清州志》卷七，《关榷・附临砖》。

靖十年又轮换为大名府造砖。

嘉靖伍年臨清廠精造窑户孫倫（今山东省临清市一带） （311）

嘉靖九年秋窑户侯增為齊南府造（今山东省济南市一带） （357）

嘉靖十年春窑户張輔為汝寧府造（今河南省驻马店市汝南县一带） （361）

嘉靖十年秋季窑户李栾為兗州府造（今山东省河泽市城武县） （362）

嘉靖十年秋季窑户丁禄為東昌府造（今山东省聊城市东昌府区） （362）

嘉靖十年春窑户刘釗為保定府造（今河北省保定市） （362）

嘉靖十年秋窑户孫文銘為大名府造（今河北省邯郸市大名县一带） （363）

嘉靖十年春季窑户孫敞為河间府造（今河北省沧州市河间市一带）

嘉靖十年春窑户張倫為真定府造（今河北省正定县） （364）

嘉靖中后期工匠轮换服役制度逐渐废除，改为以银代役政策，制砖业产权制度随之发生了较大的变化，临清砖窑也由官办改为“官督商办”，民营因素在砖窑业中不断扩大，这种变化在砖文中也有明显的体现，款识中不再有嘉靖前期常见的官府建制内容出现，只是仍冠以皇朝年号，有些在窑户名前还保留有“临清厂”字样，如：“**嘉靖十五年秋季臨清廠窑户趙經匠人葛禄造**”，显然“官商”成份多一些。而有些砖款则更注重窑户的姓名，如：“**嘉靖十二年秋季窑户曹吉造、嘉靖十四年春季分窑户李栾造**”。这类砖文似乎更强调砖窑的民营性质。

在临清砖窑业产权制度变革、生产规模不断扩大的同时，京城敕建工程的规模和数量也在与日俱增。

嘉靖十一年九月，工部右侍郎林庭昂应诏陈言四事：“一、省营造以节财用。言南城、西苑鼎建太多，乞从节省以宽财力，……凡内府营建修造，乞选委属官同该监斟酌定数，以便稽查……。”[1] 偏爱营造之事的嘉靖皇帝不顾“频年工作浩繁，财力俱诎”[2]。又于嘉靖十六年“时修饬七陵、预建寿宫及内外各工凡十月，每月费常不下三十万金，而工部库储仅百万”[3]。当时在建和筹建的敕建工程已不下十多处。“外而七陵寿宫、山陵行宫，内而慈宁宫工程已举，不敢少缓，其文华殿、养心殿、崇德殿、金水河并礼仪房、双阳桥修理渐完，工不容已，惟奉先殿、崇先殿、慈庆宫、沙河行宫俱工程重大，难于并举，乞酌定先后之序，逐渐建造……。”[4] 可见，当时敕建工程规模、数量之大，而国家财力已难以支撑。

正是因为嘉靖皇帝对“营建”的偏爱，并在钦工用砖需求量浩大的压力下，才促成了明代制砖业产权制度由“官办”到“官督商办”的重大转化。只有整合成规模大、效率高的制砖产业，才能够满足如此浩繁、重大的敕建工程的需求。

始建于嘉靖十六年的永陵工程（嘉靖皇帝陵寝），其规模在明陵中最大，用砖量也最多，

---

[1] 《世宗嘉靖实录》卷一百四十二。

[2] 《世宗嘉靖实录》卷一百五十。

[3] 《世宗嘉靖实录》卷二百。

[4] 《世宗嘉靖实录》卷二百。

所用寿工砖大部分是嘉靖十四年、十五年及十六年在临清烧造的，可见城砖的生产从未间断。从砖文上看，一部分出于官商成份较高的“临清厂”，另一部分则产于民营成分多一些的“官商合办”砖窑。

在考察中发现，钤有“临清厂”的砖基本产于嘉靖十五年之前，以嘉靖十五年用于永陵工程的最多，例：

嘉靖十五年秋季臨清厰窑户劉松造 （386）

嘉靖十五年秋季臨清厰窑户周世隆匠人刘継宗 （387）

而嘉靖十五年以后，“临清厂”的铭文砖就很少见到了，永陵所用嘉靖十六年及以后的城砖均只有窑户名，如：

嘉靖十六年春季窑户袁伯倉造 （392）

嘉靖十七年秋季窑户閆浩造 （395）

比起“官督商办”的“临清厂”来，显然这些官商合办的砖窑私营成份更高一些。而一些同一窑户不同年代的铭文似乎更能显示民营的发展，从“嘉靖十四年春季分窑户李栾造”到“嘉靖十六年春季窑户李栾造匠人曲梅”，在这两款砖上我们起码可以看到，在三年间李栾从分窑户到窑户的发展过程始终是官商合办性质。同样三年，另一个窑户杜珽也从以官府为主导的“临清厂”窑户转化成了一个民营性质较高的官商合办的分窑户：

嘉靖十五年秋季臨清厰窑户杜珽 匠人刘□□ （381）

嘉靖十七年分窑户杜珽造 （405）

在杜珽烧造的两款砖上我们能感觉到制砖业“官”与“商”成分的变化。虽然嘉靖中晚期窑厂的所有制成分不尽相同，但基本还是保持了“官商合办”的体制。

明万历年间的制砖业延续了嘉靖中晚期“官商合办”的体制，砖文的形式也大体相同，如：

萬曆九年窑户楊潼造 （487）

萬曆三十三年窑户将志大作頭王九思造 （496）

这一时期城砖的质量仍由官府派专人监管，各相关部门也行使监督职责，“万历十二年十月庚申，工部复：司礼监太监张宏传砖料内粗糙者申饬，烧造官务亲查验，敲之有声，断之无孔，方准发运。”[1]严格的监管促使官府制定出了更为严格的城砖验收标准。

天启、崇祯两朝已至明代末期，国力瀛弱，但制砖业基本还是延续了万历年间的体制。砖文的形式也与万历朝相近：

天啟六年窑户朱文作頭石應舉造 （509）

崇禎元年窑户朱文作頭張時造 （524）

这一时期的部分城砖尺寸明显小于标准大城砖，标准城砖尺寸一般为48厘米×24厘米×12厘米，而天启、崇祯时期的小城砖尺寸则为40厘米×16厘米×10厘米。瑞典学者喜仁龙在二十世纪初对北京城墙的实地考察也证明了这一点。

从对天启、崇祯两朝城砖的实物考察来看，不仅发现很多小尺寸砖，而且质量也不如前朝。

---

[1] 《神宗万历实录》卷一百五十四。

想必王朝危在旦夕，官府已无暇顾及钦工物料的质量。

3. 清代制砖业产权制度的改变

清顺治二年（1645年）正式废除匠籍制度，“令各省俱除匠籍为民”，“免征京班匠价”[1]。

废除匠籍制度后造砖业的产权所属更为清晰，一般可分为官办、官督商办、官商合办及民办，砖窑的属性在砖文上也很容易分辨。

官办砖窑款识如：“**永定官窑辦造新樣城磚、内府官辦裕成窑造、興泰官窑誠造、官窑辦造新樣城磚、裕金窑官辦亭泥城磚**”。以及皇城官窑款：“**皇城官窑新樣城磚**”。

官督商办与官商合办砖窑的款识有：“**工部監造官圖記、工部接辦監□□、工部監督桂、工部監督福**”。

民办窑厂的款识为：“**永成窑記、同盛窑、窑户石欽、戊子年窑户华戴造**”。

从铭文砖的款识上很容易看出，大多数“官督商办”与“官商合办”的砖窑，主要管理者还是官方，一是民间出资人需要政府在政策、资金方面的保护；二是出于经营考虑投资人也需要政府这块招牌来提升企业的身价。

清政府对于“官办”、“官督商办”与“官商合办”的投资商一般都给予“官利”作为鼓励，很多出资者还因此谋到了官职。可以说，“官督商办”与“官商合办”是从国有制向私有制转化的初始。

《临清州志》专门记载了临清的6处共12座砖窑：“东曰孟守科，在二十里铺，清平界内。南曰张泽、曰畅道，地名白塔窑。西南曰刘承恩，在吊马桥。迤东北曰周循鲁、曰张有德，地名张家窑。”在将窑户与砖文对照研究时发现，临清的这些窑户基本都经历了多个朝代，如果以与其相关的城砖铭文的年代计算，他们从事造砖业的年限竟都在百年以上。（表1）

表1　城砖铭文记录的部分临清窑户年代信息

窑户名	最早年代记录	历经朝代	最晚年代记录	时间跨度
周循鲁	天启元年	崇祯 顺治 康熙 雍正	乾隆十五年	139年
孟守科	顺治十五年	康熙 雍正	乾隆四十二年	125年
畅　道	万历十二年	天启 崇祯 顺治 康熙 雍正	乾隆十五年	173年
张有德	万历十二年	天启 崇祯 顺治 康熙 雍正	乾隆十五年	173年
张　泽	天启四年	崇祯 顺治 康熙	雍正十年	115年

注：上表中信息源自作者目前收集的城砖铭文

[1]　《清世祖实录》卷十六。

同一窑户最早与最晚年代信息的砖铭实例

周循鲁
天啟元年窑户周循鲁作頭石興造（1621 年）
乾隆拾伍年窑户周循鲁作頭林森造（1750 年）

孟守科
顺治十五年分臨清窑户孟守科作頭崔文舉造（1658 年）
乾隆四十二年窑户孟守科作頭崔成造（1777 年）

畅 道
甲申年臨清窑户暢道.匠人趙金造（1584 年，万历十二年）
乾隆拾伍年臨清磚窑户暢道作頭盛邦現造（1750 年）

张有德
甲申年臨清窑户張有德.匠人張隆造（1584 年，万历十二年）
乾隆拾伍年臨清磚窑户張有德作頭王禄造（1750 年）

张 泽
天啓肆年窑户張澤作頭楊宗造（1624 年）
雍正十年臨清磚窑户張澤作頭趙起奉造（1732 年）

注：以上砖文实例为作者目前已收集到的城砖铭文

按常理，一个窑户在职 100 多年是不可能的，从明清造砖业产权制度的演变来看，铭文体现的应该是砖窑的经营权和责任所属。试分析，无论“官商合办”“官督商办”，砖窑的“经营凭证”上都要有一个“责任人”，即“窑户”。临清砖窑一般持续经营的时间都较长，按政府的产业管理规定，如果“凭证”有效，即使登记注册的“责任人”已去世，砖款钤记的窑户名仍应与执照相符。“官商合办”与“官督商办”是在所有权多元化过程中出现的一种特殊产权体系，从上述特殊现象看，官府通过其颁发的特殊产权“执照”长期掌控窑厂。企业的所有权与经营权分离，私有产权被弱化，手工业的私有化进程也受到了极大的限制。

1894 年甲午战争失败，导致了清政府全面的政治和经济危机，同时也使手工业的私有化发展有了转机。这一时期要求政府保护和振兴民间工商业的呼声高涨，《申报》载文道：“古之为治者，以农为富国之本；今之为治者，当以商为富国之资，非舍本而逐末也，古今之时势有不同也。”[1] 洋务运动的代表人物刘坤一也曾在奏折中指出“官督商办”工业产权制度的弊端：“若狃于官督商办之说，无事不由官总其成，官有权，商无权，势不至本集自商，利散于官不止。”[2] 正是这种历史背景，为晚清工业产权制度的变迁提供了有利条件。

在这一社会背景下，民办砖窑得到了迅速发展，**“張窑造、窑湾劉記、寶祥窑廠、通和窑記、義和興窑製”**等铭文砖从款识上看无疑都属民间私营性质。

晚清最大的一次城墙修缮是在1900年后的两三年间，由于在庚子事变中北京城垣遭受了前所未有的损毁，清政府为顾及颜面，要求尽快修复这些损坏的城楼、城墙，“以壮观瞻”。在时间紧迫而城砖需求量巨大的情况下，京师一带民办砖窑的作用得到了充分发挥。这也是相当一部分民窑款城砖能够出现的一个重要原因。

封建皇权制度的本质就是专制统治，从根本上来说是要维护“官办”“官督商办”这些由政府掌控的产权制度的，明清制砖业从“官办”“官督商办”到私营的变迁，其内在因素是统治者在特定历史时期维护皇权统治的需要，并非是从主观意愿出发顺应经济发展规律。

[1] 《申报》1895年6月25日。

[2] 《中国近代史资料丛刊：戊戌变法》二，上海人民出版社、上海书店出版社，2000年版，第141—142页。

七、明清北京城砖的制造技艺与质量检验标准

1. 严格精细的城砖制造技艺

生产高质量的城砖不仅要求制造者具备精湛的技能，还必须在复杂的制作过程中始终保持认真的工作态度和高度的责任心。明城砖的烧造过程包括十余道严格工序，如取土、浸泡、踩踏、澄浆、沉积、制坯、晾坯、装窑、烧窑、洇水、出窑、包装等，任何一个环节都不能出现纰漏，否则将留下难以预测的质量隐患，这也是砖铭作为监督手段长期存在的原因。

制造优质的城砖首先要选上好的黏土，在长期的制砖实践中，人们发现含铁高的黏土（江南称“铁硝黄泥”）和水底沉积的黏土烧出的砖质量较好，含铁的黏土烧出的砖具有强度高、耐磨损、抗风化的特点，其通体黝黑、坚硬如铁、断碴似刀刃般锐利，且敲击声音清亮。目前所发现的这类城砖当数正德年间应天府句容县出产的最具代表性。而江湖底层沉积的黏土则由于密度较大，烧出的砖质地细密、坚实柔韧。明代《天工开物》记：“凡埏泥造砖，亦掘地验辨土色……蓝者名善泥，江浙居多。皆以粘而不散、粉而不沙者为上。”[1]江北造砖以临清一带的莲花土为首选，莲花土因其上下五层，颜色、黏性均不同而得名。

制砖用土须经掘、运、晒、椎、舂、磨、筛等工序，除去杂质后在砖砌的池中浸泡，再搅拌成泥浆，即“汲水滋土，人逐数牛错趾踏成稠泥”[2]。然后打开池壁上的放泥孔，泥浆经由粗细两道竹篦过滤后流至下面的停放池内，此时的泥浆已非常细腻，黏性也更均匀，造砖业谓之密实度高。澄浆是制砖过程中的一个重要环节，在砖文中常见的“澄漿”即指此道工序。《现代汉语词典》中“澄浆泥”的词义为“过滤后除去了杂质的极细腻的泥，特指制细陶瓷等用的泥。”[3]这种制砖用的“澄浆细泥”其品质已经接近细陶瓷用泥，可见城砖之高端品质。

过滤的泥浆在池内沉积后，逐渐凝结成膏状固体，此时需掌握其软硬度，适时将其取出并打堆睏泥，停封待用的膏泥要待其泥性完全熟透后方可用于制坯，谓之“亭泥”。“亭”的字义中有均匀的意思，《史记·五帝纪》解“亭”字：“平也均也。”汉语词典中对“亭”字也有“适中”和“均匀”的注解。[4]在对砖文的考察中我们经常见到“亭泥”二字。如：“亭泥城磚”。此“亭泥”无疑是指经过停封的质地均匀、密实细腻的泥料，而“亭泥城砖”，即使用此类优质材料烧制的城砖。

制坯时，还需反复踩踏，打叠成堆，再用铁线弓钩出泥块装入“范子”（制砖模具），

[1]〔明〕宋应星《天工开物》。

[2]〔明〕宋应星《天工开物》。

[3]〔明〕宋应星《天工开物》。

[4] 中国社会科学院语言研究所：《现代汉语词典》，北京：商务印书馆，2006年版，第288页。

敲结成坯，即“填满木匡之中，铁线弓戛平其面，而成坯形”[1]。然后按工序打开“范子”闸板，取出泥坯。成坯后还要经加印砖款、封坯、干燥、养护、翻坯等过程，传统的方法是将其置于兼具密封和通风条件的房间里，既要防晒，也要防冻，在脱水、干燥期间应不断调节屋内的湿度和温度，防止泥坯结冰或干裂，同时还要经常翻动，避免泥坯因干湿不均而变形。

烧窑是整个制砖过程中最关键的一道工序，技术含量非常高。首先是装窑，行话叫“码”，素有“三分烧，七分码”之说，窑中砖坯摆放的高度、密度、空隙都要掌握好，才能使砖坯受热均匀。

烧窑是造砖的最后一道工序，也是最关键的技术环节，掌握不好即前功尽弃。烧窑关键是掌握火候，控制火势的大小强弱全凭经验。如，泥坯入窑后先用文火烘窑，使窑内慢慢升温，去掉坯的潮气后，再逐渐加大火力。一般都要经过预热、加火、压火、再加火、降温、再升温的过程。烧的时间也要根据泥坯的质地、数量和摆放的疏密程度来把握，一般都需要十多天时间。

熟窑后即封窑洇水，封好烟道，在窑顶放水，水慢慢渗到窑内，经过六天六夜，使整窑砖洇成青色，城砖出窑后还要选砖、验收、包装，整个过程要求相当高的技术水准。可以说，烧窑匠的技术和经验直接关系到城砖的品质。因此，明代早期江南砖的款识中都带有窑匠的名字，即使明中期以后，砖文中很多内容被减掉，作头、匠人的名字却始终保留着，这也说明在砖的制烧过程中烧窑工匠的作用至关重要。

由于传统制砖工艺的不断改进与发展，官府对城砖质量的严格掌控，以及其独具特色的质量监督方法，使明清的造砖技艺提升到了一个非常高的水准，成就了这一时期城砖异常优良的品质。

2. 严苛的质量检验标准

为确保城砖各方面的品质，工部不仅坚持以砖款落实责任制度，还精心制定了既严格又具可操作性的质量检验标准。“万历十二年（庚申）十月，工部复司礼监太监张宏传砖料内粗糙，着申饬烧造官务亲查验，敲之有声，断之无孔，方准发运”。“万历十二年（丁巳）十二月，工部侍郎何起鸣条陈营建大工十二事。一议办物料砖须有声无孔，……”[2]以此可见，明代敕建工程所用城砖必须达到敲之音色清亮、断之密实无隙才合乎验收标准。城砖运京前先要进行一次检验，如不符合外观规整、质地坚韧、重量达标、色泽均匀等标准的，都要作为不合格产品“驳出”。运至天津后，还要进行一次严格的验收，据《临清县志》记载：“按历年搭解砖块驳换颇多，其挑出哑声及不堪用砖俱存天津西沽厂。”乾隆十三年，城砖不敷京城各类工程之用，乾隆帝下令从往年驳出的不合格砖中再次筛选，在“废砖二十余万内，复加敲验，随经选出堪用砖十二万五千有奇（余）”，足见早期城砖质量

[1] 中国社会科学院语言研究所：《现代汉语词典》，北京：商务印书馆，2006年版，第1361页。

[2] 《神宗万历实录》卷一百五十六。

检验之严格。

在考察中经常能见到一些城砖上有红色印记，如“验收”“验中”“验中收”“临清工部验中”等，只有这些通过了严格检验的正品城砖才能作为最高等级的建筑材料用于皇室工程。在最注重规范与标准的嘉靖年间，为了建立更直观的城砖标准，工部每年都专门精心烧造一批“样砖”，作为各砖窑的样品。这种样砖一般会在砖款上方的醒目位置加盖带有“年例”二字的特殊款识，以表明此砖为本年度的造砖范例。

在敕建工程所用城砖中，有时还会以专有名称的形式表达其特殊意义。如明代敕建重点工程被称为“大工”，嘉靖年间的城砖上常见有“大工”的款识与其他内容的砖款组合使用，而“大工”款无疑是其身份等级的一个特殊标签。另有明代专供修建皇家陵寝的“寿工”款物料砖；清代专供皇家园林使用的“圆明园”款物料砖；以及专供营建皇城墙用的“皇城”款物料砖。这些城砖均为专门定制产品，不仅用途明确，具专属性的铭文还可视为质量优良的标签。

明清两代对城砖的使用都有严格规定，低于皇室级别的建筑，即使允许使用城砖也只能用普通民窑款砖或无款砖。如王府建筑为显示地位而又避免逾制，特在其所用城砖上印以“王府”款，以表明其身份等级。

明代始终坚持城砖制造的职责制度并延续其质量标准和等级规制。至清代康、乾时期，对城砖的质量仍然比较重视，康熙二十二年规定“送交物料若不精好，将铺户、匠役惩处换送。”[1] 乾隆时期，为确保城砖的质量，更是沿用了明代以敲击声响检验物料砖的标准，“乾隆二十四年议准，声音响亮临清砖，每块二分七厘，哑声砖每块一分七厘。”[2] 直至嘉庆朝也还有“办解临清砖，令临清州解员逐块敲验。”[3] 的文献记载。

清晚期国力孱弱，城砖质量也逐步退化，而且未再见到有关质量检验的记载，可见城砖质量在很大程度上反映着国家的政治、经济状况。

北京铭文城砖是传统工艺与文化的结晶，其精湛的制造技艺、颇具特色的款识文化和独特的质量检验标准成就了城砖的优良品质。

随着时代的发展，曾经身价不菲的城砖早已退出历史舞台，如今，我们只能从为数不多的城墙遗址以及一些拆迁工地上偶尔见到它们的身影。难以想象的是，在废墟的瓦砾中我们竟能意外发现不少品相极好的明代城砖，从一些断裂开的明城砖上，可以看到其质地坚韧如铁、碴口锋利如刃、断面细密无孔，不仅砖面平整、少有风化痕迹，而且棱角分明、款识清晰可辨。面对这些质地异常优良的老城砖，很难相信它们历经几百年的风雨依然能保持如此状况，不得不为其材质和制造工艺叹服。解读这些古代建筑物料所承载的丰富历史信息，对我们思考今天所面临的许多现实问题具有特殊的意义。

[1] 《乾隆会典则例》卷一百二十八，《工部营缮清吏司物材》。

[2] 《光绪会典事例》卷八百七十六，《工部物材》。

[3] 《光绪会典事例》卷八百七十五，《工部物材》。

八、明清漕运与临清城砖

明永乐迁都北京后，京杭运河的运输愈加繁忙，为保证水路畅通，明统治者在元代京杭运河的基础上对很多航段进行了改造和整治，建立了更加完善的运河管理机制，这条贯通南北的水上经济大动脉进入了一个新的历史时期。

1. 漕运与城砖产地的变迁

明代称京杭运河为漕河，以贯穿南北的水路运输而著称，长达几千里的运道，既有对天然湖泊的利用，也有人工开凿的河段。一般长江以南的运道通称“浙漕”；扬州至淮安运道多利用湖泊，故称“湖漕”；淮安至徐州为黄河运道，称“河漕”；济宁南至临清一段是元代开凿的会通河，称“闸漕”； 临清至天津走卫河，又称“卫漕”；从天津至通州则因利用潮白河道而称“白漕”。其“南极江口，北尽大通桥，运道三千余里。”[1]

明初从南京迁都北京后，京杭运河就成了这两座城市之间的官道，也是新都城各类物资的主要供给线路。这条运道全长 3000 余里，从南至北依次为浙江、苏州、松江运道，到达长江，长江以北进入扬、淮诸湖，到仪真、瓜州，至清口再向北，为黄河、沁河、济河、泗河、沂河、洸河、汶河、会通河、卫河、白河、大通河。

明初永乐朝至明末天启朝的 400 余年间，各地每年经运河向北京输送的漕粮总额都在几百万石（表 8–1）。《大明会典》也记录了明初各省及南直隶府州的漕粮份额（表 8–2）。藉此，可见这条繁忙的漕运线路不仅保证了北京的粮食供给，同时也通过粮船搭带的模式为新都城不断运送用于营建的城砖。

表 8–1 《明实录》载明代前期经运河向北京输送漕粮的情况

永乐七年（1409 年）—正统三年（1438 年）

“永乐六年（1408 年）十二月，命右军都督佥事马荣帅舟师运粮诣北京”

纪年	朝代	输送漕粮数（石）
1409 年己丑	永乐七年	1, 836, 852
1410 年庚寅	永乐八年	2, 015, 165
1411 年辛卯	永乐九年	2, 255, 543
1412 年壬辰	永乐十年	2, 487, 188

[1] 《明史》卷八十五，《河渠三 · 运河上》。

1413 年癸巳	永乐十一年	2, 421, 907
1414 年甲午	永乐十二年	2, 428, 535
1415 年乙未	永乐十三年	6, 462, 990
1416 年丙申	永乐十四年	2, 813, 462
1417 年丁酉	永乐十五年	5, 088, 544
1418 年戊戌	永乐十六年	4, 646, 530
1419 年乙亥	永乐十七年	2, 079, 700
1420 年庚子	永乐十八年	607, 328
1421 年辛丑	永乐十九年	3, 543, 194
1422 年壬寅	永乐二十年	3, 251, 723
1423 年癸卯	永乐二十一年	2, 573, 583
1424 年甲辰	永乐二十二年	2, 573, 583
1425 年丁巳	洪熙元年	2, 309, 150
1426 年丙午	宣德元年	2, 399, 997
1427 年丁未	宣德二年	2, 683, 436
1428 年戊申	宣德三年	5, 488, 800
1429 年乙酉	宣德四年	3, 858, 824
1430 年庚戌	宣德五年	5, 453, 710
1431 年辛亥	宣德六年	5, 488, 800
1432 年壬子	宣德七年	6, 742, 854
1433 年癸丑	宣德八年	5, 530, 181
1434 年甲寅	宣德九年	5, 213, 330
1435 年乙卯	宣德十年	4, 500, 000
1436 年丙辰	正统元年	4, 500, 000
1437 年丁巳	正统二年	4, 500, 000
1438 年戊午	正统三年	4, 500, 000

表 8–2 《大明会典》记载的明代各地漕粮份额

布政使司、府、州	规定运输数额（石）	附加运输数额（石）	总数（石）
浙江	600, 000	30, 000	630, 000
江西	400, 000	170, 000	570, 000
山东	280, 000	95, 600	375, 600
河南	270, 000	110, 000	380, 000
湖广	250, 000	0	250, 000
南直隶	(1, 500, 000)	(294, 400)	(1, 794, 400)

应天府	100, 000	28, 000	128, 000
苏州府	655, 000	42, 000	697, 000
松江府	203, 000	29, 950	232, 950
常州府	175, 000	0	175, 000
镇江府	80, 000	22, 000	102, 000
太平府	17, 000	0	17, 000
宁国府	30, 000	0	30, 000
池州府	25, 000	0	25, 000
安庆府	60, 000	0	60, 000
凤阳府	30, 000	30, 000	60, 000
淮安府	25, 000	79, 000	104, 000
扬州府	60, 000	37, 950	97, 000
庐州府	10, 000	0	10, 000
徐州府	30, 000	18, 000	48, 000
广德州	0	8, 000	8, 000
总计	3, 300, 000	700, 000	4, 000, 000

迁都北京后，不仅粮米需求量不断增长，新都营建还需大量城砖，尽管江南原烧造南京城砖的府州县继续为北京造砖，并经运河送抵京师，但由于水路漫长且运力有限，难解建都之初大量用砖之急，以至诏令在北直隶各府及山东、河南两省增建砖窑，（表 8–3）并在临清“设工部营缮分司督之”。[1] 派驻工部侍郎统辖北直隶及山东、河南各窑厂。康熙十二年《临清州志》记：“工部营缮员外郎，明永乐间设，初侍郎或郎中，后以主事督征山东、河南、直隶、河间诸府砖价，于临清建窑厂，岁征城砖百万。”还在临清、张家湾各委派主事一员，专职城砖收放。而江南砖收验发运事宜则由南京兵部专门差官督办。

表 8–3　明迁都北京后北直隶及河南、山东一带增加的城砖产地

府	州	县	
顺天府	——	——	（今北京市一带）
河间府	——	——	（今河北省沧州市一带）
		静海县	（今天津市静海区）
		任丘县	（今河北省任丘市）
		献　县	（今河北省献县）

[1] 乾隆十四年《临清州志》卷七，《关榷》。

东光县　（今河北省沧州市东光县）
沧　州　————　（今河北省沧州市）
庆云县　（今山东省德州市庆云县）
真定府　————　（今河北省正定县一带）
晋　州　————　（今河北省衡水地区安平县）
安平县　（今河北省衡水地区安平县）
深　州　————　（今河北省衡水市深州区）
大名府：————　（今河北省邯郸市大名县一带）
南乐县　（今河南省濮阳市南乐县）
浚　县　（今河北省浚县）
元城县　（今河北省邯郸市大名县）
清丰县　（今河南省安阳市）
开　州　————　（今河南省安阳地区濮阳市）
东明县　（今山东省荷泽市）
长垣县　（今河南省新乡市长垣县）
保定府　————　（今河北省保定市一带）
新城县　（今河北省高碑店市）
广平府　————　（今河北省永年县）
威　县　（今河北省邢台市威县）
清河县　（今河北省邢台市清河县）
鸡泽县　（今河北省邯郸市鸡泽县）
南阳府　————　（今河南省南阳市一带）
怀庆府　————　（今河南省沁阳市一带）
修武县　（今河南省焦作市）
武陟县　（今河南省焦作市）
归德府　————　（今河南省商丘市睢阳区）
睢阳县　（今河南省商丘市睢县）
卫辉府　————　（今河南省卫辉市）
新乡县　（今河南省新乡市）
汲　县　（今河南省卫辉市）
淇　县　（今河南省鹤壁市淇县）
胙城县　（今河南省新乡市延津县胙城乡）
滑　县　（今河南省安阳市滑县）
辉　县　（今河南省新乡市辉县市）
彰德府　————　（今河南省安阳市）
汤阴县　（今河南省安阳市汤阴县）

安阳县（今河南省安阳市安阳县）
开封府——（今河南省开封市一带）
阳武县（今河南省新乡市原阳县）
原武县（今河南省新乡市原阳县）
封丘县（今河南省新乡市封丘县）
登州府——（今山东省蓬莱市一带）
东昌府——（今山东省聊城市一带）
堂邑县（今山东省聊城市东昌府区堂邑镇）
聊城县（今山东省聊城市）
临清县（今山东省临清市，明弘治二年升为临清州）
冠　县（今山东省聊城市冠县）
莘　县（今山东省聊城市莘县）
博平县（今山东省聊城市茌平县博平镇）
高唐州——（今山东省聊城市高唐县）
武城县（今山东省德州市武城县）
恩　县（已分别并入武城县和平原县
夏津县（今山东省德州市夏津县）
濮　州——（今山东省聊城市）
观城县（今河南省范县一带）
朝城县（今山东省聊城市莘县朝城镇）
临清州——（今山东省临清市，弘治二年由县升州）
青州府——（今山东省青州市一带）
临淄县（今山东省淄博市临淄县）
济南府——（今山东省济南市一带）
长山县（今山东省淄博市邹平县）
新城县（今山东省淄博市桓台县）
禹城县（今山东省禹城市）
青城县（今山东省淄博市高清县）
商河县（今山东省济南市商河县）
邹平县（今山东省滨州市邹平县）
淄川县（今山东省淄博市淄川区）
平原县（今山东省德州市平原县）
滨　州——（今山东省滨州市）
利津县（今山东省东营市利津县）
蒲台县（今山东省东营市一带）
德　州——（今山东省德州市陵县）

武定州 ———— （今山东省滨州惠民县城区）

　　　乐陵县（今山东省德州市乐陵县）

　　　阳信县（今山东省滨州市阳信县）

　　　商河县（今山东省济南市商河县）

莱州府 ———————— （今山东省烟台市莱州市一带）

兖州府 ———————— （今山东省兖州市一带）

　　　城武县（今山东省菏泽市城武县）

　　　金乡县（今山东省济宁市金乡县）

济宁州 ———— （今山东省荷泽市一带）

　　　巨野县（今山东省荷泽市巨野县）

　　　郓城县（今山东省荷泽市郓城县）

东平州 ———— （今山东省泰安市东平县）

　　　汶上县（今山东省济宁市汶上县）

　　　寿张县（今山东省阳谷县、河南范县一带）

曹　州 ———— （今山东省荷泽市）

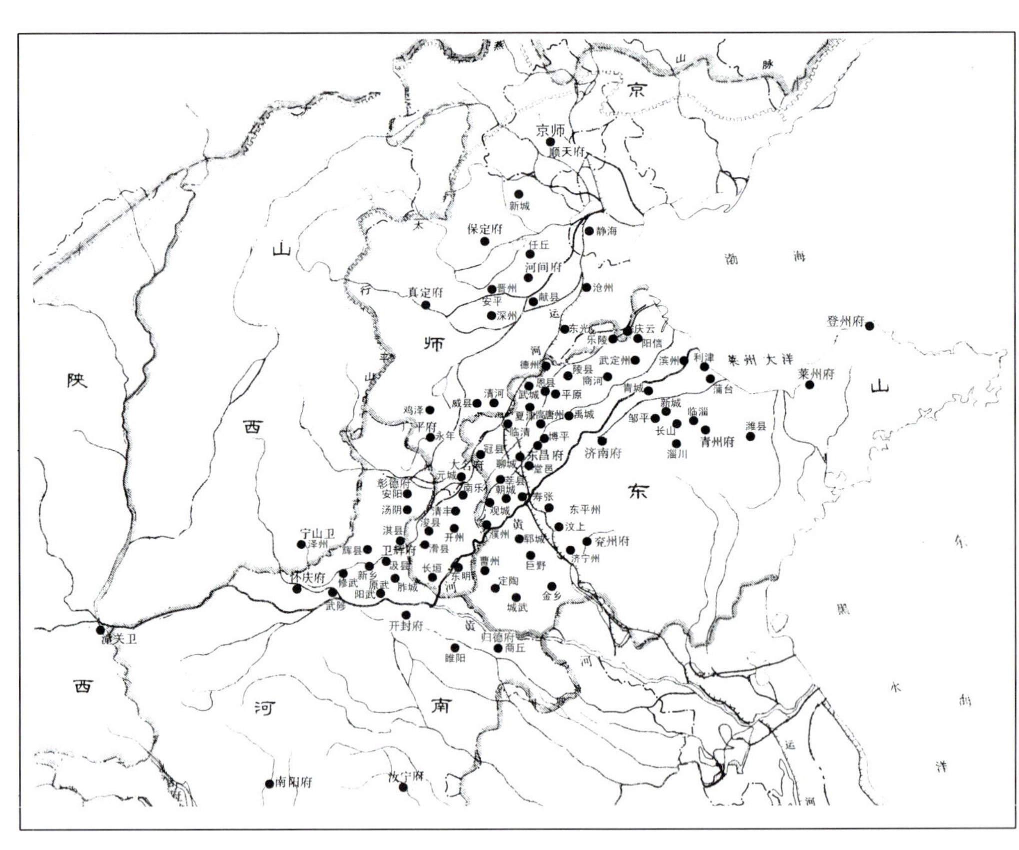

图 8-1　明迁都北京后北直隶及河南、山东一带参与城砖制造的府州县分布图

蔡青、严师 制图

至明嘉靖初期，长江以北的城砖制造业基本形成了以临清为中心的格局。《临清县志》记："临清商业称盛一时者，籍助此河之力颇大"。[1] 清前期，临清"岁漕江南北米粮数百万石，悉由此河输至京师"。[2]"每届漕运时期，帆樯如林，……当其盛时，北至塔湾，南至头闸，绵亘数十里"。[3] 临清初期曾建有4座砖厂，作为各砖窑成品城砖的统一收纳场所，城砖经此周转后再装上北行的粮船带运至京城。后出于便捷，取消了这一程序，改为将城砖从沿河各窑就近直接装船。

2. 漕粮运输与城砖带运

以粮船带运城砖之制始于明洪武时期，营建南京城时所需城砖均沿江设窑烧造，由各处客船顺载运至工部交纳，沿河郎中等官员则负责逐船查验。

明初营建北京城亦沿用其制，各地烧造的城砖皆搭粮船顺带至京。永乐三年（1405年）规定，"船每百料[4] 带砖20块"；天顺年间（1457—1464），令每只粮船搭带城砖40块，民船按梁头计量，每尺带砖6块；嘉靖三年（1524年），则规定每只粮船须带砖96块，民船每尺带砖10块；至嘉靖十四年（1535年），粮船带砖增至192块，民船每尺带砖增至12块。

嘉靖二十年（1541年），粮船带砖数又减为96块。

彼时，官船和民船带运城砖属强制性规定，不仅没有任何报酬，如有损坏还须承担赔偿责任。嘉靖二十一年（1542年）特别规定，途经临清的官船、民粮船皆须带运城砖至张家湾交卸，有损毁者须如数赔偿。嘉靖四十二年（1563年）查照旧历，粮船每只带城砖90块，其他砖料由官民商贩船只通融派带。万历十五年（1587年）七月，因寿宫急用城砖，每船定例带砖二百块，"待落成之日，每船量减四十块"。[5] 曾有官员在《暂免运砖以恤运军疏》中诉运砖之苦衷："粮运带砖，始于一时权益，今已遵行年久……往运河渠通利，加带不胜苦难，然数止四十八块，不令过重以伤挽力。继因工作迭兴，用砖渐多，加带亦渐增益，以至载重难行。"[6]

宣德八年（1431年）六月平江伯陈瑄奏："岁运北京粮四百余万石，役军士一十二万人，连年输运，当苏其力。乞于浙江、湖广、江西、蘇、松、常、镇、太平等府佥民丁及军多卫所添军与见运军士通二十四万人，分为两班，每岁用一十二万人儹运，余一十二万人伺候更替，可为经久之计，少节军民之劳"。[7] 十几万人常年参与漕粮运输，可见明初漕运的繁盛与艰辛。

京师长期大兴土木，数工并举时，各粮船超重带运城砖仍不敷用，为提高运力，常有官

[1] 〔民国〕《临清县志》，《疆域志·河渠》。

[2] 〔民国〕《临清县志》，《疆域志·河渠》。

[3] 〔民国〕《临清县志》，《经济志·商业》。

[4] 料：古代船只大小的一种计量单位，相当于明代尺度十立方尺，约为现在0.39立方米。

[5] 〔明〕申时行等：《万历明会典》，卷二十，户□二．赋役，《续修四库全书》第789册，第341页。

[6] 〔明〕经世文编，卷三百，张元洲先生省疏。

[7] 《宣宗宣德实录》卷八十，第19页。

府征船运送城砖的情况，永乐初就曾于河南、山东、北直隶各府征用船只运送城砖，并以城砖一分八厘、斧刃砖一分四厘的脚价银支付运费。

弘治八年规定，除了专供皇室的“荐新进鲜黄船”以外，“一应官民马快运粮等船”均须带砖。

嘉靖四年（1525 年）规定，凡粮船顺带未运完的临清城砖，由官府另行雇船专程解运，所需运费则由各司、府、州、县分摊。万历十三年（1585 年）四月下诏，临清砖厂军民、船户一律交纳运砖费用，由官府雇人运送，运费视军、民、船户船只的大小而不同。

嘉靖九年（1530 年），将河南、北直隶等地砖窑“停罢”，唯临清“开窑招商视昔加倍”。[1] 由“部发砖值”，在临清“招商烧造”。[2]

由于城砖长期搭载粮船运输，路途遥远，不胜辛劳且效率不高。万历二年（1574 年）九月，关于北直隶参与造砖再被提及，宛平、大兴二县王勇奏称：“各工应用白城砖，近于临清烧造一百万个，今有武清池（按：馆本池作地方）土脈坚胶，不异临清，去京仅一百三十里，较临清近二千余里，一舆（按：馆本舆作興）改作，不但粮运民船不苦烦劳，抑且为国节省，有生财时效”。[3] 北直隶一带造砖有其京师近地之优势，既可免长途运输的辛劳，又能及时解京城用砖之急，但钦工物料毕竟质量最为重要，改换产地不免要冒较大风险。工部权衡后复议：“临清烧造，遵行已久，既云武清土脈不异，人事未否均齐，安能一一如式？若一旦更改，倘有偏而不举之处，是复增纷扰也。今行武清县，责令王勇等每年分造城砖三十万个，似三年之后，果有成效（校记：广本、抱本效作功），另议建改。其临清自万历三年为始，每年正造七十万个，照旧粮船带运”。[4] 万历三年（1575 年）四月又记，“临清砖厂旧烧造城砖共一百二十万，至是议分派三十万于武清烧造”。[5] 分派的造砖窑户所钤款识一般带有“分泒”“分窑户”印记。

“顺治二年（1645 年）部委司官一人提督临清砖厂兼理闸务，岁支额设砖料银二万四千两，烧造城砖六十万，斧刃砖四十万”。[6] 可谓“岁征城砖百万”。[7]

关于清代临清城砖的运输，“顺治四年（1645 年）题准，临清砖用漕船带运抵通，例无脚价，自通州五闸转运至大通桥厂，每块于轻赍银内支给一分；又，自厂车运至各工所，每块给脚价银一分一厘五毫”。[8]

至于漕船带运的具体方式和数量，当年（1645 年）“又复准，令经过临清闸粮船，每船带砖四十五块，官、民船每梁头一尺带砖十有二块，均给批运，交通惠河监督照数验收，其官、

[1] 乾隆十四年《临清州志》卷七，《关榷》。

[2] 《明会典》卷一百九十，《工部十》。

[3] 《神宗万历实录》卷二十九。

[4] 《神宗万历实录》卷二十九。

[5] 《神宗万历实录》卷三十七。

[6] （乾隆）《会典则例》卷一百二十八，《工部营缮清吏司物材》。

[7] 乾隆十四年《临清州志》卷七，《漕运志》。

[8] （乾隆）《会典则例》卷一百二十八，《工部营缮清吏司物材》。

民船抵天津务关、张家湾、通州者，名为长载，例应给批带运，不到天津等处者，名为短载，免其带运，每梁头一尺纳价银一钱七分；又盐货船每船纳纸价银六钱，均收贮解部，若船到通州，无砖即系抛弃，该监督报部究处，回船过临清不缴砖批者治罪，如地方官纵容不行申报一并题参”。[1]

顺治七年（1650 年）题准，在临清额设“岁发银万两，照银数预办以备带运”[2]。朝廷用于烧造城砖的投资较五年前已大幅减少。

第二年（1651 年），顺治帝体恤到“漕船运载漕粮，远涉波涛，已称极苦，再令装载带运，益增苦累，”并认为“营造宫殿，京师烧尽尺可应用，若临清烧造，苦累小民，又费钱粮拨运，甚属无益”。且“朕心甚为不忍。”[3] 遂奉旨：“临清厂烧砖，费币累民，应行停止，原委官撤回，其造过坯片，所费工本并民船长短带载纳价，即行豁免。”[4]

此后，京师用砖均由近地烧造。可能基于砖质的原因，临清砖窑停罢六年后，又恢复烧造，“顺治十四年（1657 年），复差本部司官前往临清会同该道烧造水澄细砖”。[5]“顺治十五年（1658 年）题准，水澄细砖，每块给银六分八厘”。[6] 显然比顺治四年时临清城砖二分七厘的价格有大幅提高，可见京师此时急需的是高质量城砖，即所谓“水澄细砖”。

顺治十五年至十七年，临清恢复砖窑生产并为京师烧造了大量城砖，从实际考察看，其中很大一部分应被用于筑建顺治皇帝的陵寝，清孝陵城砖铭文记录的造砖时间也基本集中于顺治十五年至十七年。确保皇陵工程的质量，应是复差司官前往临清烧造“水澄细砖”的主要目的。清孝陵的顺治十五年至十七年砖文：

顺治十五年分臨清窑户孟守科作頭崔文舉造　（527）
顺治十六年分臨清窑户劉承恩作頭李仲道造　（535）
顺治十七年分臨清窑户暢道作頭郭守貴造　（538）

在恢复烧造临清砖三年后，工部于顺治十八年（1661 年）又题请停止临清砖差。“题准，停止临清砖差”。[7] 并“裁工部营缮分司，以山东巡抚领之，监办官为东昌府同知，承办官为临清州知州，分管官为临清州吏目，税课局大使，夏津县巡检，青平县巡检”。[8] 乾

[1] （乾隆）《会典则例》卷一百二十八，《工部营缮清吏司物材》。

[2] （乾隆）《会典则例》卷一百二十八，《工部营缮清吏司物材》。

[3] 《清世祖实录》卷五十二。

[4] （乾隆）《会典则例》卷一百二十八，《工部营缮清吏司物材》。

[5] （乾隆）《会典则例》卷一百二十八，《工部营缮清吏司物材》。

[6] （乾隆）《会典则例》卷一百二十八，《工部营缮清吏司物材》。

[7] （乾隆）《会典则例》卷一百二十八，《工部营缮清吏司物材》。

[8] 乾隆十四年《临清州志》卷七，《关榷》。

隆五十年（1785 年）“专归临清州管理”[1]。

康熙初，京师用砖仍由近地烧造，并颁布窑址禁令，规定：“凡筑砖瓦窑，均令离城五里不近大路之处烧造，违者治罪。”[2] 城砖每块银四分一厘，比临清“水澄细砖”低二分七厘。所低部分既应包括运费和质量差别。

康熙十九年（1680 年），“又奏准，城砖、滚子砖需用，紧急令山东巡抚雇船委官运送”[3]。“康熙二十八年（1680 年）复准，陵寝需用临清砖，行令山东巡抚预行烧造二万块，交粮船带运。”[4]

考虑到临清城砖运输的压力，康熙时在城砖的使用上也有所调整，如根据城砖的质量施用于不同工程，即使宫廷建筑也会务实选择。康熙二十九年正月乙酉，大学士等奏曰：“……前明各宫殿九层基址、墙垣，俱用临清砖，……今禁中修造房屋，出于断不可以，非但基址未尝用临清砖，凡一切墙垣，俱用寻常砖料……”[5]

康熙三十四年（1695 年）七月，太和殿大修，其中在磉墩、山墙、后檐墙、前槛墙、隔断墙等处共用糙临清城砖 17136 块，砍细临清城砖 7984 块。工程用新样城砖 338626 块，内群城填馅新样城砖 23433 块。临清城砖用量还不到总用砖量的十四分之一，均用于比较重要的位置。[6] 临清城砖的用量虽受到控制，但未停止生产，康熙三十八年（1699 年）题准“临清砖，著山东粮船五月起至九月，暂给水脚银运送”[7]。

康熙五十八年（1719 年）停止烧造带运临清城砖，改由温泉一带窑户参照临清砖式样烧造。

雍正、乾隆朝又逐渐恢复临清砖的烧造，运输方式仍延续前制，临清砖明初就“漕艘搭解，后遂沿及民船装运。今仍复漕船运解通州”[8]。“凡输运，水以舟，陆以车。舟运木计颗，砖甓计数。车运砖、木，皆权轻重，程近远，分春夏秋冬以辨其运价而差等之，由粮艘附运者不给价。”[9]

清乾隆及后几朝烧造解运临清城砖记录：

乾隆二十四年（1785 年）议准：“山东省造办临清砖，每块长一尺五寸，宽七寸五分，厚四寸，系粮船搭解，并无运价，如遇工程紧要，雇觅民船，每块给水脚价银二分六厘。”[10]

乾隆四十一年（1776 年）奏准：“重修紫禁城墙，需用临清砖三十万块，令山东巡抚烧造，

[1] 乾隆五十年《临清直隶州志》卷九，《关榷志》。

[2] （乾隆）《会典则例》卷一百二十八，《工部营缮清吏司物材》。

[3] （乾隆）《会典则例》卷一百二十八，《工部营缮清吏司物材》。

[4] （乾隆）《会典则例》卷一百二十八，《工部营缮清吏司物材》。

[5] 《清圣祖实录》卷一百四十四。

[6] 《太和殿纪事》卷七。

[7] （乾隆）《会典则例》卷一百二十八，《工部营缮清吏司物材》。

[8] 乾隆五十年《临清直隶州志》卷九，《关榷志》。

[9] （乾隆）《会典》卷七十二。

[10] （光绪）《会典事例》卷八百七十八，《工部物材》。

搭解运送通州。”[1]

乾隆四十七年（1782年）奏准：“通州厂临清砖所存无几，令山东巡抚烧造五万块，搭解运送通州。”[2]

嘉庆五年（1800年）奏准：“水运砖木，以一千五百斤一载，每载每里给运价五厘。”[3]

嘉庆七年（1802年）奏准：“辦解临清砖，令临清州解员逐块敲验，由运粮船装载齐全，饬令解员随船押运赴部验收，如有缺角破碎，将砖价著落解员赔缴。”[4]

道光四年（1824年）奏准：“临清州承造临清砖，自嘉庆二年修建砖窑十二座，后六年又改建砖窑十二座，略加修理尚堪烧造，其余四座与六年改建之十二座俱经坍塌，必须另行移建，且地亩历年取土，俱成湾坑，亦须另择地基，以备烧造。今又购买窑厂四处，每处建盖窑户土房六间，每窑挑井二孔。”[5]

道光九年（1829年），“谕内阁，乌尔恭阿等奏，昌陵圣德神功碑楼工程，需用盖面海墁大砖，著工部行取山东临清砖四万六千块，于明春运送到工应用”[6]。

道光十年（1830年），“谕，乌尔恭阿等奏，查验运到临清砖块难以选用一折，昌陵圣德神功碑楼工程，需用盖面海墁大砖，据乌尔恭阿等，将山东委员运到者，详加查验，砖质粗松，沙眼太多，难以选用，著照所请，即由京烧造澄漿砖四万六千块，乘时备辦，于今冬运送到工，明春铺墁，所需砖价一万三千七百十五两零，着于户部领用，工竣复实奏销。至此项临清砖，若不砍去外皮，尚堪留作岁终粘砌墙垣之用，著工部即令该委员将已运到工及未运到工之砖，全数交易州工部存贮备用，其该省烧造砖价，著在承办之员名下照数罚赔，不准开销”[7]。

从目前已发现的砖文史料看，山东临清为京师烧造城砖至少延续到道光晚期。当年，清东陵绕斗峪（后改名宝华峪）皇陵渗水事件使道光帝对工程质量问题深恶痛绝，绝不会容忍钦工物料有任何瑕疵。运送昌陵的临清砖出现质量问题，很可能成为清末逐渐裁减临清砖的原因之一。

道光四年（1824年），“高堰决，运道梗”，清政府遂雇用商船海运，此后，江、浙各府州漕粮皆改行海运，而湖南、湖北、安徽、江西等省漕粮则改征银钱，漕河运输业日渐衰落，但山东仍维持河运旧制，这应与朝廷尚未完全停罢临清官砖窑有一定关系。

[1]（光绪）《会典事例》卷八百七十五，《工部物材》。

[2]（光绪）《会典事例》卷八百七十五，《工部物材》。

[3]（光绪）《会典事例》卷八百七十六，《工部物材》。

[4]（光绪）《会典事例》卷八百七十五，《工部物材》。

[5]（光绪）《会典事例》卷八百七十五，《工部物材》。

[6]《清宣宗实录》卷四百七十六。

[7]（光绪）《会典事例》卷八百七十五，《工部物材》。

3. 历经四个世纪的临清造砖业

临清造砖业最盛时有窑近 400 座，从临清城区西南 15 公里的东、西吊马桥到东、西白塔窑，再至东北部的张家窑，继而延续到东南部的河隈张庄，绵延 30 多公里。砖窑沿河而建，鳞次栉比，仅东、西吊马桥就有砖窑 72 处，东、西白塔窑建有砖窑 48 处，张家窑和河隈张庄有砖窑 72 处，共计砖窑 192 处。每处窑址设两座砖窑，共计有砖窑 384 座。（图 2）康熙时江南文人杨启旭曾赋诗曰："秋槐月落银河晓，清渊土里飞枯草。劫灰助尽林泉空，官窑万垛青烟袅"。形象地描绘出明清时期临清一带繁盛、火热的造砖场景。

鉴于临清地处漕运咽喉及商业、造砖业的繁盛，景泰元年，代宗敕曰："临清系南北水陆要冲，……倘遇有警将何所守，敕至尔英等，并三司堂上正官，亲旨临清同尔豫事……量起军民人等筑城以安军民。"[1] 同年增建军事卫所。《明一统志》记载："临清卫在临清县城内东北，景泰元年建。"[2]

弘治二年，从明初的东昌府属县升级为州。《天工开物·陶埏第七卷·砖》："若皇居所用砖，其大者厂在临清，工部分司主之"。

乾隆十四年《临清州志·关榷志·附临砖》载，明代"砖厂有四，上中下后"。临清砖窑遗址考察中曾发现明代天启年间"上厂"款的城砖，**天啟伍年上廠窑户王旬作頭張□□**。（506）

在临清古建筑上还曾见到款识为 **嘉靖十一年下廠窑户李繼造**（369）的铭文城砖。

在北京城砖铭文中，钤有上、中、下、后厂的砖文多出自隆庆朝。如：

隆慶四年上廠窑户杜翠造　（472）

隆慶二年下廠窑户汪禮造　（463）

隆慶四年中廠窑户趙輔匠人費強造　（465）

隆慶五年後廠窑户盖昂匠人刘延年造　（476）

《临清州志》记，清代"砖窑有六，东曰孟守科，在二十里铺，清平界内。南曰张泽、曰畅道，地名白塔窑。西南曰刘承恩，在吊马桥。迤东北曰周循鲁、曰张有德，地名张家窑"[3]。《临清州志》中记载的这些造砖者的名字大都能在临清遗存的城砖上见到，在临清博物馆古城砖藏品的款识中见到了临清窑户周循鲁、刘承恩的名字：

康熙拾捌年臨清磚窑户周循魯作頭梁繼尧張化豹造　（543）

雍正五年臨清磚窑户劉承恩作頭王加禄造　（546）

在临清的遗存古建筑上有窑户張有德之名：

康熙二十八年臨清磚窑户張有德作頭刘奇施茂擇造　（544）

[1]　《英宗实录》卷一百九十三，《废帝郕戾王附录第十一》。

[2]　《明一统志》二十四。

[3]　乾隆十四年《临清州志·附临砖》。

临清河隈张庄村东南部发掘出的明清城砖则有窑户孟守科、张泽：

顺治十五年分臨清窑户孟守科作頭□□造 （534）

康熙拾伍年臨清窑户張澤作頭趙邦印造 （544）

目前在北京铭文城砖中也见到了这六个临清窑户的名字，砖文如下：

顺治十五年分临清窑户孟守科作頭崔文舉造 （536）

順治十六年分臨清窑户劉承恩作頭李仲道造 （535）

順治十五年分臨清窑户張澤作頭趙印造 （532）

順治十五年分臨清窑户周循魯□□□□□ （532）

乾隆貳年分临清磚窑户張有德作頭焦天禄造 （547）

乾隆年臨清磚窑户暢道作頭盛邦現造 （551）

2010 年 11 月至 2011 年 5 月，山东省文物考古研究所于河隈张庄村东南部发掘出明清时期砖窑遗址 18 座，河隈张庄砖窑遗址位于临清东南约 12 公里的运河岸边，沿河分布，西起河隈张庄村西，东至陈官营村西北，绵延约 1500 米，窑址距河道远的约 700 余米，最近的仅五六十米，为水运便利，砖窑均傍依运河而建。（图 8–2）（图 8–3）

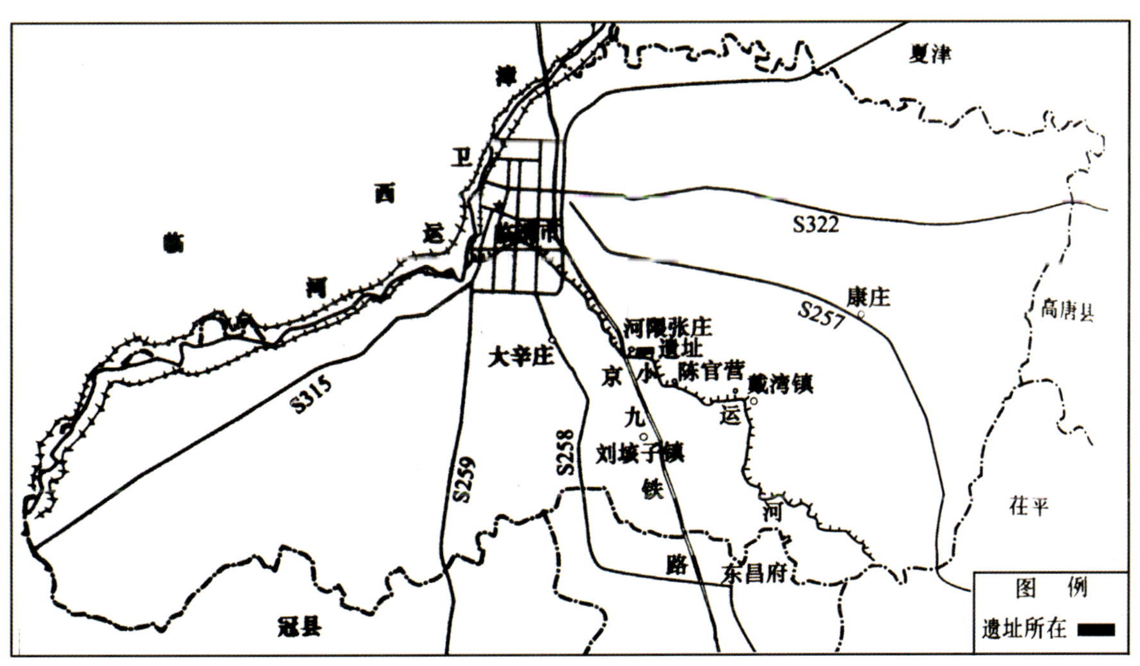

图 8-2 临清河隈张庄砖窑遗址地理位置示意图

来源：《山东临清市河隈张庄明清“贡砖”窑址发掘报告》山东省文物考古研究所、临清市博物馆。

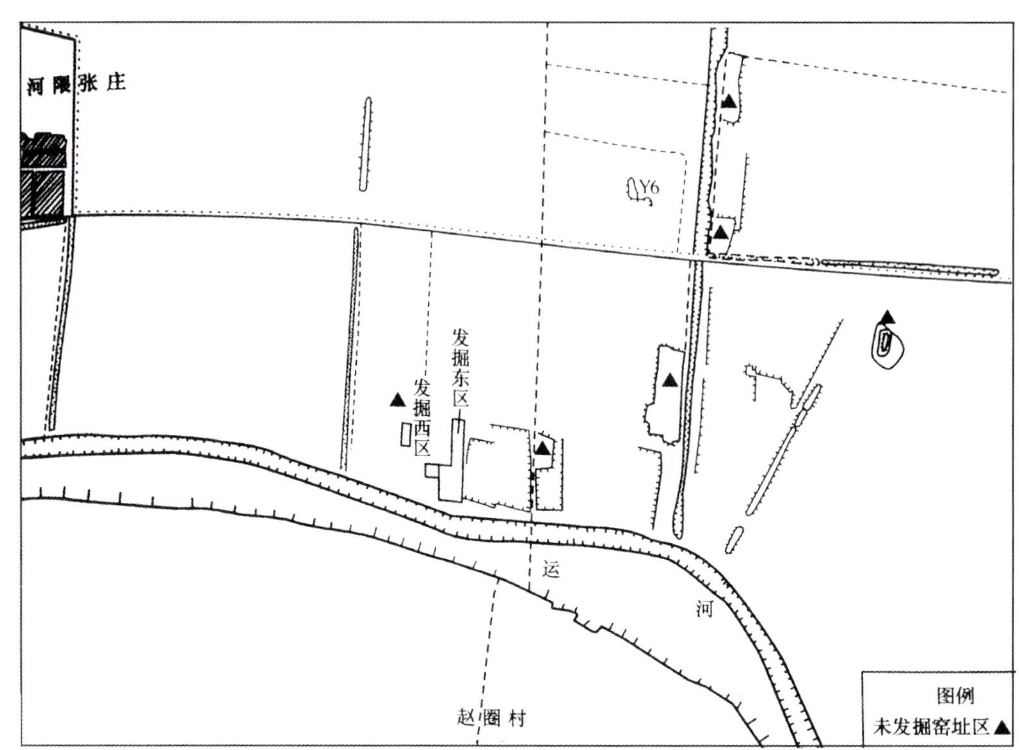

图 8-3　临清河隈张庄砖窑遗址平面位置示意图

来源：《山东临清市河隈张庄明清“贡砖”窑址发掘报告》山东省文物考古研究所、临清市博物馆。

明代砖窑遗址：

河隈张庄砖窑遗址共发掘出 3 座明代遗存窑址，（图 8–4）出土“砖数量较多，约数百块，垒砌墙壁及铺底多用整砖或砖坯，填土中均为残砖块。砌墙皆用大砖，大者长 47—49 厘米、宽 24—25 厘米、厚 12—14 厘米，略小者长 40—43 厘米、宽 20—21 厘米、厚 10—11 厘米。款识压印于长侧面，竖行楷书阳文，内容有纪年、窑户及作头姓名。铺底用的小薄砖，规格一致，长 26.5 厘米、宽 14.5 厘米、厚 4.5 厘米”[1]。明代砖窑遗址出土的铭文城砖：

天啟元年窑户王旬作頭申才造，长 40 厘米 、宽 20 厘米、厚 10.5 厘米；

天啟五年上廠窑户王旬作頭張義造，长 48 厘米、宽 24 厘米 、厚 12.5 厘米；

萬曆四年，残长 14 厘米、宽 17.5 厘米、厚 10 厘米。

清代砖窑遗址：

河隈张庄砖窑遗址还清理出 15 座清代砖窑遗址，（图 8–5 至图 8–9）砖窑“结构基本一致，均由长梯形或长方形斜坡式操作间、火门、长方形火膛、窑室及方形烟囱构成。……构筑建筑方式大体相同，皆在原地面上挖相应部位形制的浅坑，周壁用青砖砌筑，以砖铺底”[2]。

[1]　山东省文物考古研究所、临清市博物馆《山东临清市河隈张庄明清“贡砖”窑址发掘报告》。

[2]　山东省文物考古研究所、临清市博物馆《山东临清市河隈张庄明清“贡砖”窑址发掘报告》。

清代砖窑遗址出土的铭文城砖：

乾隆四十二年窑户孟守科作頭崔成造，长 49 厘米、宽 24.6 厘米 、厚 12 厘米；

乾隆十五年臨清磚窑户孟守科作頭崔成造，长 48.6 厘米、宽 24.5 厘米 、厚 13.3 厘米；

乾隆十三年窑户孟守科作頭崔有本造，残长 46.5 厘米、宽 26 厘米 、厚 13.7 厘米；

康熙二十八年臨清磚窑户孟守科作頭崔振先造，残长 11 厘米、残宽 24 厘米 、厚 12.3 厘米；

道光十年臨磚程窑作頭崔貴造

顺治十五年分臨清窑户孟守科作頭崔□□□

康熙拾伍年臨清窑户孟守科作頭孫之榮□

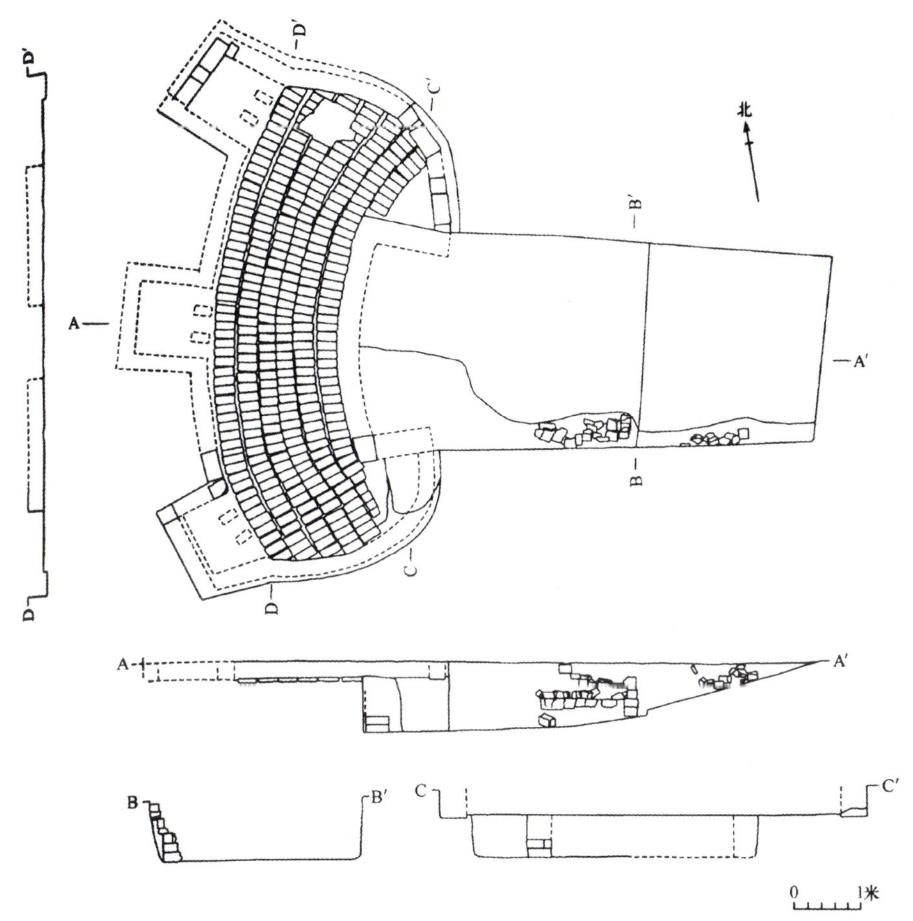

Aa 型窑 3 座（两座明代一座清代）

3 个烟囱，两侧烟囱向外倾斜，横长方形火膛坑，窑室墙壁弧形，铺底砖呈弧形排列。

图 8-4 临清河隈张庄明清 Aa 型砖窑遗址平面、剖视图

来源：《山东临清市河隈张庄明清“贡砖”窑址发掘报告》山东省文物考古研究所、临清市博物馆。

根据窑址年代分析并结合形制结构和生产管理者的变化，将河隈张庄遗址划分为五期：第一期，明代晚期，天启至崇祯年间。共 3 座窑，形制为 2 座 Aa 型和 1 座 Ab 型。

第二期，年代约为清代早期，顺治至康熙前期。共 6 座窑，形制皆为 B 型。

第三期，年代约为清代康熙后期至雍正年间。共 6 座窑，形制皆为 Ab 型。

第四期，年代为清代乾隆年间。共 2 座窑，形制分别为 Aa 型和 Ab 型。

第五期，道光年间。共 1 座窑，形制为 Ab 型。

图 8-5 临清河隈张庄明清 Aa 型砖窑遗址实景图

来源：《山东临清市河隈张庄明清“贡砖”窑址发掘报告》山东省文物考古研究所、临清市博物馆。

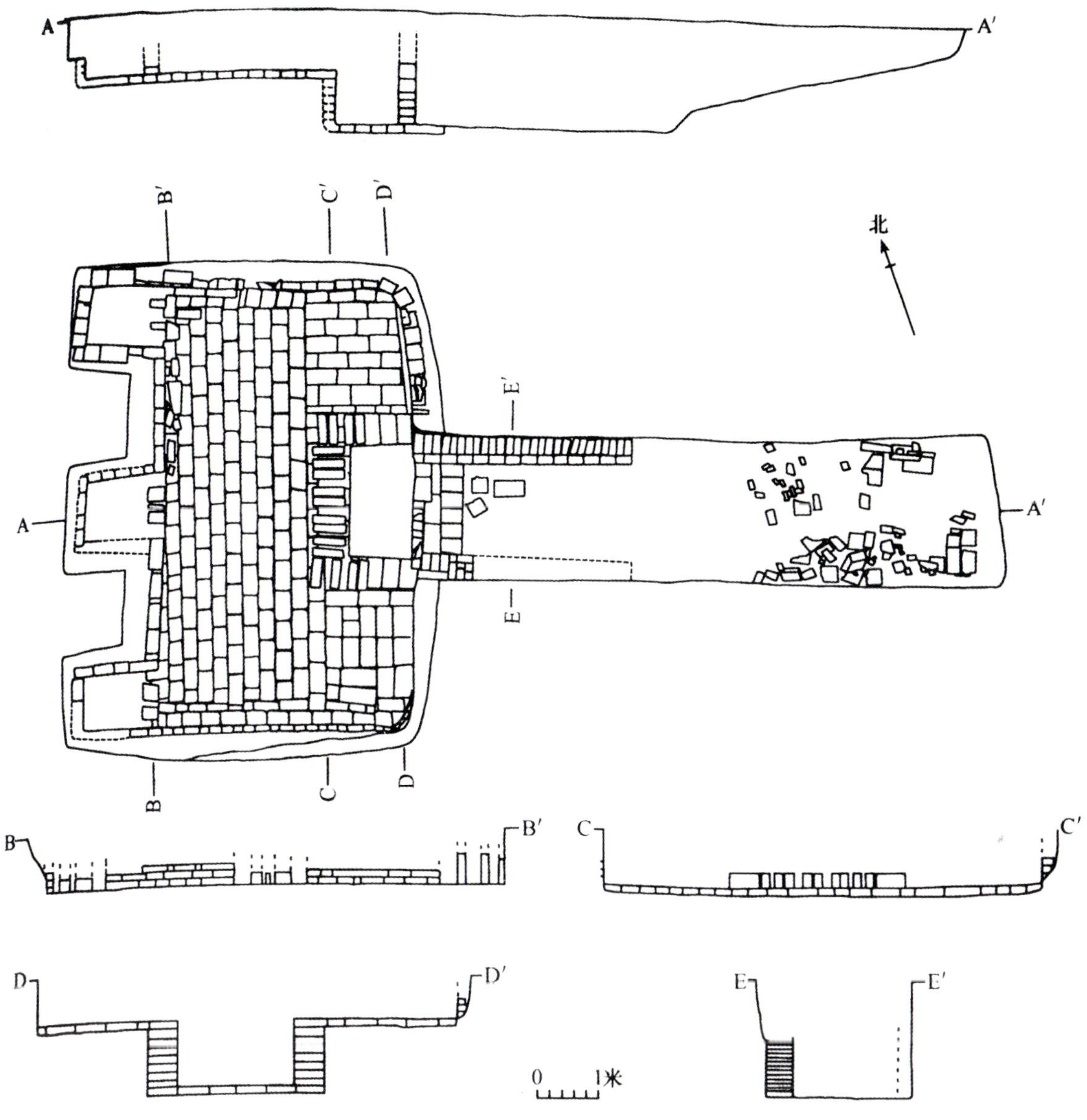

Ab 型窑 9 座（一座明代八座清代）

3 个长方形烟囱，横长方形窑室。

图 8-6　临清河隈张庄明清 Ab 型砖窑遗址平面、剖视图

来源：《山东临清市河隈张庄明清“贡砖”窑址发掘报告》山东省文物考古研究所、临清市博物馆。

图 8-7　临清河隈张庄明清 Ab 型砖窑遗址实景图

来源：《山东临清市河隈张庄明清“贡砖”窑址发掘报告》山东省文物考古研究所、临清市博物馆。

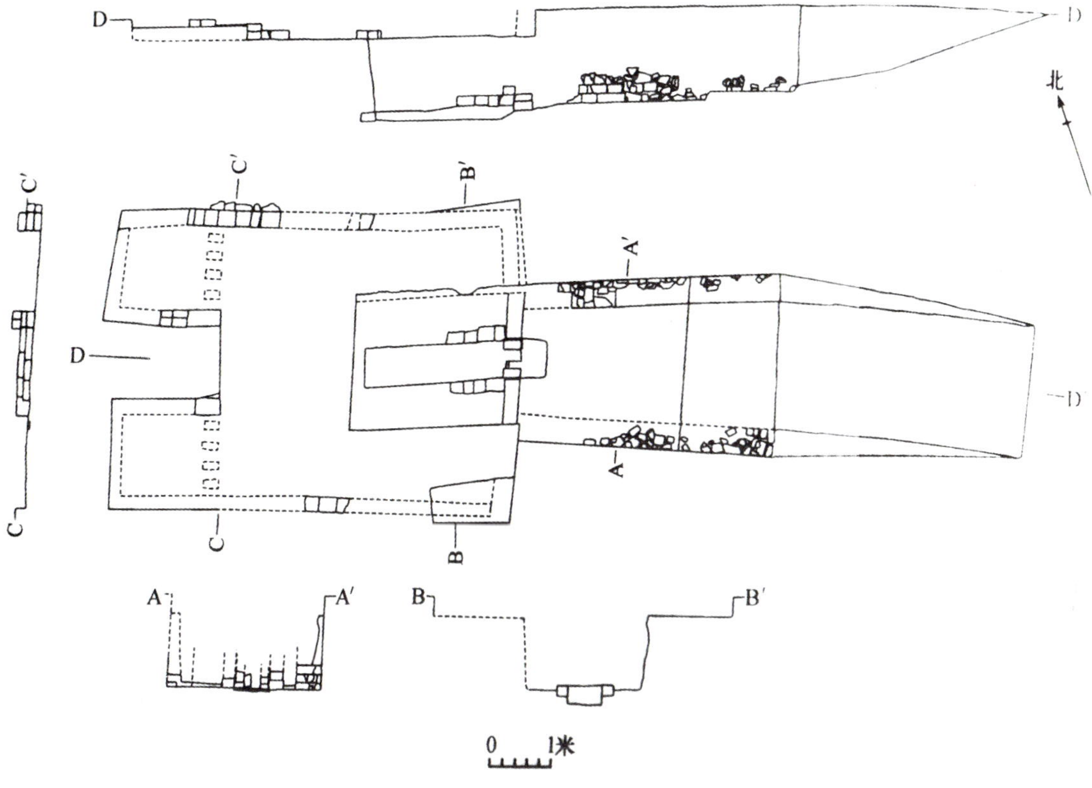

B 型窑 6 座（六座清代）

2 个方形大烟囱，长方形窑室。

图 8-8　临清河隈张庄清代 B 型砖窑遗址平面、剖视图

图 8-9　临清河隈张庄明清 Ab 型砖窑遗址实景图

来源：《山东临清市河隈张庄明清“贡砖”窑址发掘报告》山东省文物考古研究所、临清市博物馆。

目前临清出土铭文砖的最早年代记录为万历四年，发掘出的窑址最早为天启年间。而从北京已经发现的城砖铭文看，临清砖的烧造年代最早可追溯到成化年间。例：“**成化拾捌年月 日臨清縣窑造**”。

当时临清尚为东昌府属县，砖款署名亦为“临清县”，隆庆二年临清升县为州，此后有砖款署名为“临清州”，如：“**正德十年臨清州造**”。

嘉靖初，工部在临清建厂，砖款署名则改为“临清厂”，例：“**嘉靖伍年臨清廠精造**”。

目前已发现的临清款城砖铭文，最早为成化十八年（1482 年），最晚为道光二十七年（1847 年），这一时间段为 365 年，跨越四个世纪。

九、北京城砖铭文的字体特征

1. 明清城砖铭文的字体特征及演变

城砖铭文的字体特征展现了丰富的社会文化内容，通过书写与镌刻的创作过程，完成了传统书法与砖款之间的有机融合，形成了独具特色的砖铭书法艺术风格。

（1）明前期砖文字体的随意性

北京最早的城砖铭文目前可追溯到明代成化年间，如果从城砖文化的视角分析明代北京砖文的字体特征及演变，可以将这一历史时期分为三个阶段：第一阶段，成化、弘治、正德三朝；第二阶段，嘉靖朝；第三阶段，隆庆、万历、天启、崇祯四朝。

从砖文记录的产地看，成化、弘治、正德三朝的城砖来源比较广泛，既延用了江南苏州府、松江府、常州府、安庆府、应天府等城砖产地，又在黄河中下游的山东、河南及北直隶一带增设窑厂。这一时期，不仅城砖的尺度不一，砖款形式多样，砖文字体也表现出一种随意性。例：

成化十七年七月初一日□□□ （字体粗糙，173）

弘治捌年信陽衛造 （字体随意，215）

正德丁卯年應天府句容縣窑匠朱昂造 （横排字，251）

蒲州中衛千户所造 （反字，775）

弘治拾年鄆城縣窑造 （重叠字，225）

（2）明中期砖文字体逐步规范化

嘉靖初期，江南各府逐渐退出城砖制造业，官砖窑厂主要集中于北直隶、山东、河南一带。这一时期无论城砖尺寸、款识形式、铭文内容、砖文字体都更趋规范化。以下几例为这一阶段具有代表性的城砖款识：

嘉靖伍年臨清廠精造窑户孫倫 （312）

嘉靖陸年臨清廠精造 匠人王信 （328）

嘉靖九年秋窑户侯增为齊南府造 （357）

嘉靖十年秋季窑户李栾为兖州府造 （362）

嘉靖十年秋季窑户丁禄为東昌府造 （360）

嘉靖十年春窑户孫文銘为大名府造 （363）

嘉靖十年春窑户劉剑为保定府造 （362）

从上述砖款图例可以看出，其砖文书体主要为隶书和楷书，字体齐整，书写规范，镌刻严谨，体现出极规范化的管理体制。

嘉靖以后各朝砖铭也都有属于本朝特征的基本范式，砖文大多采用楷书，镌刻也较为规整。例：

隆慶五年窑户陸卿造 （475）

萬曆三十年窑户刑書匠人楊天福造 （493）

天啓六年窑户汪元作頭李縣造 （513）

崇禎元年窑户朱文作頭張時造 （524）

（3）清代砖文字体的特性

清代砖文内容更趋于简化，大多为干支年及砖窑名称，但镌刻依然较为规范，字体大部分采用楷书和隶书。

例：

順治十五年分臨清窑户平柴誠作頭李仕造 （533）

康熙拾伍年臨清窑户孟守科作頭嚴守才造 （542）

乾隆拾伍年臨清磚窑户暢道作頭盛邦現造 （552）

乾隆辛未年製 （553）

天立窑細泥停城磚 （638）

榮陞窑澄漿停城磚 （664）

西通合窑澄漿停城 （644）

2. 明清城砖铭文字体的书法特征

传统书法应用于砖文古已有之，如西汉时期的砖铭即已出现篆、隶、楷、行、草等若干书体。清末湖州收藏家皕宋楼主人陆心源以家藏古砖拓本编纂的《千甓亭古砖图释》，辑录了汉魏至唐宋元代各时期的古砖千余方，砖铭字体形态丰富，多为篆书和隶书。

北京明清城砖铭文由于具有质量监督的特殊识别功能，故其书法特征趋向明确、清晰、易识，基本排除了篆书及行、草等书体。成化、弘治、正德时，城砖铭文书体尚呈多样性和随意性，正规的篆、隶、楷等书体款与各类不规范书体款并存。自明嘉靖初期始，楷书和隶书成为砖文的官方规范字体，嘉靖五年的隶书体砖铭和嘉靖十年的楷书体砖铭较具代表性。如：

嘉靖伍年臨清厂精造窑户孫倫 （隶书，312）

嘉靖伍年臨清厂精造窑户吳鼎 （隶书，321）

嘉靖十年春窑户張倫為真定府造 （楷书，364）

嘉靖十年春窑户張輔為汝寧府造 （楷书，361）

此后各朝砖文大多为楷、隶书体，并以楷书居多。

隆慶六年分窑户鐘立造 （楷书，481）
萬曆九年窑户李戴造 （楷书，486）
天啟六年窑户梁應龍作頭張□造 （楷书，508）
崇祯元年窑户朱文作頭張時造 （楷书，523）
順治十五年分臨清窑户平柴誠作頭李仕造 （楷书，533）
窑户姚禎造 （楷书，707）
鉅野縣窑造 （楷书，633）
乾隆辛未年製 （隶书，553）

3. 城砖铭文的阴阳字型

城砖铭文的阴阳字型即指字的凹凸，阴字为砖文凹入砖面，阳字即砖文呈凸出形态，北京城砖铭文大多为阳文，这应与对砖铭辨识度的要求以及镌刻工艺、钤印方式及砖文字模的材质等因素有着密切的关系。

（1）钤印方式与字型的功能

城砖铭文的制作程序基本为先刻制印模，然后再压印于湿软的砖坯之上，砖款以凹为阴，以凸为阳，砖模印出的款识与现在的钢印效果类似，与印章相反。

普通印章是以凸出的字体印出红字，称朱文，为阳刻；以凹入的字体印出白字，称白文，为阴刻。考察中，我们经常能在城砖上看到“验收”的红色印。如果将镌刻的砖模压印于砖坯之上，其阴阳关系则与印章正相反，凸字体的砖模在砖坯上会压印出凹入的阴字，而凹字体的砖模在砖坏上则会压印成凸显的阳字。

成化、弘治、正德三朝的城砖铭文阴阳文皆有，嘉靖朝往后则大多为阳文，主要是阳文能更好地体现砖文的书体特色，同时阳文具有较强的辨识度，其字体凸显于砖面之外容易辨识，自然光下视觉较好，且不易被灰土遮掩。而阴文则由于其凹入于砖面之内，自然光下视觉较弱、不易辨识，且易为灰土填塞。鉴于城砖铭文的标识功能，凸显的阳文字体无疑为合理的选择。阴阳文砖款对比：

成化十七年 月 日青州造 （阴文，180）
弘治十三年平原縣窑造 （阴文，227）
正德十年堂邑縣造 （阴文，267）
嘉靖十年春窑户 （阳文，365）
萬曆九年窑户李戴造 （阳文，486）
崇禎元年窑户朱文作頭張時造 （阳文，524）
榮陞窑細泥大停磚 （阳文，636）

（2）字模材料及实用性对砖文镌刻方式的影响

城砖款模的镌刻与印制形式虽与印章相似，但其材料、字数、体量均与普通印章不同。一般印章的材质多为石料，且字数少、形体小，刻工精细。而砖款模则字数多、体块大，一般选用木质材料，刻工也相对粗放。

砖款模镌刻之前，一般需先由书写者（书家或窑户）写出砖文，即“书丹”，再经镌刻，制成印章式砖款模。若肯定前文所论阳文字体砖铭的优点，款模即需要以阴文刻制，而从木质模的材质特性和实用性来看，阴文模在便于刻制和耐磨损方面都具有明显优势。这一点似乎与传统碑刻有相似之处，传统碑刻制作即先由书家写好“书丹”，再由刻字工匠在石料上镌刻。因传统碑刻皆为凹入的阴文，故具有易刻制、耐风化、耐磨损的特性。

砖铭的内容与书体无不带有时代的印迹，研究明清砖文的书体特征，就需要更深一层解读其不同时期书体的形态文化，砖文的书写形态和文字体貌直观地表现出了砖铭的书法意象和社会意义。我们从明清砖铭的书体中见到了许多不同艺术风貌的笔法，这也说明城砖铭文具有自己独特的书体样式和书法审美取向。

十、明清城砖铭文中的民间俗体字现象

明清北京城砖铭文蕴涵着大量的历史文化信息，铭文中的民间俗体字（或称简体字）是汉字文化研究不可多得的珍贵实物史料，通过分析研究造砖者几百年前在城砖上留下的民间俗体字，我们可以从一个特殊视角去思考汉字简化的发展历程和社会意义。这些产生于民间的简化汉字之所以延续几百年而不衰，缘于其立足于现实生活，以民俗文化为根基，而这也是研究城砖铭文俗体字带给我们的思考和启示。

1. 钦工物料砖与民间俗体字

城砖是敕建工程用量最多的建筑物料，其中的铭文砖蕴涵着大量的历史文化信息，是研究古城垣发展历史极其珍贵的实物史料。通过考察，在城砖铭文中发现了大量明清时期的民间俗体字，这为深入研究汉字文化的发展历程提供了一个新的视角。

汉字简化现象自古有之，各朝代均有民间流行的俗体字，这些字大多出现于碑刻、书法及民间通俗文学刻本上，同时也出现在城砖铭文中，而砖铭中的这些俗体字长期以来很少有人关注。这些钤印在城砖上的俗体字影响力虽然并不广泛，但却有其独特的文化意义。通过对这些几百年前的城砖铭文进行整理、研究后，发现其中很多民间俗体字与我们今天的简化汉字基本相同，而其出现时间却早于我国 1964 年公示的《简化字总表》几百年。

城砖是明清时期敕建工程的主要建材，属“钦工物料”。明初期，砖文记录的信息全面而详实，但对字体则没有严格的规范。因此，明初的砖文字体比较随意，有些是钤印的，有些是用笔墨书写的，有的甚至由窑户随手划写。形式有横排，也有竖排，甚至还有反字。为了方便款模文字的镌刻，一些民间简体字和异体字也被带入砖文中，例如：

“壹”写为“壱”；“贰”写为“弍、贰”；“叁”写为“叁”；“旗”写成“其”；“縣”写成“县”；“號”写成“号”。

在不同年代里，民间都会有大量好识易记的俗体字出现，这些为书写方便而衍生的民间简写汉字虽不规范，却广为应用和流传。

明嘉靖初期，朝廷加大了城砖生产的管理力度，不仅使城砖的烧造工艺更加规范化，而且对砖款的形式及文字构成也规定了具体的模式，城砖款识逐渐统一，字体也逐步规范化，体现出了钦工用砖的尊严。由于官府的重视，加上“钦工物料”的身价，再无人敢在城砖上随意刻写砖铭了。我们看到的嘉靖款城砖：制式规范、尺度统一、款识规整、文字内容有固定模式。但这也没有影响城砖铭文中民间俗体字的出现。

汉字简化被真正提到官方议事日程可追朔到民国时期，1935 年（民国二十四年）国民政府公布了第一批《简体字表》，收录简化字 324 个。

中华人民共和国成立后，国家成立了文字改革研究委员会，开始了汉字简化工作。1956年正式公布了《汉字简化方案》。1964年编印发行了《简化字总表》，收录简化汉字2236个。

2. 城砖铭文中的俗体字分析

明初凤阳中都城城砖铭文中的部分俗体字：

刘（劉）、号（號）、興（興）、其（旗）、县（縣）、[illegible]、[illegible]（貳貮）、[illegible]（叁）

明代南京城砖铭文中的部分俗体字：

刘（劉）、芦（蘆、）、张（張）、荣（榮）、国（國）、刚（剛）、窑（窰、窯）、世（卋、丗）、肖（蕭）、万（萬）、付（傅）、邹（鄒）、许（許）、枢（樞）、礼（禮）、显（顯）、云（雲）、寿（壽）、号（號）、与（與）、粮（糧）、调（調）、实（實）、庐（廬）興（興）、[illegible]（塼、磚）、[illegible]（龍）、灵（靈）、阳（陽）。

明代北京城砖铭文中的部分俗体字：

刘（劉）、芦（蘆、）、张（張）、荣（榮）、国（國）、刚（剛）、窑（窰、窯）、世（卋、丗）、闫（閻）、栾（欒）、制（製）、双（雙）、邓（鄧）、还（還）、寿（壽、壽、）、興（興）、[illegible]（養、養）、直（[illegible]）。

清代北京城砖铭文中的部分俗体字：

刘（劉）、国（國）、興（興）、将（蔣）。

中华人民共和国成立后，于1956年出台了《汉字简化方案》，汉字简化工作自此开始。1964年编印发行的了《简化字总表》，其中收录简化汉字2236个。《总表》中包含了明清城砖铭文中出现的大部分俗体字，如下：

双（雙）、邓（鄧）、刘（劉）、芦（蘆、）、张（張）、荣（榮）、国（國）、刚（剛）、窑（窰、窯）、世（卋、丗）、肖（蕭）、万（萬）、付（傅）、邹（鄒）、许（許）、枢（樞）、礼（禮）、显（顯）、云（雲）、寿（壽）、号（號）、与（與）、粮（糧）、调（調）、实（實）、庐（廬）、直“**直**”、刚（剛）、栾（欒）、制（製）、还（還）、灵（靈）、阳（陽）。

根据民间俗体字在生活中的使用频率，在北京城砖铭文中选取15个具有代表性的字，从汉字发展的视角进行初步分析。字例：双、邓、张、刘、栾、荣、还、芦、国、直、刚、寿、制、世、万。

（1）双 shuāng

繁体为“雙”。

民间俗体字“双”出现于明代正德年间（1506—1521）的城砖款识中，砖文：“**□□應天府句容縣窑匠李双四造**”（249）。

“双”字作为“雙”的简体字，在唐、宋、元、明、清各朝代的各类文字中均有所见。元代《古今韻會举要》：“雙，俗作‘双’，非”，并未认可此俗体字。明代《字汇》则明确了：“双，俗‘雙’字”。而清代《康熙字典》中却又只见“雙”字。

现实中，简写的“双”字始终在民间流传，简体“双”极大程度地减轻了原“雙”字的书写难度。手写尚嫌繁琐，在木制城砖字模的方寸之间用刻刀镌刻出如此繁杂的笔划，其难度可想而知。而根据在砖坯上钤印款模的效果来看，字体越简单、笔划越少则识别效果越好，这一点也在很多铭文城砖上得到了印证。许多笔划繁多的文字，不仅在刻制时费时费力、木模容易损坏，而且在砖坯上钤印出的款识印痕也经常“糊”，造成文字笔划含混难辨。

1935 年（民国二十四年）的《简体字表》提出以“双”代替“雙”。

在 1964 年公布的《简化字总表》第二表中确定了“双”为“雙”的简化字。现行简化字采用了民间约定俗成的简写体，由此可见，“双”字的简化是历代民众长期广泛使用的结果。

（2）邓 dèng

繁体为“鄧”。

民间俗体字“邓”见于明代嘉靖四十五年（1566 年）的城砖款识中，砖文：**“嘉靖四十五年分窑户邓受造”**（458）。

在生活中此字主要用于姓氏，砖文中，字的左半边以“又”代替“登”，虽为民间俗写，却极大地减少了此字的镌刻难度。在这个城砖款识中，笔划繁琐的字只有三个，即：“嘉靖”、“鄧”。在封建皇权社会里，皇帝的年号至高无上，无人敢随便将其简写，从很多嘉靖朝的砖款中都可以明显看出，因为“嘉靖”二字笔划繁多而不得不将其放大，以至其字体明显大于其他文字，在众多的嘉靖砖款中，还从未见过将此二字简写的现象。而作为姓氏的“鄧”字就另当别论了，以符号“又”替代的方式进行简化，极大地减小了镌刻的难度。

清《康熙字典》分别有：“邓”和“鄧”二字。“邓”音 shan，仅为地名。收于《康熙字典·酉集补遗》。《搜真玉镜》释为：“音山，地名”。极罕用。而“鄧”则包括姓氏与地名，“鄧”音同“蹬”。《姓考》：“殷武丁封叔父于河北為鄧侯后因氏”。东汉许慎《说文解字》：“曼姓之國，今属南阳，从邑，登声”。北宋《广韻》：“鄧，姓。出南阳、安定二望。”《春秋桓二年》：“蔡侯鄭伯会于鄧”。

在明嘉靖四十五年砖款中，“邓”被作为“鄧”的俗体字。

1964 年公布的《简化字总表》第一表正式把“邓”定为“鄧”的简化字。在现代汉语中，“邓”字一般只用于姓氏。

（3）张 zhāng

繁体为“張”。

此俗体字出现在明代嘉靖二十一年（1542 年）的城砖砖文中，如：**“嘉靖二十一年分窑户辛文祥造、嘉靖二十一年春季窑户张欽匠人王大用造”**（426）。

“张”是我国较为普遍的一个姓氏，在上述砖款中，字的右半边用简写的“长”代替了繁体的“長”，从而出现了民间砖款版的简化“张”字。“长”是一个典型的由“草书楷化”

发展而成的俗体字，此字在包括王羲之在内的历代大书法家的书法作品中均可见到。洪武年间南京城砖铭文中的简写“张”字即形象地体现了传统书法的风范。

明嘉靖时期对于钦工城砖的生产管理非常规范，从砖的质量到规制无不严格把关，甚至连城砖款识的尺寸、字体、基本内容以及文字排列顺序等都有具体的模式，如文字排序范式为：“嘉靖□□年春（秋）季窑户□□匠人□□造”，字体也更加规范，甚至从嘉靖九年开始使用的款模似乎也都是统一刻制的。明早期一些城砖上那种随意划写文字的现象在嘉靖时期已见不到了，因此，“张”作为俗体字出现在嘉靖朝的砖款上也是不多见的现象。

《康熙字典》：“張，古文：弡”。

1935年（民国二十四年）的《简体字表》中收入了这个简体的“长”字，但上边的一撇为横。1956年的《汉字简化方案》确定了“长”作为“長”的简化体及其书写范式，“张”也因此成为“張”的简化字。

在1964年的《简化字总表》中，再次明确了以简写的“长”代替繁体的“長”，長简化为“长”的意义还在于连带了许多相关文字的简化，如：张（張）、帐（帳）、涨（漲）等。

（4）刘 liu

繁体为“劉”。

此俗体字发现于明代嘉靖十六年（1537年）和万历三十三年的城砖砖款中，砖文：

“窑户加沠吳三樂作頭刘堂造（678）、**三十年窑户刘邦才作頭刘東明造**（568）、**三十三年窑户侯傑作頭刘金造**（682）、**嘉靖十六年春季窑户張欽匠人刘現造**（391）、**窑户刘福**（714）”。在明初洪武年间凤阳中都城和南京城城砖铭文中，也曾发现很多简写的“刘”，字的左边用“文”代替了繁体“劉”字笔划繁多的左半部，从而使这一繁琐的汉字姓氏得到了很大程度的简化。简写后的“刘”字左右均衡，简洁易记，特别是为镌刻城砖字模提供了极大的便利。

在元、明、清的多种通俗文学刻本中，“刘”字经常出现。明代《篇海类编》：“刘，同“劉。”

在1935年（民国二十四年）公布的《简化字表》中，曾以“刘”代“劉”。

1964年公布的《简化字总表》第二表正式将“刘”确定为“劉”的简化字。

（5）栾 luán

繁体为“欒”。

此俗体字出现在明代嘉靖十四年（1535年）铭文砖的砖款中，砖文：“**嘉靖十六年春季窑户李栾造匠人曲梅**（389）、**嘉靖十年窑户李栾為兗州府造**（362）、**嘉靖□年春窑户李栾為兗州府造**（461）”。

《康熙字典》有：“栾”和“欒”。并以“栾”为“欒”的俗体字。

在1964年公布的《简化字总表》第三表正式把“栾”定为“欒”的简化字。

（6）荣 róng

繁体为“榮”。

俗体字“荣”在明代嘉靖十四年（1535 年）、明代万历四十八年（1620 年）和清代一些城砖砖款中均有所见，砖文：**“荣陞窑細泥大停磚**（636）、**窑户李荣**（697）、**嘉靖十四年春季窑户杲經荣造**（375）、**四十八年窑户于荣作頭李登科造”**。

俗体“荣”是将繁体“榮”的燚字头简化茓字头，在宋、元、明、清各朝代的通俗文学刻本里，茓字头也是比较普遍的，如：营（營）、劳（勞）、荧（熒）、萦（縈）、荣（榮）等。在南京城砖铭文中，也发现有很多简体的“荣”字。

《康熙字典》为“榮”。《韻会》：“榮，音營”。

1964 年公布的《简化字总表》正式将燚字头简化为茓字头，“榮”随之被简化为“荣”。

（7）还 huán

繁体为“還”。

此俗体字出现在明代铭文砖的砖款中，砖文：**“□□辛文祥匠人腾还造”**（687）。

元、明、清的通俗文学刻本中常有简写的“还”字出现，明代砖文中出现简体“还”字，其主要原因恐怕还是笔划繁琐难于镌刻，而此字也是目前在城砖款识中所发现的唯一的简写“还”字。

《康熙字典》为：“還”。《韻会》、《集韻》、《正韻》：“還，音環”。

1935 年（民国二十四年）的《简体字表》提出以“还”作为“還”的简化字，

1964 年公布的《简化字总表》第一表正式确定“还”为“還”的简化字。

（8）芦 lú

繁体为“蘆”。

此俗体字在明代万历年间（1573—1620）的砖款中，砖文：**“壽工 臨清窑户芦魁 匠人張子孝造”**（737）。

简体的“芦”字在元、明、清的通俗文学刻本中较常见，明代《字汇》注：“芦，俗以芦为蘆。”在南京城砖铭文中，也发现有简体的“芦”字。

《康熙字典》有“蘆”和“芦”。

《正韻》：“蘆，音盧”。《集韻》：“芦与苄同”。

而在考察中还曾看到与上述窑户名相近的铭文砖，砖款为**“萬曆十年窑户盧魁造”**（489）。如果这两款砖文中的窑户是同一人，那么繁体的“盧”就应为简化的“卢”，而不是“芦”。至今在明代的砖文中还没有发现俗体“卢”，据记，简写的“卢”最早见于陈光尧《常用简体字》（1936 年）。以此看，“芦”字在明代应被作为“盧”和“蘆”的通用俗体字。

1935 年（民国二十四年）的《简体字表》中提出以“芦”代“蘆”。而简体字“卢”则始见于 1936 年（民国二十五年）的《常用简体字》。

1964年公布的《简化字总表》第一表正式把“芦”定为“蘆”的简化字；第二表正式把“卢”定为“盧”的简化字。

（9）国 guó

繁体为“國”。

民间俗体字“国”出现于明代万历三十四年（1606年）和清代乾隆十六年（1751年）的砖文中，砖文：“**□□窑户楊正国乾隆辛未年製**（551）、**萬曆三十四年窑户李国仕作頭石文玉造**（497）、**窑户孫国貴造**（710）”。

“国”字是一个典型的由“草书楷化”发展而成的简化字。在唐、宋以及明代的一些书法作品中，“國”字都比较接近现在简化的“国”，一些通俗文学刻本亦将“国”字楷体化。在南京城砖铭文中，也发现有简体的“国”字。

从砖款中出现的简写“国”字看，其主要原因应该是出于笔划繁琐不便于款模的刻制。此俗体字在明清时期的砖文中并不是很常见，以上三款带有简化“国”字的砖铭，也是目前所发现的北京明清砖款中典型的简化“国”字。

《康熙字典》有“國”和“国”。《正字通》：“国俗國字”。古文：**囗 圀 囶**

在民国二十四年（1935年）八月教育部公布的第一批简化字表中，“國”字被简化为“国”。次年这批简化字又被收回。

1964年公布的《简化字总表》第二表把“国”定为“國”的简化字。

1986年10月10日《人民日报》《光明日报》重新发表了《简体字总表》“国”仍被确定为“國”的简化字。

（10）直 zhí

繁体为“**直**”。

此俗体字在明代正德年间（1506—1521）的城砖砖款中，砖文：“**直隶揚州府江都縣委官典史□□窑户□□正德□□年 月 日**（248）、**直隸蘇州府委官經歷陳震該吏景質 正德二年五月□日窑户王缙造**（253）”。

《说文》：“**直**，正见也”。《康熙字典》：“**直**古文：**㮵 㯖**”。《集韻》：“音値”。

不仅明成化和正德的砖文中经常出现简化的“直”字，而在明弘治、嘉靖等“直隶”款的铭文砖上，“直”字简写的现象也很普遍。四百多年后的《顺天时报》（1911年）和《新民报》（1950年）上，我们看到仍在使用繁体的“**直**”字。直到1964年公布《简化字总表》才把“直”正式确定为“**直** ”的简化字。

（11）刚 gāng

繁体为“剛”。

俗体“刚”字出现在明朝嘉靖十六年（1537年）的城砖砖文中，砖文：“**嘉靖十六年春**

季窑户刘刚造”（389）。

在明代嘉靖年间的这款砖文中我们同时还看到了简写的 “刘”字，而早在元刻本《朝野新声太平乐府》里，就已经出现与现在简化的“刚”完全相同的“刚”字了。

《康熙字典》：“剛，古文：剛”；“《字汇》：剛，古文：剮”。

《集韻》《韻会》《正韻》：“剛，音岡”。

1964 年公布的《简化字总表》第二表把“岡”简化为“冈”，第三表中“剛”也随之简化为“刚”。

（12）寿 shòu

繁体为“壽”“壽”。

此俗体字出现在明代城砖的款识中，砖文：“**窑户□寿 匠人□登造**（684）、**萬曆三十一年窑户王永寿匠人刘景先造**”（494）。“寿”字在明清城砖款及皇陵工程的“壽工”款中皆为繁体，简写“寿”字目前在北京砖铭中仅见此一例。

《康熙字典》记：“壽，古文：**[illegible]**”。《唐韻》《集韻》：“壽，音綬。

1964 年的《简化字总表》第三表中，正式确定以“寿”为“壽”的简化字。

（13）制 zhì

繁体为“製”。

“制”字出现在清代城砖的款识中，砖文：“**正制永義窑記**”（670）。

“制”与“製”本是两个音相同、形相近的字。《说文解字》：“制，裁也”；“製，裁衣也”。可见意也相近。一般认为，“制”是“製”的简化字，其实，作为一个古体字，“制”在古籍中早已存在。“制”字多被用于“制作、制定和制度”等义项。如《考工典》：“考工總部彙考二：漢承秦制設將作少府掌治宮室後更名將作大匠……”《 孟子·梁惠王上》：“可使制梃，以挞秦楚之坚甲利兵矣。”《左传·隐公元年》：“先王之制，大都不过参国之一。”

《康熙字典》：“制，古文：**[illegible]**、**[illegible]**、**[illegible]**”。《唐韻》《韻会》《正韻》：“制，音製”。

而“製”则更多被用于裁制衣物等手工制造方面。《左传·襄公三十一年》：“虽有美锦不使人学製焉。”杜甫《高枏》诗：“近根开药圃，接叶製茅亭。”

明、清及民国时期，瓷器款识采用的大都为“製”字，如“大明成化年製”“大清雍正年製”“洪宪年製”，其他器物的款识也多使用“製”字。“製”字在这里似乎是作为繁体“制”字出现的。

《康熙字典》：“製”。《唐韻》《集韻》：“製，音制”。《师古注》：“谓裁衣之形製”。

在北京城砖砖文中，大多使用“造”来表示制作，但也有少数用“製”字的款识，如：“**乾隆辛未年製**”“**内府足製**”等。而使用“制”字的，目前仅见到“**正制永義窑記**”一例，结合其传统词义看，此“制”字应为形制、规制之意，即表明此砖属“正规制式”。以此来看，此“制”应为一个古体字，而非“製”的简写体。

1964 年的《简化字总表》第一表以“制”为“製”的简化字，因而“制”字也就涵盖了两个字原有的字义。

（14）世 shì

繁体为“卋”“丗”。

俗体“世”字出现在明嘉靖五年（1526 年）的铭文城砖上，砖文：**“嘉靖十五年秋季臨清廠窑户周世隆造**（380）、**臨清窑户方世亨匠人□□造**（704）、**嘉靖十四年春季窑户刘世造”**（377）。

《康熙字典》记：“世，古文：卋、丗”。《集韻》《韻会》《正韻》：“音势”。

明代刻版中已有“世”字。在南京城砖铭文中，也发现有简体的“世”字。

民国初期的《顺天时报》已使用“世”，1950 年的《北京新民报》也已使用“世”字。但在 1964 年公布的《简化字总表》中未见到“世”字的简化信息。

（15）万 wàn

繁体为“萬”。

俗体“万”字出现在明代万历三十九年（1611 年）的铭文城砖上，砖文：**“窑户蘇万户造**（698）、**萬曆三十九年窑户胡禾作頭刘万造**（498）”。值得注意的是，第二例城砖款识中共出现两个万字，第一个“万”字系皇帝年号，没有人敢随意简写，因此在砖文中仍为繁体的“萬”字。而第二个“万”字只是作头的名字，在砖文中连同其姓氏一同采用了民间俗体字，将“劉萬”简化为“刘万”，显然是出于减少砖款印模镌刻难度的需要。

《康熙字典》为：“萬”。

中华民国时期和中华人民共和国初期的十几年中，各类出版物均使用繁体“萬”字。1964 年公布了《简化字总表》，其中收录的两千多个简化字中就包含明代城砖铭文上出现的这个简写“万”字，“万”也正式被定为“萬”的简化字。

从以上十几个字例看，这些出现于 16 世纪至 18 世纪砖文中的民间俗体字，虽无官方认可的身份，却因其简易实用而在现实生活中广泛流传。回顾文字演进历程，有些砖文中的简写字随着社会发展逐渐自生自灭了，有些则因为被民间广泛认同和使用而不断发展，最终成为我们今天使用的简化汉字。

新中国的汉字简化工作始于 20 世纪 50 年代，其原则是“约定俗成，稳步前进”，即尊重汉字简化历史，总结前人汉字简化的办法和经验，整合长期流行的、有广泛社会基础的民间俗体字，结合时代需要进行汉字简化。

汉字简化也曾有过失败的案例。1977 年 12 月 20 日中国文字改革委员会提出了《第二次汉字简化方案（草案）》，简称“二简”，共推出简化字 853 个。这个方案一出台即因缺少社会基础等原因遭到广泛批评。第二年4月，教育部通知学校教材停止使用“二简”。7月《人民日报》和《解放军报》也停用“二简”。1986年6月24日，国务院正式宣布废止第二批简化字。

汉字的简化是社会发展的客观现象，也是广大劳动人民在长期使用过程中不断修正和整合的结果。文字作为使用率极高的一种生活工具，首先应该符合时代文化的需求，便于民间日常生活的应用。任何修正和改良都不应脱离实际凭空想象，更不能违背广大使用者的情感和意愿，否则将不会被社会所接受。

几个世纪前存留于城砖铭文中的民间俗体字是一份珍贵的历史文化遗产，是研究汉字演进历程难得的实物史料。这些民间俗体字能在几百年后的20世纪得到认同，并且沿用至今，无疑是汉字文化发展研究中的一个值得认真思考的问题。

明清城砖铭文俗体字与传统繁体字和当代简化字对比

传统繁体字	城砖铭文俗体字	当代简化字
雙	双	双
鄧	邓	邓
劉	刘	刘
蘆	芦	芦
張	张	张
榮	荣	荣
國	国 囯	国
窰 窯 ⿰土窑	窑	窑
卋 丗	世	世
蕭	肖	肖
萬	万	万
傅	付	付
鄒	邹	邹
許	许	许
樞	枢	枢
禮	礼	礼
顯 顕	显	显
雲	云	云
壽 夀	寿	寿
號	号	号

與	与	与
興	㒷	兴
糧	粮	粮
調	调	调
實	実 实	实
盧	庐	卢
直	直	直
剛	刚	刚
欒	栾	栾
製	制	制
還	还	还
繼	継	继
磚 塼 甎	[illegible]	砖
龍	[illegible]	龙
養 養	[illegible]	养
蔣	将	蒋
閻	闫	阎
號	号 号	号
旗	其	旗
縣	县	县
貳 貮	弍、貮	贰
叁	叁	叁
靈	灵	灵
陽	阳	阳

十一、北京城砖的图形款识

作为物料文化之一，城铭早在秦时就已出现，西安秦始皇兵马俑考古工程即发掘出了铭文砖。在漫长的历史发展进程中，砖铭一直延续并广泛应用于各类建筑、陵墓等，其内容也不断丰富，涉及文字、人物、动物、植物及装饰图形。《钦定古今图书集成·考工典》《砖部杂录》记："古砖大者方四尺，上有盘花鸟兽纹、千秋万岁字，其纪年非天保则兴和，盖东魏北齐也。又有砖简者，花纹年号如砖，内圆外方……"[1]从古砖文献来看，汉魏至唐宋元各时期都出现过不同类型的装饰图形铭文砖。

然而，明代城垣营建中虽有大量铭文城砖，但具有艺术装饰件的砖铭却很少见。明初修建凤阳中都城和南京城时，为了有效地进行质量监控，朝廷下令所有被征集的城砖都必须钤刻各个制造环节的相关信息，如各级责任官员、窑户、工匠等的职务姓名，因而产生了大量内容丰富的铭文城砖。可以说，明初的铭文城砖是文字与物料结合的特殊产物，承载着不可多得的历史文化信息。

北京敕建工程的营建仍延续了这一做法，明代中早期从各地运到北京的城砖还都保持着钤记详实信息的做法，这些铭文为我们研究当时州县建制、工役制度、职责制度、造砖工艺及物料材质等提供了大量有价值的史料。同时也可以看出，明初时的砖款尚不太规范，无论是文字的排列方式还是字体都显现出很大的随意性。有的洋洋撒撒几十字排满砖面，有的廖廖几字言简意赅。砖文大多为传统的竖向格式，但也有少数呈横向排列，且绝大部分是没有任何装饰成份的单纯文字组合。目前考证到的北京铭文城砖始见于成化朝，成化、弘治、正德各朝的砖款形式各有其模式化特征，但这些特征仍属于文字的范畴，而此时有些砖款已开始在文字外围添加边框，使之逐步构成一个完整的款型。至明嘉靖时，砖款形式的规范化程度有了很大提高，不仅文字排列需遵循一定的模式，而且款识都要统一加饰规范化的边框，具有了一定的印章效果。在实物考察中我们可以看到，嘉靖年间的砖款，无论文字的排列方式还是装饰性款型都因其标准化程度的提高而显得非常正规。

嘉靖以后各朝的砖款装饰形式虽不如这一时期规范，但基本上每个朝代也都有其相对固定的模式，并都延续了加饰边框的款识形式。

纵观明清城砖的款识，绝大多数是竖向的长方形，而且几乎都是以文字为主要内容，字体有阴刻、阳刻之分，边框有单线、双线之别，其铭文均为记录城砖制造的相关信息。

在砖款中，偶尔会发现一些文字与装饰纹样结合或单纯以图形来表达某种意义的款识，它们往往通过别致的形式而令人瞩目。在以文字为主、式样比较单一的城砖款识中，这些颇具另类色彩的砖款愈发显得珍贵。单从城墙的构造形式与城砖的性质来看，是不需要以砖面附带纹样来装饰的。城砖的特点恰恰与传统的瓦作相反，瓦当上的图案一般以装饰性为主导，

[1] 〔清〕《钦定古今图书集成·考工典》第一百三十九卷《砖部杂录》，北京：大众文艺出版社，2009年版。

具有很强的喻示功能，属于建筑装饰文化的一部分，即使有些瓦件上含象征性的吉祥文字，也都是被图案化的，并不具有多少实际意义。而城砖则不同，砖文记录的都是真实信息，具有很强的功用性，少量以图形为主的砖款除了传达某种寓意，同时还具有与文字款识相同的信息识别功能。试析几例：

1. 飞龙款

在中国传统文化中，龙是尊贵、威严和权势的象征，封建时代，龙又是皇帝的代名词，如：真龙天子、龙体、龙颜、龙椅、龙辇等，皇帝即位前居住的府邸称潜龙邸，据此而论，钤有龙款的城砖无疑是至尊级的建筑物料。龙款砖异常少见，目前也仅发现一例（745），这款龙纹砖的长侧面钤印着一条舒展身躯向前飞奔的龙，砖面上没有任何其他文字和图案。这一极为罕见的飞龙砖款可以说是目前所发现的最具皇室特征的款识了。龙款砖的标识性很明晰，即等级上明显高于其他同类物料，以此确立其至尊身份。此砖明显小于一般的城砖，尺寸仅40厘米 × 20厘米 × 10厘米，虽属小型城砖，但其等级毋庸置疑是最高的。

在中国传统建筑中，很少见到龙图案的城砖，这应该是由材料等级划分和材质特点决定的，皇室建筑饰以龙纹的部位基本都是石材和琉璃构件，城砖由于大多用于地面和外墙，极易风化和磨损，不钤印龙纹可能也是从维护形象尊严考虑。

至于这一龙款砖的烧造年代，无疑两种可能性最大，即发现地月坛公园钟楼的始建年——明嘉靖九年（1530年）；或大修年——乾隆二十年（1755年）。而且这两朝的铭文砖在各自所处的朝代里都属于数量最多、内容最详实的代表。

明嘉靖年间铭文砖虽然比较普遍，但砖款一般都很规范，最注重的是职责，砖文的主要功能就是详细记录各级制砖人等的信息。另外，在对遗存相对丰富的嘉靖款铭文砖考察过程中，从未发现过另类的砖文和以图代文的款识。

清朝砖款的规范程度较明代宽松了许多，有了很大的自主性和随意性。乾隆年间国力鼎盛，城砖使用量也在清各代中最多，为敕建工程之需，不但恢复了康熙四十八年停罢的临清砖的烧造和运输，而且还在京师近地大力发展制砖业，工部、内务府都参与造砖之事，以至乾隆时期城砖制造业的经营体制涵盖了官办、官督民办、民办等多种经营方式。从实物考察来看，这一时期生产的城砖在产地、材质、尺寸及款识内容等方面都有着很大的差异和不同，没有了嘉靖时期的严格规范。如果假定这一龙款砖是乾隆年间烧造的，似乎更合理一些。不妨试从以下几方面进一步推断：

1. 此龙款砖发现于月坛公园钟楼内壁，月坛又名夕月坛，始建于明嘉靖九年（1530年），属敕建工程。乾隆年间曾两次大修月坛，据清嘉庆《会典事例》卷六六三《工部宫殿》记：

乾隆八年遵旨，月坛修理具服殿三间，左右配殿六间，宫门一座，钟楼一座，并各处折建守备房，成砌墙垣，铺设地面甬路。

又记：乾隆二十年遵旨，兴修月坛，详细确估，计月坛一座，内壝门六，瘗坎，神库、神厨各一，祭器库、宰牲亭各一，钟楼一，东北坛门各一，牌坊一，均照旧制修理。[补]壝垣地面海墁散水，甬路、月台、燎炉，亦应拆砌完整。至内垣亦应两面砌砖二进，外垣增高三尺，增砌大甬路四道。[1]

从以上修葺记录看，乾隆二十年兴修月坛的工程规模很大，用砖量也更多，从文献记载和砖质来看，此砖很有可能是此次维修的物料。

2. 从中国历代龙的图像看，其精神状态大都与朝代兴衰及帝王的气度有关。通过对乾隆年间龙纹图案的考察，发现其艺术特点为极具活力和动感，这款飞龙虽体量不大，但却充满活力，极具乾隆朝的龙形特征。以此看，此砖似为乾隆年间的产物。

3. 明代与清代城砖款识钤印的位置不同，明朝砖款位置基本都在砖的长边侧面上，而清朝砖款位置大都在砖的短边侧面上，从现象来看，清历朝中只有乾隆时期的城砖款识表现出一种强势和不拘一格。

（1）乾隆时期的铭文城砖数量远胜于清代其他各朝，且多带有朝代名及年号（乾隆后各朝砖铭带朝代名及年号的很少）。

（2）清各朝砖铭基本都钤印在砖的短边面上，乾隆时期的城砖款识则长短边皆有。有些乾隆时期的砖铭仍保留着明代的特征，详细地记录朝代名、年号、产地、窑户、工匠等内容，如：**“乾隆十六年臨清磚窑户孟守科作頭崔成造”**（其后各朝砖铭大多不具备此特征）。

（3）乾隆皇帝个性张扬，喜好题字留迹，其砖文特征也与其习性相符。

从以上分析，这款飞龙图形的城砖具备了产自清乾隆年间的基本特征和条件。

2. 葫芦款

葫芦形砖款在北京城墙砖的款识中也不多见，从目前发现的几款来看，款识都是钤印在城砖的短边侧面上，如果从钤印位置分析，这种葫芦款应出自于清代。清朝官府对砖款形式的管理已远不如明代严格，款识内容也逐渐简化，从目前见到的几个葫芦形砖款来看，其内容皆为“停城”二字，这基本属于砖文中字数最少的款了（748），而且“停城”是清代城砖款识中常见的词，如：“廣信窑細泥停城”“萬盛窑細泥停城磚”“停城磚記” 等，可见，“停城”应为停泥城砖的简称，而目前此称在明代砖款中还未见到过。

在中国古籍中，葫芦最早被称为 瓠 、匏、壶。《诗经》曾将其用于比喻，如《卫风·硕人》云：“领如蝤蛴，齿如瓠犀。”《邶风·匏有苦叶》云：“匏有苦叶，济有深涉。”《豳风·七月》云：“七月食瓜，八月断壶，九月叔苴。”[2]

唐朝时“葫芦”这一称谓开始流行。此后，随着葫芦品种的丰富和用途的广泛，其名称也逐渐增多，明朝李时珍的《本草纲目》里出现了七种不同药效的葫芦名目：悬瓠 、蒲卢、茶酒瓠、药壶卢、约腹壶、长瓠、苦壶卢，其花、叶、子、须、蔓均可入药。另外，还有根

---

[1] 〔清〕嘉庆《会典事例》卷六百六十三，《工部宫殿》。

[2] 《诗经》：《卫风·硕人》《邶风·匏有苦叶》《豳风·七月》。

据葫芦外形的特点而分的不同称谓，《碑雅》有："长而唐上曰瓠，短颈大腹曰匏""似匏而圆曰壶"[1]。

从有记载以来，中国葫芦已有两千多年的历史。在中国传统装饰艺术中，葫芦还经常被当作吉祥的象征，建筑构件、木板年画、剪纸、家具及室内装修等处处可见它的身影。其形象圆润饱满，腹中多籽，令人联想到家族兴旺、长寿延康、生活美满以及生命的繁衍。

葫芦有"福""禄"双全的寓意，根据谐音，"葫"代"福"，"芦"代"禄"，枝"蔓"谐"万"音，喻"子孙万代、繁茂延康"，此福禄寿齐全也。

葫芦经常现身于北京四合院的装饰艺术中，在此类民居建筑的门楣、门墩及各种砖浮雕上经常能见到葫芦形的"万代盘长""万代长春"，葫芦与猴子的"代代封侯"和以葫芦为象征意义的祈祝"家族兴旺，子孙万代"图案。

民间还有在家中悬挂葫芦的习俗，认为葫芦可降妖除怪、阻挡煞气。如在房梁上悬挂葫芦称"顶"，此举可保家庭平安；古时结婚入洞房要饮"合卺"酒，卺即葫芦做的酒器；在床头上悬挂葫芦还可使夫妻和睦；将五个葫芦以红绳串联在一起则称"五福临门"。

而当这个象征着兴旺的吉祥图案随着城砖被嵌入城墙时，它似乎已不只是一个简单的装饰图案了，寓意万代兴旺的葫芦和作为国都屏障的城墙一旦联系起来，是否就可以理解为城池的建造者们是在以此形式祈祝国运长盛、万代安康呢?

在考察中我们还发现了以文字祈盼吉祥的砖文，如"大吉"款便是较典型的一种，同样具有吉祥内涵的文字和图案不仅起到了相互印证的作用，而且它们所表现出来的这种逐渐贴近民间习俗的走向，似乎也昭示着清代手工业所有制的变化和发展。

3. 蟠桃款

桃形砖款在北京城砖款识中完全可以算得上是另类，这种形式的砖款到目前为止也仅仅见到一例。从款识的钤印位置及砖质来看，此桃形款城砖应出自明代（745）。研究显示，明代对城砖款识的管理和要求是比较严格的，而且每个朝代由于规范不同以至其砖款都带有其自身的时代特征，砖文、款型也都具有相对统一的模式，完全脱离规范的个性化城砖款识在明代几乎很少见到，正因如此，这个桃形款识也就更显珍贵。

桃在中国传统文化中不仅是长寿的象征，还寄托了很多美好的情感，文人墨客们在诗文中对桃花也毫不吝啬赞美之词。桃木自古还被认为有驱邪避祸的功能，《晋书·礼志上》："岁旦，常设苇茭、桃梗、磔鸡于公及百寺之门，以禳恶气。"[2]北宋时，逢年节民间有更换桃符的风俗，而桃符即用桃木所制。据《左传·礼仪志》记："夏至……以桃木印，长六寸，方三寸，五色文书，如法，以施门户。"[3]

[1] 陆佃：《碑雅》。

[2] 《晋书·礼志上》。

[3] 《左传·礼仪志》。

桃在中国传统吉祥图案中与石榴、佛手合称为“三多”，即多寿、多子、多福。而桃与蝙蝠组成的图案则被称为“福寿双全”“五福捧寿”等。

现在，我们已很难确切考证城砖上这个“桃”的真实含意，或许其中还隐喻着什么特殊的意义，它也因此包含了诸多不确定性。

可以想见，这个桃形图案绝不只是为了起装饰作用，基本应该理解为是在以图代文表达一种虔诚的愿望。单从这一图案的传统意义和砖料的特殊性来看，很有可能与皇帝或皇太后的寿辰有关，或许是工部的官员们特意在砖上钤印寿桃款，以这种特殊的表现形式向主子祝寿？

以城砖做媒介为皇帝祈福的例子在清朝同治年间就曾出现过。二十世纪二十年代初期，瑞典学者喜仁龙考察北京城垣时，在西直门一带的城墙上曾发现钤有“同治万万岁”砖文的城砖，这一做法无疑是为迎合皇帝登基或寿辰等大典之事。由此看来，砖款有时也是会被用来当作媒介传达某种意愿的。

4. 图案款

在考察中，曾发现明代万历年间的一个款识与大部分砖款的长方形边框有所不同，款识的端头被设计成“海棠池”的样式，形同传统石栏杆望柱柱身及栏板的海棠池盒子心，既具有建筑装饰艺术内涵，又显得与众不同（747）。正是这一细微的装饰性变化，为这一款识带来了颇具新意的视觉感受。

在大高玄殿的东墙上，一块城砖因钤有如意云纹图案而显得与众不同（744），这种云纹在中国传统吉祥图案中比较常见，如在明式家具上这种纹样就时有出现，明代圈椅背板上部图案装饰及下部的亮脚常采用如意云纹，这已成为明代圈椅的一种装饰范式。在中国古建筑装饰中这种云纹也屡见不鲜，传统石栏上的净瓶荷叶云子及古建筑平棋彩画等皆有此规制。

在考察中还发现了具有图案特征的印章款（750）和铜钱款（749）。铜钱款直径约 25 毫米，圆形带宽边，中间有一方孔，方孔四面各有一个字（字已模糊不清）。这两种砖款目前皆仅见一例。

明清城砖上的这些具有艺术情趣的稀有款识无疑是一份极其宝贵的历史文化遗产，是记录明清时期政治、经济、文化、艺术及民间习俗的一种特殊元素，它们质朴、粗放，但却渗透着人们对吉利、祥和、兴旺的美好向往，这些依附在城砖上的艺术几乎被世间遗忘，但它们仍顽强地保持着其独有的艺术风彩。遗憾的是，这种稀有的古砖款因极为少见而未能受到足够的重视，然而，也正因此才更凸显其极具研究价值的一面。

现在，我们已很难确切地考证这些另类砖款产生的具体缘由和文化背景，或许它们是窑户以此作为商业标识进行的个性化设计，或许是为了顺应当时社会环境下的某些特定需求，然而无论怎样，在以文字为主流的城砖款识中，这些经过特殊设计的图形款无疑是凤毛麟角般的艺术珍品。

十二、北京皇城墙铭文城砖

北京皇城始建于明永乐年间，《明史》记："永乐四年闰七月诏建北京宫殿，修城垣。十九年正月告成。宫城周六里一十六步，亦曰紫禁城。……宫城之外为皇城，周一十八里有奇。门六：正南曰大明，东曰东安，西曰西安，北曰北安，大明门东转曰长安左，西转曰长安右。皇城之外曰京城，周四十五里……"明永乐初建都时皇城即被设置为宫城（紫禁城）外的第一道城郭，介于宫城与京城（又称大城，嘉靖三十二年增建外城后改称内城）之间。

1. 皇城墙的地位与皇城砖的身价

从规制上看，明清两代的皇城墙更似一道高大的院墙，其高度达 6 米，下部厚近 2 米，顶厚 1.7 米。北京皇城墙虽非传统模式的城墙，但墙体均由大城砖砌筑，墙面抹灰外饰红粉，顶部复盖黄琉璃瓦，其规格、等级均属皇室建筑范畴。

与紫禁城、京城一同建于永乐年间的北京皇城，所用城砖的规格、等级与其他敕建工程相同。从对北京其他敕建工程所用城砖的考察来看，目前发现最早的铭文城砖为明成化朝。自永乐初建城始，直至六十多年后的成化朝才出现可作为实物记录的铭文砖，而其之前各朝虽然都不同程度地对城墙进行过修建，但却尚未见一例留有本朝年号的铭文砖。二十年代初，瑞典学者奥斯伍尔德 · 喜仁龙对北京城墙的考察也验证了这一点，他所记录的铭文砖中，最早的年代记录亦为成化十八年，这与我们至今所考证到的北京铭文城砖所记录的最早年代相近。

皇城墙由于地处城内，外表抹灰并有红粉饰面，其风化破损程度自然很低。故从文献上查到的明代皇城修葺记录不是很多，如下：

（宣德七年十月癸巳）修大明门及德胜门桥。（《宣宗宣德实录》卷九十六）

（正统元年六月丁酉）修左右阙门及左右长安门，以年深瓴甬损坏故也。（《英宗正统实录》卷十八）

（隆庆五年十一月丁未）修理大明门等门并皇墙等处兴工。（《穆宗隆庆实录》卷六十二）

以上基本属维护性的小修，但宣德七年将东皇城墙移建于御河以东，并在皇恩桥东新建东安门，故后有东安里门和东安外门之称。据史料记载："（宣德七年八月己亥）移东安门于桥之东。"（《宣宗宣德实录》卷九十四）这无疑是皇城墙历史上一项重大的改建工程。

尽管明代各朝对皇城都曾不同程度地修葺与改建，但至今尚未发现皇朝款识及特征的铭文砖。在考察中发现最早的皇城专用城砖始于清乾隆时期，乾隆《会典则例》记："皇城墙垣，观瞻所系，自应修葺完固”（乾隆《会典则例》卷一百二十六）。可见对皇城形象的重视。

据乾隆《会典》卷七十记：“至午门以内、乾清门以外，及皇城、紫禁城，有应修葺者，报部会估”。“凡皇城垣，遣官以时巡视，补其阙损与丹□之剥落者，去草之蔓生者。”皇城不仅被视等同于紫禁城，而且“遣官以时巡视”。清早期也曾多次修葺城墙。顺治十七年题准：“令工部差官，巡视皇城内外墙垣。凡有损坏，即行修葺”（康熙《会典》卷一百三十一）。

据文献记载，康熙十八年京师曾发生巨大地震，这次天灾给京城的建筑物带来了从未有过的损毁，“七月二十八日巳时初刻，京师地震，自西北起。飞沙扬尘，黑气障空，不见天日，人如坐波浪中，莫不倾跌。未几，四野声如霹雳，鸟兽惊窜。是夜连震三次，平地 开数丈，德胜门下裂一大沟，水如泉涌，官民震伤不可胜计，……”（清 董含《三冈识略》卷八清刊本）

“七月二十八日庚申……巳时地大震，京城倒坏城堞、民房，死伤人民甚众。”（康熙十八年起居注册）

如此惨烈的地震，皇城墙自然也不能幸免。

（康熙十八年八月初五日）令一等侍卫兼左领费耀色传谕九门提督费杨古：城垛塌落及皇城墙四周内外倾圮之砖，着各该管地方之协领、步军校、领催、甲兵等，收集一处，严加看守，以备日后修建方便。倘被人窃去，则需费甚多也。[1]

从以上历史文献可以看出，康熙年间的那次大地震给京师各处城墙均造成了异常严重的损毁，亦不难想象当年修缮城墙的工程量之大及用砖之多，然而，在多年考察中，始终未在北京见到康熙款识的铭文砖。

光绪二十四年（1898 年）刑部尚书赵舒翘和左都御史英年在勘察完京师城垣状况后，向朝廷上奏《为遵查京师城垣各工分别情形轻重折》，鉴于京师城垣破损严重，故在奏折中提出：“一律兴修恐无从筹此巨款，当饬该司员等钦遵谕旨，分别极重、次重、较轻三项，……现值度支奇绌，国用浩繁，……只有于极重之中再兴分别缓急之一法，……先尽皇城，次及正阳崇文宣武三门，又次则各段城墙，……”藉此，可见修葺皇城墙绝非一般工程，在“极重之中”也属“急”者。而且，为确保工程质量，其砖瓦等主要物料的制造环节始终在官府的掌控之中。

2. 皇城墙的废除与皇城砖的延用

在清光绪二十六年（1900 年）的庚子事变中，皇城墙在八国联军的炮击下，经历了有史以来最大的一次灾祸，遭受到从未有过的人为损毁。

现在，北京皇城除南墙外，东、西、北墙早已无存，皇城砖也随着城墙的拆除而散失。由于历时 500 余年，且明清两代屡经修葺，皇城墙用砖已较混杂，能够从款识上确认属皇城专用的城砖已不多见，在考察中发现的几款钤有“皇城”字样的铭文砖，无疑是目前最典型

[1] （满文）《康熙上谕》 转引自《中国地震历史资料汇编》，北京：科学出版社，1985 年版。

的皇城专属城砖了，最具代表性的有“**皇城墙新様城磚**”（605）和“**皇城官窑新様城磚**”（612），仅从砖文上就已明确了其皇城物料的身份。由此可见，官府为保证皇城用砖的质量，专门设立了“皇城官窑”，而且砖的规格与质量也都以“新様”为标准。为烧造专用于修建皇城墙的砖而专门设立“皇城官窑”，足以表明对于皇城的重视程度。

北京皇城墙的拆除和皇城砖的流失可追溯到中华民国初期。

民国十年（1921年），北平市政公所决定将西城大明濠[1]改建为暗沟，并计划全部使用城墙砖砌筑。由于该工程所需砖石量极大，而当时市政部门财政经费又极其短缺，在此境况下，市政公所竟然采取拆东墙补西墙的办法，决定将西皇城墙、东皇城墙及北皇城墙拆除，取皇城砖以解决工程用砖之需。仅几年的时间，除南皇城墙以外，其他皇城墙几乎拆除怠尽。

民国十年至十六年（1921—1927）的短短几年间，北京皇城墙已所剩无几，京城百姓对皇城的境况颇为不满，有人指出，拆卖皇墙必是官商勾结的腐败行为。在舆论压力下，国务院成立了“查办京师拆卖城垣办事处”，负责调查皇城墙拆卖情况及现状。

民国十六年九月二十四日，京都市政公所在致“查办京师拆卖城垣办事处”的公函中详细列出了近年来为修建西城大明濠等市政工程而拆除皇城墙的情况：

大甜水井一段除原有豁口外拆卸旧砖合松方二百九十三方三尺。

西安门以北至西北墙角一段拆卸旧砖合松方四千九百八十方零七尺九寸，西北角往东一段拆卸旧砖合松方六十方零六尺一寸。

东安门南四十二英尺处起至大甜水井以北一段拆卸旧砖合松方一千六百二十一方零四寸。

枣林豁子以西至西南墙角再往北至西安门两段拆卸旧砖合松方三千六百九十四方一尺八寸。[2]

以上只是东、西皇城墙拆卸城砖的情况，尚未包括已拆的北皇城墙及地安门内大街的部分内皇城墙。而地安门两侧的北皇城墙早在民国十六年（1927年）初就卖与荣昶木厂与合盛木厂。

当年拆下的皇城砖除大多用于修筑西城大明濠等市政排污工程外，民国十六年（1927年）的兴华门（后更名为和平门）开辟工程[3]也使用了大量皇城砖。市政公所在后来给“办事处”的回复函中也补充说明了皇城砖用于兴华门的情况：

开辟兴华门工用砖五万三千八百九十块，

修建兴华门内外暗沟用砖五十方零三寸，

修建兴华桥工用砖三百五十方。

复函还罗列了皇城砖的其他不同去向，下面这份使用与售卖清单大体反映了当时皇城墙被拆除后城砖流失的情况。

皇城砖用于市政工程、公共机构及设施的情况：

[1] 今赵登禹路，昔日因有排水明沟而称“北沟沿”。

[2] 《京都市政公所致“查办京师拆卖城垣办事处”函》民国十六年九月二十四日 北京市档案馆存。

[3] 民国二十六年（1927年），为使南北新华街沟通，在正阳门与宣武门之间新开辟一城门，名“兴华门”（后更名为和平门），此新辟城门仅为两个并排的券门。

修建虎坊桥至石附马大桥沟工用砖二千七百二十五方六尺五寸。

修建石附马大桥至辟才胡同沟工并漏井掏泥井道牙等用砖一千二百二十五方七尺七寸。

修建石辟才胡同至马市大街沟工并漏井掏泥井等用砖二千零五十九方八尺七寸。

修建马市大街以北沟工并镇威上将军行辕内暗沟行辕外道牙等运到旧砖一千三百二十四方五尺一寸。

修建修理厂房屋用砖三十二方二尺二寸。

修建朝阳门南水关沟工用砖九十九方。

修建市政公所内影壁用砖一千六百五十块。

镇威上将军行辕外影壁拨砖四千五百块。

临时执政府拨砖一千块。

京师警察厅拨砖二百块。

修建灯市口暗沟用砖三十四方五尺九寸。

修理内外城市政捐局沟工用砖三方三尺一寸。

北海公园修路拨砖二百五十五方四尺三寸。

修建西安门南至枣林豁子暗沟用砖二百七十方又四万块。

修理东直门桥工用砖一方九尺。

修理天安门前河墙用砖一千块。

国务院拨砖二次共十方。

灵镜东口外支沟用砖二方。

修砌南兴华街道牙花池等工用砖十九方二尺又二千二百三十块又一千二百九十块。

红罗厂学校拨砖四万四千块。

第四中学拨砖五十九方九尺一寸。

京师农务总会拨砖二百二十方。

任秘书长拨砖二万块。

私营企业及个人收购皇城砖的情况：

荣昶木厂价购皇墙一段计英尺一百五十丈，合洋一万二千一百五十。

合盛木厂价购皇墙一段计英尺二百七十一丈二尺，合洋二万一千九百六十七元二角。

立志堂购砖一万三千三百块，合洋五百一十元。

裕顺木厂购砖五百十三方七尺三寸，合洋一千八百九十九元五。

新记木厂购檐砖大小一千六百块，合洋九十二元。

齐总长购砖二万块，合洋一千元。

萧桂荣购砖二千块，合洋一百元。

刘翔云购砖一百零九方五尺七寸二分，合洋二百七十三元九角。

宋姓购砖一万三千一百块，合洋九百十七元。

诸姓购砖十九方零五寸，合洋一百七十六元。[1]

从复函所列清单中不难看出，当年皇城砖的用途已非常广泛，还有很多卖与私营企业及个人，皇城砖在很短的时间内散布全城。与后来北京内、外城的城砖大多分流于郊区、普通百姓家甚至防空洞不同，皇城砖当时主要使用在市政工程、公共建筑及公共设施上，只有少数有背景且经济条件较好的人家能使用皇城砖修建房屋，这也正是近年来我们经常在一些老地下排水沟及市区一些质量较好的老房子上发现皇城砖的原因。

2006 年，西城区赵登禹路白塔寺十字路口以北东侧进行市政排污管线改造，挖出了全部用老城砖砌筑的地下排水沟，暗沟两侧及上部拱券均为双层城砖砌筑。经实地丈量，拱券顶高约 1.8 米，宽约 2.15 米，壁厚约 0.5 米。所用砖中发现有一些带“皇城”铭文的城砖，如：“**皇城墙新様城磚**”等。砖体尺寸为：45.5 厘米 ×23 厘米 × 12 厘米，砖款尺寸为：11 厘米 × 3 厘米，款识在城砖的短侧面，从钤印位置看为清代所制。根据资料分析，此处当为民国十年至十五年（1921—1926）西城大明濠的明沟改暗沟工程，此沟至今仍在延用。

近年来，鼓楼东大街、德内大街、交道口、沙滩后街、东花市大街等处也都相继从地下挖出过用城砖砌筑的老市政排水沟，只是很多暗沟里的城砖由于长年被污水腐蚀、浸泡已很难分辩出其款识的内容。

2008 年 3 月，北锣鼓巷一座考究的老宅院在改建时拆出大量城砖，其中有不少砖上钤有“**皇城墙新様城磚、皇城官窑新様城磚**”等款识。在北京城里，这种主要用城砖砌筑的老房子并不少见，一般建筑形式非常讲究，从形式上看应建于民国时期，很可能这些砖就是民国初年拆皇城墙时被私人收购流入民间的。除以上两款可以通过铭文确定的皇城墙专用城砖外，还有几款带有官府称谓的清代铭文砖可能也与修筑皇城有一定关系，如：“**興泰官窑诚造**（602）、**永定官窑辦造新様城磚**（604）、**官窑辦造新様城磚**（601）、**内府官辦裕成窑造**（604）、**内府足制**”等。从当年喜仁龙考察北京城墙的记录看，清乾隆年间对城墙的修葺维护工作主要由工部负责，很多城砖都带有“工部”的名号，如“**工部監督桂**（605）、**工部監督永**（601）、**工部監造官圖記□□**（600）”等。这种带有官员职称的铭文砖在当时城墙上比较普遍，但“内府”的铭文砖却比较少见，有可能这些由“官窑、内务府”造的城砖也兼供皇城墙使用，不过目前仅能确定有皇城款识的城砖为皇城墙专用物料。

[1] 《京都市政公所致“查办京师拆卖城垣办事处”函》民国十六年九月二十四日 北京市档案馆存。

十三、明代卫所与造砖工役

1. 参与中都城与南京城造砖工役的武职官员及卫所

卫所制是明代创建的一种军事体制。“明以武功定天下，革元旧制，自京师达于郡县，皆立卫所，外统之都司，内统于五军都督府。”[1]

明初，朱元璋先后大规模修建凤阳中都城和南京城，城垣工程除征用大量工匠外，军士亦成为主要参与者。《中都志》记：“国初有金吾、左羽林、左虎贲、左骁旗、左龙骧、兴武、兴化、和阳、雄武、钟山、定远、振武等卫。既定鼎金陵，后皆革调。”[2] 洪武四年十一月，“朕命军士往临濠造宫殿”。六年三月，“甓临濠皇城。诏于临濠造……二十一卫军士营房三万九千八百五十间”。六年六月，“诏留守卫都指挥使司修筑京师城”[3]。以此看，军队当时已根据工程需要全面参与城垣建设，而烧制城砖则是其承担的重任之一。

元至正二十四年（1364 年）四月，朱元璋整合军队编制，下令“其核诸将所部满万人者为指挥，满千人者为千户，百人者为百户，五十人为总旗，十人为小旗。”洪武元年（1368 年），“太祖即皇帝位，（刘）基奏定军卫法”[4]。《明史》记：“天下既定，度要害地系一郡者设所，连郡者设卫。大率五千六百人为卫，千一百二十人为千户所，百十有二人为百户所。所设总旗二，小旗十，大小联比以成军。”[5]

卫设指挥使一人，正三品；指挥同知二人，从三品；指挥佥事四人，正四品。属有经历司，设经历，从七品；知事，正八品；吏目，从九品。

千户所设正千户一人，正五品；副千户二人，从五品；镇抚二人，从六品。属有吏目一人。

百户所设百户一人，正六品；辖总旗二人，小旗十人。

明初，南京设上直十七卫及五军都督府所属驻京卫所，中都凤阳设中都留守司及卫所，直隶设扬州卫、寿州卫、邳州卫、苏州卫、徐州卫、徐州左卫、泗州卫、滁州卫、太仓卫、镇海卫、大河卫、金山卫、新安卫、高邮卫、淮安卫、仪真卫、庐州卫、安庆卫、六安卫、建阳卫、宿州卫、沂州卫（直隶）、归德卫（直隶）、镇江卫（直隶）、武平卫（直隶）、潼关卫（直隶）、和州卫。

凤阳中都城部分城砖铭文中记载的卫所有：

凤阳卫、左所、后所、中左所、中右所；凤阳中卫、左所、右所、中右所；长淮卫、后所；

[1] 《明史·兵志一》卷八十九，中华书局，北京，1974 年 4 月。

[2] 《中都志》，卷三 /55a《军卫》；又《凤阳新书》卷三 /13b《寝卫》。

[3] 《明太祖实录》，卷六十九 /2b；八十 /5a；八十三 /1a。

[4] 《明史·刘基传》

[5] 《明史·兵志二》卷九十，中华书局，北京，1974 年 4 月。

怀远卫、怀左、怀中、怀右、怀前、怀后；留守中卫、中右所、中后所；应天卫；扬州卫等，并记有卫所千户、百户、总旗、小旗的姓名。

记录卫所造砖信息的中都城砖铭文：

應天衛后所百户梁下总旗陳信小旗□貴运到城砖壹千块整足．洪武六年九月七日

楊州衛右所百户劉青石小旗王均用胡名运到磚壹千块整

鳳陽衛后所百户孟德總旗□□小旗□順軍曹□

土字三号總旗刘成

火字九号捴旗汪興 [1]

明初参与南京城墙营建的工役分为工部匠役和军队匠役两个序列，军队卫所或成编制、或部分抽调参与城建工程，是营建南京城的一支主要力量，城砖铭文所记载的参与南京城砖烧造工役的部分军队卫所：

飞熊卫前所、飞熊卫左所、江阴卫右所、江阴卫后所、水军右卫前所、水军右卫中所、水军右卫左所、水军右卫后所、广洋前所、广洋中所、广洋左所、广洋右所等。

记录卫所信息的南京城砖铭文：

廣洋右所 洪武七年

水军右衛前所 □武五年

水軍右衛左所 [2]

2. 参与北京城造砖工役的武职官员及卫所

明北京城的大规模建设仍有军役参与。永乐四年（1406 年）闰七月壬戌，“文武群臣淇国公丘福等请建北京宫殿，以备巡幸。……命泰宁侯陈珪、北京行部侍郎张思恭督军民匠造砖瓦，……命工部征天下诸色匠依（依为作之误）在京诸卫及河南、山东、陕西，山西都司、中都留守司、直隶各卫选军士，河南、山东、陕西，山西等布政司、直隶凤阳、淮安、扬州、庐州、安庆、徐州、和州选民丁，明年五月俱赴北京听役”[3]。

明前期的北京城砖铭文中常见委官于军职人员的内容，如委派卫指挥使兼任府卫造砖工役的管工或兼任提调官，知县委派千户、百户等兼任县造砖工役的提调官。直隶卫也可委派指挥兼任某职。而委派指挥、千户、百户等军职人员兼任管工或提调官的信息在中都及南京城的砖文中则很少出现。

明代军事卫所很多带有府、州、县名份，但却不受其管辖，而隶属于都指挥使司。由于卫所的非行政区性质，以至无论独立营建城池的沿海卫所、边关卫所，还是与府州县同城的内地

[1] 王建英.《明中都研究》，北京：中国青年出版社，2005 年 7 月。

[2] 南京市明城垣史博物馆《南京城墙砖文》，南京，2008 年 5 月。

[3] 《太宗永乐实录》卷四十四，第 9 页 57.1.0835。

卫所，都不会改变所在区域的管理状况，人口、土地皆隶属于府州县，只有卫所的军事设施用地才为其专项所有。因此，卫所造砖工役在取土、烧造、运输等方面皆与所处府州县密切相关。下列成化、弘治朝的砖文内容即体现了卫所与所在府州县在城砖生产与管理上的关联。如：

直隸蘇州府衛管工委官指揮魯洪知事趙榮
吳县提調官知縣陳振所縣委官千户唐弘主簿于通該吏屠嵩
成化拾年 月 日造 黑窑匠錢行 陸行 曹昌 （161）

直隸松江府金山衛管工委官指揮魏文照磨任輅
上海縣提調官知縣李豫所縣委官百户華珪縣丞湯舉該吏王愷
成化十年 月 日造 黑窑匠計文恭 金福海 （159）

直隸蘇州府衛指揮使司提調委官指揮使張欽
領官経歷趙俊
弘治八年 月 日 該吏温瀛 窑户趙紀 （219）

直隸安庆衛委官指揮倉□朱□
右千户所百户劉□□
弘治拾肆年 月 日 小甲趙錢 匠人吳□ （247）

直隸金山衛委官指揮□□
弘治十四年委官該吏張朴匠作徐浦 （240）

鎮海衛委官指揮姜幹
弘治十三年 月 日窑夫徐偉等造 （230）

正德十一年 月 日青州左衛造 （270）
蒲州中衛千户所造 （775）

以上砖文中的受托委官为卫指挥使，明代军队建制为都管辖卫，卫下辖千户所，千户所以下为百户所。各级建制如下：

都指挥使司（都）：设都指挥使 1 人，正二品；都指挥同知 2 人，从二品；都指挥佥事 4 人，正三品。所属经历司，经历正六品，都事正七品。断事司，断事正六品，副断事一人，正七品，吏目一人。司狱司，司狱从九品。仓库、草场设大使、副使各一人。

卫指挥使司（卫）：设卫指挥使 1 人，正三品；指挥同知 2 人，从三品；指挥佥事 4 人，正四品。卫下设镇抚司，镇抚 2 人，从五品；经历司，经历从七品；知事为正八品；吏目为从九品；仓大使、副使各一人。

千户所（所）：设正千户 1 人，为正五品；副千户 2 人，为从五品；镇抚 2 人，从六品。属有吏目一人。

百户所：千户所下辖 10 个百户所，每个百户所设百户 1 人，为正六品。

从目前考证的城砖铭文看，军队卫、所参与北京造砖工役主要集中在明代前期，即永乐至正德时期。永乐六年（1408 年）六月，“命户部尚书夏原吉自南京抵北京，缘河巡视军民运木烧砖，务在抚绥得宜，作息以时。凡监工官员作弊害人及怠事者，悉治如律”[1]。同年六月，“改潼关卫隶北京行后军都督府”[2]。隶属北京畿后的潼关卫自然也要同其他各卫一样担负烧造城砖的军役。目前已考证到几款有关潼关卫的北京城砖铭文：**直隸潼関衛蒲州□□□**（618）、**直隸潼関衛造**（618）。

永乐七年（1409 年）正月，“改河南宁山卫隶北京行后军都督府”[3]。“山西磁州千户所，在河南界中；直隶宁山卫蒲州守御所，在山西境内；……似此者不可胜举，亦犬牙相制之意。”[4] 由于蒲州守御所跨境归属直隶宁山卫管辖，因而也须随其承担造砖工役。其城砖铭文：**蒲州中衛千户所造**。（反字，775）

宣德二年（1427 年）五月，“设武功左卫，置左、右、中、前、后五所。先是，武功中卫所管军士皆工匠，从尚书吴中奏，属工部，并以调到乐安守御千户所及彰德等卫军匠隶之。至是中又奏：中卫已有军匠万余，而续调太原三卫及振武等卫军匠至者，宜别设卫处之。上从之，遂建左卫五所”[5]。

“宣德二年令河南、山东二都司并直隶卫所拨军夫五千名于沿河一带烧砖，以添设官十五员分行提督。”[6]

成化七年（1471 年）八月，“内官监太监黄顺奏：请以团营次拨官军一万，赴西湖景、城濠等处，采办芦薪，烧造砖瓦，以备修理之用。从之”[7]。

据此看，在明代各类工程建设中，军队匠役不仅人数众多，而且涉及各个工种。城砖铭文显示，参与京师造砖役作的军队卫所主要分布于北直隶一带，随着城砖产地的北移，卫所逐渐成为北京造砖工役的一个重要部分。目前发现的黄河中下游一带军队卫、所的城砖铭文有以下数例，主要集中在成化、弘治、正德时期：

---

[1] 《太宗永乐实录》卷八十第 8 页 80.1.1066。

[2] 《太宗永乐实录》卷八十 第 7 页 80.1.1066。

[3] 《太宗永乐实录》卷六十一 第 5 页 87.4.1157。

[4] 〔明〕焦竑，《焦氏笔乘》卷六。

[5] 《宣宗宣德实录》卷二十八 第 8 页 28.7.0737。

[6] 〔明〕申明行等：《万历明会典》卷一百九十，《工部十·物料·砖瓦》。

[7] 《宪宗成化实录》卷九十五 第 3 页 95.2.1818。

成化十九年 月 日潼関衛窑造 （199）
成化拾柒年 月 日懷慶衛前所造 （166）
成化十七年 月 日宣武衛窑造 （183）
成化十七年彰德衛造 （184）
成化十七年真定衛窑造 （165）
成化十八年 月 日平山衛窑造 （191）
成化十八年德州衛所造

弘治捌年信陽衛造 （215）
弘治捌年直隸寧山衛造 （213）
弘治捌年宣武衛□ （217）
弘治拾叁年济南衛烧造 （229）
正德十一年 月 日青州左衛造 （270）
歸德衛窑造 （619）
直隸潼関衛造 （618）
直隸潼関衛蒲州□□□ （618）

目前考证到的卫所款北京城砖虽不多，但其铭文却涉及江南的苏州府、松江府、安庆府及江北的彰德府、归德府、真定府、怀庆府、青州府、济南府、宣府、河南府、信阳州等众多区域，反映了明代军事卫所广泛参与北京城砖制造的状况。

明代卫所一般以地名加“卫”或“所”构成，驻府州县的卫所以该府州县定名，如：河间卫、保定卫、蓟州卫、汝州卫、睢阳卫、武清卫、禹州千户所、林县千户所等；驻扎京师的卫所以特殊名称命名，如：忠义卫、义勇卫、龙虎卫、龙骧卫、神武卫等；边关及沿海卫所则大多以地域名称命名，如：潼关卫、山海卫、延庆卫、威海卫、燕山卫、紫荆关千户所、长峪城千户所、东海中千户所等；还有一些卫所以驻守区位属名，如：通州左卫、通州右卫、兴州前屯卫、兴州后屯卫、兴州中屯卫、兴州左屯卫、兴州右屯卫及浮山前千户所、石臼寨后千户所等。

明代五军都督府与分管的都指挥使司

（五军都督府简称“五府”，即：左府、右府、中府、前府、后府。都指挥使司简称都司）

左军都督府：浙江都司、辽东都司、山东都司。
右军都督府：陕西都司、四川都司、广西都司、云南都司、贵州都司、陕西行都司、四川行都司、直隶宣州卫。
中军都督府：河南都司、中都留守司、南直隶卫所。

前军都督府：湖广都司、福建都司、江西都司、广东都司、湖广行都司、福建行都司、兴都留守司、直隶九江卫。

后军都督府：大宁都司、万全都司、山西都司、山西行都司、北直隶卫所。

明代黄河长江中下游一带部分卫所名录

明北京上直亲军卫

（二十六卫，称亲军指挥使司，直接由皇帝掌控，不属五军都督府管辖）

明太祖（洪武）设上十二卫

锦衣卫（掌随驾侍卫、仪仗、缉捕、刑狱）

旗手卫（掌御驾金鼓、旗帜，护驾）

府军卫、府军前卫、府军右卫、府军左卫、府军后卫、虎贲左卫、金吾前卫、金吾后卫、羽林左卫、羽林右卫（掌皇城守卫、巡警）

明成祖（永乐）增设十卫

金吾左卫、金吾右卫、燕山左卫、燕山右卫、燕山前卫、羽林前卫、

大兴左卫、济阳卫、 济州卫、 通州卫（掌皇城守卫、巡警）

明宣宗（宣德）增设四卫

腾骧左卫、腾骧右卫、武骧左卫、武骧右卫（掌随驾护卫）

明南京上直亲军卫

（十七卫，称亲军指挥使司，直接由皇帝掌控，不属五军都督府管辖）

锦衣卫（掌随驾侍卫、仪仗、缉捕、刑狱）

旗手卫（掌御驾金鼓、旗帜，护驾）

府军卫、 府军前卫、府军后卫、府军左卫、府军右卫、金吾前卫、金吾后卫、金吾左卫、金吾右卫、羽林前卫、羽林左卫、羽林右卫、虎贲左卫、江淮卫、济川卫（掌皇城守卫）

后军都督府管辖

（参与北京城砖制造的军事卫所主要分布于北直隶及周边一带）

驻北京（京师）卫所

驻北京（京师）卫所分属北京五府，共三十六卫、二所。

北京左府：留守左卫、镇南卫、骁骑右卫、龙虎卫、沈阳左卫、沈阳右卫。

北京右府：留守右卫、虎贲右卫、武德卫。

北京中府：留守中卫、神策卫、应天卫、和阳卫、牧马千户所、蕃牧千户所。

北京前府：留守前卫、龙骧卫、豹韬卫。

北京后府：留守后卫、鹰扬卫、兴武卫、大宁中卫、大宁前卫、会州卫、富裕卫、宽河卫、神武左卫、忠义左卫、忠义右卫、忠义前卫、忠义后卫、义勇左卫、义勇右卫、义勇中卫、义勇前卫、义勇后卫、武成中卫、蔚州左卫。

北直隶在外卫所

遵化卫、永平卫、蓟州卫、山海卫、河间卫、真定卫、定州卫、密云中卫、密云后卫、兴州前屯卫、兴州后屯卫、兴州中屯卫、兴州左屯卫、兴州右屯卫、东胜左卫、东胜右卫、镇朔卫、神武中卫、神武右卫、忠义中卫、卢龙卫、抚宁卫、武清卫、涿鹿卫、涿鹿左卫、涿鹿中卫、定边卫、沈阳中屯卫、天津卫、天津左卫、天津右卫、延庆卫、通州左卫、通州右卫、德州卫（直隶）、德州左卫（直隶）、开平中屯卫、大同中屯卫、宁山卫（直隶）、潼关卫（直隶）、广平卫。

沧州千户所、梁城千户所、渤海千户所、宽河千户所、镇边城千户所、白洋口千户所、潮河千户所、倒马关千户所、武定千户所、顺德千户所、沿河口千户所、永年千户所、磁州千户所（直隶）、蒲州中卫千户所（直隶）、平定千户所、长峪城千户所、顺德千户所。

大宁都指挥使司下辖卫所

保定左卫、保定右卫、保定中卫、保定前卫、保定后卫、营州左屯卫、营州右屯卫、营州中屯卫、营州前屯卫、营州后屯卫、茂山卫、大宁中卫、新城卫、榆木卫、全宁卫、应昌卫、开平左屯卫、开平右屯卫、开平前屯卫、开平后屯卫。

紫荆关千户所、宜兴千户所。

万全都指挥使司下辖卫所

宣府左卫、宣府右卫、宣府前卫、蔚州卫、永宁卫、龙门卫、延庆左卫、延庆右卫、万全左卫、万全右卫、怀安卫、保安卫、保安右卫、怀来卫、开平卫。

四海冶千户所、兴和千户所、美峪千户所、长安千户所、云州千户所、龙门千户所，广昌千户所。

山西都指挥使司下辖卫所

大同左卫、大同右卫、大同前卫、大同后卫、太原前卫、太原左卫、太原右卫、朔州卫、天成卫、镇虏卫、阳和卫、平虏卫、安东中屯卫、振武卫、浮山卫、大宁卫、岢岚州镇西卫、潞州卫、平阳卫、高山卫、云川卫、玉林卫。

宁化千户所、雁门千户所、沁州千户所、汾州千户所、山阴千户所、马邑千户所、井坪千户所。

中军都督府管辖

驻南京卫所

驻南京卫所分属南京五府，共三十二卫、二所。

（下列南京卫所名称使用时应在其前加“南京”二字）

南京左府：留守左卫、镇南卫、骁骑右卫、龙虎卫、龙虎左卫、英武卫、水军左卫、沈阳左卫、沈阳右卫、龙江右卫。

南京右府：留守右卫、虎贲右卫、水军右卫、武德卫、广武卫。

南京中府：留守中卫、神策卫、广洋卫、应天卫、和阳卫、牧马千户所、蕃牧千户所。

南京前府：留守前卫、龙江左卫、飞熊卫、天策卫、豹韬卫、豹韬左卫。

南京后府：留守后卫、横海卫、鹰扬卫、兴武卫、江阴卫。

南直隶在外卫所

扬州卫、寿州卫、邳州卫、苏州卫、徐州卫、徐州左卫、泗州卫、滁州卫、太仓卫、镇海卫、大河卫、金山卫、新安卫、高邮卫、淮安卫、仪真卫、庐州卫、安庆卫、六安卫、建阳卫、宿州卫、沂州卫（直隶）、归德卫（直隶）、镇江卫（直隶）、武平卫（直隶）、潼关卫（直隶），汝宁千户所、松江中千户所、、兴化千户所、通州千户所、泰州千户所、盐城千户所、东海中千户所、海州中前千户所、莒州千户所、刘河堡中千户所。青村中前千户所、南汇嘴中后千户所、嘉兴中左千户所、吴淞江千户所、宝山千户所、崇明沙千户所。

中都留守司

凤阳卫、凤阳中卫、凤阳后卫、留守左卫、留守中卫、皇陵卫、长淮卫、怀远卫、洪塘千户所。

河南都指挥使司下辖卫所

河南卫、弘农卫、睢阳卫、陈州卫、宣武卫、彰德卫、南阳卫、怀庆卫、洛阳卫、信阳卫、汝州卫、弘农卫、颍州卫、南阳中护卫。

禹州千户所、嵩县千户所、林县中千户所、卫辉前千户所、邓州前千户所、唐县右千户所、汝宁千户所。怀庆千户所、颍上千户所。

左军都督府管辖

山东都指挥使司下辖卫所

登州卫、莱州卫、平山卫、安东卫、济南卫、青州左卫、宁海卫、平山卫、威海卫、靖海卫、大嵩卫、鳌山卫、成山卫、浮山卫、灵山卫、东昌卫、临清卫、济宁卫、任城卫。

胶州千户所、诸城千户所、肥城千户所、雄崖千户所、宁津千户所、东平千户所、滕县千户所、武定千户所、莒州千户所、浮山前千户所、福山中前千户所、奇山千户所、莒州千户所、金山左千户所、海阳千户所、海州千户所、大山前千户所、巡山后千户所、蒲州千户所、

百尺崖后千户所、王徐寨前千户所、夏河寨前千户所、石臼寨后千户所。

非上直亲军亦不属五军都督府管辖的卫所

一、匠卫

武功左卫、武功中卫、武功右卫、永清左卫、永清右卫、彭城卫。

（均由匠人组成，专事营造，归工部管辖）

二、陵卫

长陵卫、献陵卫、景陵卫、裕陵卫、茂陵卫、泰陵卫、康陵卫、永陵卫、昭陵卫、定陵卫、庆陵卫、德陵卫、孝陵卫、皇陵卫、显陵卫。

（均负责守护皇家陵寝，归太常寺管辖）

三、牺牲千户所

奠靖千户所、牺牲千户所、南京牺牲千户所。

（均负责祭祀，归太常寺管辖）

明代的军事卫所长期参与敕建工程营建及建筑物料的制造、加工、运输等。以致“军士疲惫，皆由工役浩繁”[1]。伤亡、逃逸时有发生。

嘉靖朝，卫所匠役持续繁重，曾有兵部复大学士费宏等修省议言：“京营军士本为团操振威武护京师，非以为役也。倾来营造尽役营军，驱使烦劳，人不堪命。虽多选补，继以逃亡，下致民怨，上干天和。”[2] 诚如费宏等所言，明代军队持续参役各类繁重的营造工程，“驱使烦劳，人不堪命”。卫所军士久荒操练，武技生疏，以至“下致民怨，上干天和”，为大明王朝的衰亡埋下了致命隐患。

本章名录和示意图选录的是以明代北京和南京为中心的、黄河长江中下游一带具有代表性的军事卫所，以配合解读文中关于明代卫所参与敕建工程匠役的内容。明代卫所始建于洪武初期，此后历朝不断增设、裁撤、改制、更名、合并及调防，以至卫所的历史背景日趋复杂。鉴于此，本文中的卫所名录和示意图均不设定具体的历史时间段，而重在展示卫所的分布态势。明代卫所一般以其驻地命名，有些徙治其他地域后更换名称，有些则仍保留其原名，对于此类有演变历史的卫所，一般选用其最后的名称。另有一些属各都司辖区的卫所，因其战略位置重要而被划归京师直隶卫所。

[1] 《武宗正德实录》卷八。

[2] 《世宗嘉靖实录》卷五十六。

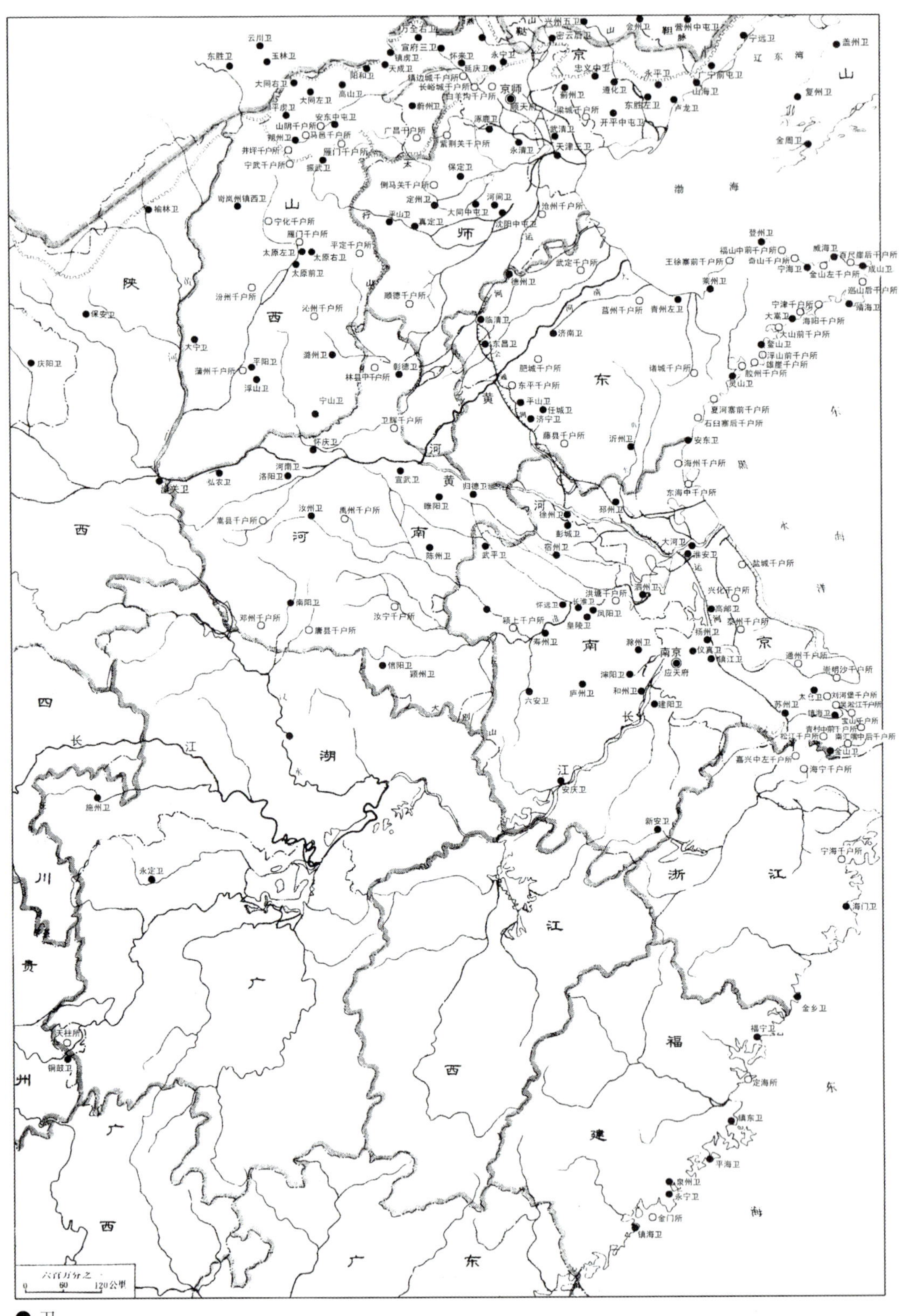

● 卫
○ 千户所

明代黄河长江中下游一带军事卫所分布示意图

蔡青、严师　制图

十四、关于明清北京城砖的研究论文

蔡　青

1. 敲之有声　断之无孔

——登峰造极”的墙体材料：明代北京城墙砖的工艺与质量监控

北京古城垣是使用城砖最多的建筑，明代之前的元大都城垣为土城，只有城门处以青砖包砌。明正统初，城墙“两涯悉甃以礴石”。如果说城墙是一部砖石砌筑的史书，这些城墙砖无疑就是构成这部巨著的字符，正是这些珍贵的古城砖，钤记下了明清两代的兴衰变迁，真实记录了北京几百年的城市发展历程，可以说，每一块城砖都镌刻着历史长河流淌的遗痕。

铭文城砖是文字与建筑物料结合的特殊产品。明初修建南京城和凤阳中都城时即已广泛采用铭文砖的方式来记录与城砖生产相关的内容，此后北京城的建设中亦延续了这一方式。砖文记载的内容为我们研究明清时期的工役制度、制砖技艺及材质要求等很多方面都提供了大量有价值的资料。

（1）明代城砖的材质标准

在冷兵器时代，城垣是军事防御的重要壁垒，而城砖的质量无疑又是城垣坚固与否的关键。1366 年，朱元璋大规模兴建南京城墙，并向周边一百多个府、州、县征集城砖，为了保证城砖的质量，朝廷特命供砖的府、州、县相关官员及窑户、工匠等皆需在砖上留下姓名，以备日后追查不合格城砖的责任人。这一时期的砖文很少表明砖的材质及制造工艺，而是把重点放在记录各项责任人方面，如：

明中都城砖砖文：**淮安府海州提調判官刘□□**

司吏徐庸　作匠朱惠山

洪武七年　月　日造　　（152）

明南京城砖砖文：**太平府提調官照磨錢仁司吏施祥**

繁昌縣提調官主簿劉榷司吏何澤

目前所发现的北京铭文城砖中年代最早的是明成化朝，成化、弘治、正德三朝征用的江南砖仍延续了明早期的特点，有的砖铭内容甚至比洪武时期更详细。如：

直隸蘇州府衛管工委官指揮魯洪知事趙榮
常熟縣提調官知縣黄慶所縣委官千户唐弘主簿□□該吏陳安
成化拾 年 月 日造 黑窑匠錢行 陸行 曹昌　　（161）

應天府委官通判郭睿
上元縣委官主簿孔瑄該吏韩□
正德二年 月 日老人陳泰窑匠趙□　　（255）

而此时黄河中下游（今山东、河南、河北）一带制造的城砖，其砖铭就简单多了，一般只有朝代和州县名称。如：

成化拾玖年長垣縣窑造　　（205）
弘治十三年平原縣窑造　　（227）
正德拾年堂邑縣造　　（267）

明嘉靖初期（嘉靖元年至四年），京师用砖仍由江南及山东、河南、河北一带烧造。嘉靖四年八月，工部会廷臣议："营建仁寿宫，工役重大，今世庙大工方兴，……其砖料于京城近地及苏州定价烧造。"[1] 从目前考证的嘉靖款城砖来看，嘉靖四年后城砖产地确实逐渐北移至"京城近地"，北直隶一带的城砖产地有所增加，而江南基本停止了向京师供砖。

但苏州府的"特产"，被尊称为"金砖"的宫廷专用细料方砖，仍无法由其他产地替代，正如工部会廷臣议所定，在城砖产地普遍北移的情况下，为保证"金砖" 的特殊质量要求，继续保留江南苏州府为钦工用细料方砖产地。

敕建工程在明代被称为"大工"，"万历二十四年（丁酉）四月，工部题鼎建乾清、坤宁宫门座围廊等项该用木石等料上紧造办，择吉兴举。所有条议，各款事宜，皆大工之至切者"[2]。钤有"大工"二字的款识在嘉靖年间的城砖上时有发现，而且是与其他砖款配合使用的，在砖上加印"大工"款，无疑是贴上一记强调钦工物料身份及显示其上乘品质的标签。

为确保钦工用砖的质量，工部特别制定了具体的检验标准，使城砖的品质鉴定更具可操作性。

"万历十二年（庚申）十月，工部覆司礼监太监张宏传砖料内粗糙，着申饬烧造官务亲查验，敲之有声，断之无孔，方准发运。"[3]

"万历十二年（丁巳）十二月，工部侍郎何起鸣条陈营建大工十二事。一议办物料砖须

[1] 《世宗嘉靖实录》卷五十四。

[2] 《神宗万历实录》卷二百九六。

[3] 《神宗万历实录》卷一百五十四 。

有声无孔，……”[1]如此看来，明代“大工”所用物料砖必须达到敲之音清声亮，断之密实无隙的标准才算合格。“敲之有声，断之无孔”也因此而成为形容明城砖材质优良的标签。

（2）款识内容各有侧重的明、清铭文砖

从目前对明清时期城砖的考察来看，明代城砖的质量明显好于清代。明代城砖的款识内容虽较为丰富，但却很少在其款识中记录有关制砖工艺及材质标准等方面的内容，在明代早期城砖的砖款上经常可以看到对各级制砖人的详细记录，如“窑户”“作头”“匠人”“砖匠”“高手”“窑匠”“管工”“人匠”“匠作”“高手匠”等称谓。如：

直隸太平府委官推官張政
蕪湖縣委官何治所官□□
成化十七年六月十五日　高手窑匠王□
匠作□□　（171）

嘉靖八年春窑户宋貴匠人胡大賢造　（349）

萬歷三十三年窑户将志大作頭王九思造　（495）

从以上城砖铭文来看，明代较注重造砖者个人的责任，所以砖款一般都详细记载制砖人等的职责和名字，而砖的用途和制造工艺则很少提及。官方对砖的具体要求就是“有声无孔”，即无论何种材质和工艺，成品必须达到“敲之有声，断之无孔”。

清朝时，城砖的质量已明显不如明代，款识内容也不似明代丰富。清代砖铭与明代砖铭不同之处，主要体现在其款识大多带有制砖工艺、砖的用途以及窑厂名称等方面的内容，如：

榮陞窑澄漿停城磚　（664）
天立窑細泥停城磚　（638）
通合窑澄漿停城　（645）
裕盛窑新樣城磚　（670）

很明显，这些清代城砖铭文的作用已不再是记录相关人员的职责，给人的感觉更像是一种介绍商品材质的广告。砖文中的“澄浆”“细泥”“亭泥”“停城”等显然都是标示城砖精良的制造工艺。但从实物来看，其材质已远不如明代城砖。而“**永成窑記**（663）、**廣義窑記**（669）、**裕成窑武邦興記**（648）、**寶祥窑廠**（639）、**增盛窑**（659）”等显然是生产厂家的标签，“厂”“窑”自不必说，一个中国传统制造业常用的“记”字，更透出一股商业味道。

清代城砖对于材质标准的界定似乎是靠标示其用途来完成的，我们常看到一些城砖印有“**大新樣城磚**（764）、**大亭城磚記**（765）、**亭泥城磚**（765）”等砖文，它们是以其“城砖”的身份来标榜自己的高标准，而非明代城砖须敲而听之和断而看之。其质量自然难以胜任“钦工物料”之名。

[1] 《神宗万历实录》卷一百五十六。

中国古代严谨、科学的制砖工艺造就了钦工用砖的优良品质，生产钦工物料砖需要选用上好的黏土，制造过程还需要经过七、八道工序，如选土、沥浆、制坯、晾坯、装窑、烧窑等。正是由于当年的工匠们以其过硬的职业责任心对这些环节一丝不苟地严格把关，才制造出了历经数百年而不朽的明城墙砖。

随着时代的发展，城砖早已退出了历史舞台，我们只能从为数不多的城墙遗迹以及一些拆迁的废墟中见到它们的身影。在这些斑驳、苍老的古砖中，我们仍能发现有不少质地极好的明代中早期城砖，这些砖品相上乘、棱角分明、而且风化痕迹不明显，其砖文亦清晰可辨，有些砖上的款识还印迹如新。面对这些品质异常优良的古代城砖，很难相信它们已然经历了五百余年的风霜雨雪。一些断裂的明城砖，碴口锋利如刃、断面细密无隙、质地坚韧如铁。历经数百年还能保持如此状态，天下砖者无人能比！

（《混凝土世界》杂志，2010 年第 11 期）

2. 明清北京“钦工砖”的材质标准与制造工艺

关键词：钦工铭文砖，职责制，质量标准，烧造工艺

“钦工砖”指专为敕建工程烧制的各类建筑用砖，系“钦工物料”，材质为砖中上品。明清时期，北京的钦工砖大多用于筑修城垣，如果把城墙看作是一部砖石砌筑的史书，那么这些城砖无疑就是构成这部巨著的文字。正是这些珍贵的古城砖，钤刻着明清两代的兴衰，记录了这座古城几百年的发展轨迹，可以说，每一块城砖都镌刻着历史长河流淌的遗痕。

明初，筑建南京城和凤阳中都城时即已普遍用砖铭的形式来记录与城砖生产相关的内容，此后，北京的城垣建设亦延续了这一方式。铭文砖是文字与建筑材料相结合的特殊物料，这些砖文所记录的内容为我们研究明清时期的制砖工艺及材质标准等很多方面提供了大量有价值的信息。

（1）钦工城砖的材质标准

明初大规模兴建南京城墙时，周边一百多个府、州、县为朝廷烧造城砖，为确保城砖质量，便于监查责任人，与造砖相关的官员及窑户、工匠等都要在砖上留下姓名，这一时期砖文的功能主要是记录各级责任人，如：

明南京城砖铭文：

南昌府提調官通判王武司吏萬宗程
新建縣提調官主簿劉進億司吏熊晟
總甲李仁甫甲首黃克紹小甲鄒用和
窰匠黃五 人夫遠近中 （156）

明中都城砖铭文：

淮安府海州提調判官劉□□司吏徐庸作匠朱惠山

洪武七年 月 日 （152）

在北京铭文砖中，目前发现年代最早的是成化款，成化及弘治、正德等朝的江南砖基本延续了上述铭文特点，有些砖款内容甚至比明初更加丰富。

明成化城砖铭文：

直隸松江府金山衛管工委官指揮魏文照磨任輅

華亭縣提調官知縣郭倫所縣委官鎮撫袁玉典吏李誠吏馬澄

成化拾 年 月 日造黑窑匠高大壽 谢阿魚 （162）

而同一时期黄河中下游一带烧造的城砖，砖文内容则非常简单，一般只记载朝代和州县名称。如：

成化十七年德州窑造 （166）

弘治拾肆年安陽縣烧造 （235）

正德拾年堂邑縣造 （267）

嘉靖初期，京师用砖仍由江南、江北共同烧造。嘉靖四年八月，工部会廷臣议："营建仁寿宫工役重大，今世庙大工方兴，……其砖料于京城近地及苏州定价烧造。"[1] 从目前考证的嘉靖款城砖来看，嘉靖四年后，城砖产地确实向"京城近地"转移，山东临清逐渐成为京师用砖的主产地，北直隶一带城砖产地也有所增加，而江南则不再向京师供应城砖。

然而，苏州府烧造的、被尊称为"金砖"的细料方砖仍无法被取代，在造砖产地普遍北移的情况下，为保证"金砖"质量，仍继续保留苏州府作为此类钦工细料方砖的产地。如工部会廷臣议所定：

"（万历二十四年四月丁酉）工部题：鼎建乾清、坤宁宫门座围廊等项……所有条议各款事宜，皆大工之至切者。……一、议烧砖。一、议苏州砖。……"[2] 可见"苏州砖"的地位已非常稳定。在考察中曾见到明末天启年间苏州府制造的细料方砖，砖文为：

天啟陸年分烧造貳尺細料方磚

直隸蘇州府總督同知周應□委官督工縣丞陳□

小甲莊田以中戶戴存倖造（图 1）

而北京皇城博物馆收藏的一块清末光绪年间的细料方砖则是目前所见到的年代最晚的金砖，砖文为：

[1] 《世宗嘉靖实录》卷五十四。

[2] 《神宗万历实录》卷二百九十六。

光绪三十年成造細料二尺見方金磚
督造官江南蘇州府知府許佑身
監造官蘇州府□□□□□□□（图 2）

从这款砖文看，时至光绪三十年（1904），苏州府仍在为皇室烧造“金砖”，而目前发现的苏州铭文城砖最早的年代为明成化朝，至清末，苏州府为北京供砖已有四百三十多年，可见朝廷的信赖。

明代敕建工程亦称为“大工”。“（万历二十四年四月丁酉）鼎建乾清、坤宁宫门座围廊等项，该用木石等料上紧造办，择吉兴举。所有条议各款事宜，皆大工之至切者。……”[1] 嘉靖朝的城砖上常有“大工”款识，在砖上加盖“大工”款，无疑是为显示其“钦工物料”身份而贴上的标签。

明万历年间，为确保钦工用砖的质量，使城砖的质量鉴定更具可操作性，工部专门制定了严格、具体的检验标准。“万历十二年十月庚申，工部覆：司礼监太监张宏传砖料内粗糙者申饬，烧造官务亲查验，敲之有声，断之无孔，方准发运。诏申饬之。”[2]

“万历十二年十二月丁巳，工部侍郎何起鸣条陈营建大工十二事：一：议办物料。砖须有声无孔，石须色鲜体坚……”[3] 看来明代钦工物料砖必须达到敲之声鸣如磬、断之实密无隙的标准才算合格。“敲之有声，断之无孔”也因此而成为人们对明代城砖材质的赞誉之词。

至清代中早期，朝廷仍很注重钦工用砖的质量，康熙年间曾规定：“起解金砖及木料，如不选择精美以不堪用者解送，或折损或迟延，由部核参，地方官罚俸一年，抚司各罚俸六月。”[4]

康熙二十二年：“送交物料若不精好，将铺户、匠役惩处换送。”[5] 乾隆时期，为确保钦工用砖的质量，更是沿用了明代物料砖必须敲之声音响亮的检验标准，光绪《会典事例》卷八七六《工部物材》记：“乾隆二十四年议准，声音响亮临清砖，每块二分七厘，哑声砖每块一分七厘。”[6] 可见钦工物料砖的敲击声响对质量判断的重要性。直至嘉庆朝也还有“办解临清砖，令临清州解员逐块敲验。”[7] 的文献记载。

清晚期国力孱弱，城砖质量逐步退化，也再未见到有关城砖质量检验的文献记载，可见钦工物料砖的质量还是国家政治、经济状况的反映。

（2）严谨、科学的钦工砖制造工艺

不断改良发展的传统制砖工艺，加上官府对钦工砖规格和质量的严格规定，造就了明代

[1] 《神宗万历实录》卷二百九十六。
[2] 《神宗万历实录》卷一百五十四。
[3] 《神宗万历实录》卷一百五十六。
[4] 乾隆《会典则例》卷一百二十八，《工部营缮清吏司物材》。
[5] 乾隆《会典则例》卷一百二十八，《工部营缮清吏司物材》。
[6] 光绪《会典事例》卷八百七十六，《工部物材》。
[7] 光绪《会典事例》卷八百七十五，《工部物材》。

钦工砖异常优良的品质，也使这一时期的制砖工艺达到了一个非常高的水准。

优质钦工砖的制造需要经过十余道严格的工序，如取土、踩泥、澄浆、沉积、制坯、晾坯、装窑、烧窑、洇水、出窑、包装等。

生产优质的物料砖首先需要上好的黏土，因此，砖窑的选址就非常重要，既要有优质的、能供长期取用的土资源，又要便于运输。在长期的制砖实践中，人们发现含铁高的黏土烧出的砖质量较好（这类黏土在江南被称为“铁硝黄泥”，亦有“褐潮土”“莲花土”之称），用这种高含铁量的黏土烧造的砖具有强度高、耐磨损、抗风化能力强的特点。而且，因其含铁量高，烧出的砖敲击时声音清亮，官方所定物料砖须“敲之有声”的验收要求即源于此。

澄浆是制砖过程中的一个重要环节，首先要把选好的泥土运到平整好的凹地中，除去杂质后用水浸泡，并把牛赶入其中踩踏，直到将所有泥块踩碎。然后将踩过的泥运至一个砖砌的大池子中，将其搅拌成泥浆状后，再将池壁上的放泥孔打开，泥浆由此处通过粗细两道竹篦流到下面的停放池内，此时的泥浆在经过两道竹篦的过滤后，已经非常细腻了，在砖文中常见到的“澄漿”即指此道工序。“澄浆泥”的词义为“过滤后除去了杂质的极细腻的泥，特指制细陶瓷等用的泥”。这种制砖用的“澄浆细泥”其品质之细腻已经接近细陶瓷用泥，可见当时对钦工砖质量要求之高。

泥浆在停放池内沉积数月后，逐渐凝结成软固体状，此时需掌握泥的可塑性，在其软硬适度时将中间最细腻部分取出并封存，待用的泥至少要停封四个月以上，等泥性完全熟透后方可用于制坯，此程序制砖业中谓之“亭泥”。

“亭”在字义中有均匀的意思，《史记五帝纪》解“亭”字：“平也均也。”砖文中常有“亭泥”二字。如：“亭泥城磚”。在这里，“亭泥”无疑是指经过特制的质地均匀细腻的泥料，而“亭泥城砖” 意即使用此优质泥料烧制的城砖。

在经过以上数道工序后，可用来制造钦工砖的泥才算基本培制完成。

用砖模将泥性完全熟透的泥脱出坯，脱出来的泥坯仍需要几个月的脱水、干燥期。传统的方法是将其放置于即可密闭又可通风的具有调节功能的房间里，不仅要防晒，还须防冻，在脱水、干燥期间应不断调节屋内的湿度和温度，防止泥坯结冰或干裂。同时还要经常翻动泥坯，避免因其干湿不均而变形。

烧窑是极为关键的一道工序，技术性非常强。一般先用文火烧，然后逐渐加大火力，烧的时间也要根据泥坯的质地、数量和摆放的疏密程度来把握，可以说，成砖的品质优劣与烧窑匠的经验和技术有着极大的关系，因此，明代早期江南砖的款识中大都带有窑匠的名字。明中期以后，砖文中虽有很多内容被减掉，但仍保留窑匠的名字，这也足以说明窑匠在制砖过程中举足轻重的作用。

（3）明、清两代砖铭的不同功能

通过考察看到，明代城砖的款识内容虽丰富，却很少见到与制砖工艺及材质标准相关的记载。在明代早期的砖文中，除各级官员外大都载有各类制砖人的称谓，如“窑户”“作头”“匠人”“砖匠”“高手”“窑匠”“管工”“人匠”“匠作”“高手匠”等。

例：

成化十七年六月十四日造
直隸太平府管工推官張興
當塗縣管工委官驛丞朱□
窑匠高手□□
人匠焦回平造　（170）

嘉靖十六年春季窑户王敖匠人商讓造　（391）

萬曆三十一年窑户王永寿匠人刘景先造　（494）

从以上砖文看，明代更注重造砖者的个人职责，砖款一般着重记录制砖各环节责任人的名字，而砖的用途和制造工艺却很少提及，官方对砖的具体质量要求是“敲之有声，断之无孔”。

而从对清代城砖的考察来看，不仅质量已明显不如明代，款识内容也不如明代城砖丰富、详实。尤其是清晚期，砖铭内容大多偏重于制造工艺、用途以及窑厂名称等方面的内容，如：

通和窑澄槳停城（645）、**裕金窑官办亭泥城磚**（603）、**通和窑細泥停城**（645）

显然，清代砖文的作用已不再是记录制砖人的职责，感觉更像是介绍商品材质的广告。砖文中的“澄浆”“细泥”“亭泥”等显然都是在宣扬其制砖工艺，虽表面强调质料精良，可由于监督制的缺失，整体品质早已不如明代。而 **寶豊窑記**（645）、**萬順窑記**（670）、**興記**（642）等款识看上去颇似生产厂家的标签。砖文只标示城砖用途也是清代晚期常见的做法，我们常见到 **新樣城磚**（766）、**大亭城磚記**（765）、**亭泥城磚**（765）等砖文，似乎也是在借助其“钦工砖”的身份来标榜材质。

随着时代的发展，曾经身价不菲的钦工物料砖早已退出历史舞台，如今，我们只能偶尔从拆迁的废墟中见到一些质地优良的老城砖，如果不是亲眼所见，很难相信它们历经几百年仍能保持如此状况。

结语：

古城砖是传统文化和技艺的结晶，我们从这些珍贵的铭文砖上看到，正是由于各级造砖人的责任心和过硬的职业技能以及行之有效的质量监控措施才成就了钦工城砖的优异品质。研究古代铭文砖的质量标准、生产工艺和管理机制，不仅可以给我们今天的产品生产制度和监督机制带来某些启示，而且在业务态度和工作责任心层面同样有着积极、现实的意义。

（《古建园林技术》杂志，2012 年第 2 期，总第 115 期）

小甲莊田以中户戴存俸造

直隸蘇州府總督同知周應□委官督工縣丞陳□

天啓陸年分燒造貳尺細料方磚

图 1

監造官蘇州府□□□□□□

督造官江南蘇州府知府許祐身

光緒三十年成造細料二尺見方金磚

图 2

3. 明代北京城砖的制造技艺、职责制度与检验标准

内容摘要：城砖是明代以来北京敕建工程的主要建材，系“钦工物料”。其中部分珍贵的铭文砖以其独特的铭记形式为我们研究北京的城市发展历程提供了丰富的史料。本文通过城砖铭文所载历史信息，对明代城砖的制造技艺、职责制度及质量检验标准等内容进行了初步的分析和探究，并希望以此为北京的城垣文化研究补充一些有价值的素材。

关键词：城砖铭文，职责制度，制造技艺，质量检验标准，等级划分

（1）砖铭诠释的城砖制造职责制度

明城砖制造始于明代初期。洪武二年（1369 年），朱元璋即在临濠（今凤阳临淮）动工营建中都城，至洪武八年（1375 年）“以劳费罢之”，继而又按京师之制大规模改建南京城。在长年的城垣建设中，为满足用砖需求，朝廷向长江中、下游近一百多个府、州、县广泛征集城砖，范围涉及今江苏、江西、湖南、湖北、安徽五省。为保证城砖质量，明确相关人员职责，严令负责供砖的府、州、县各级官员及各砖窑的窑户、工匠等必须在自己参与制造的城砖上钤刻职务与姓名，以备事后能准确追究不合格城砖制造者的责任。从明中都城和南京城遗存的铭文砖来看，明初期针对城砖制造群体制定的岗位职责制度已相当严格。城砖铭文典例：

淮安府海州提調判官劉□实
司吏徐庸作匠朱惠山
洪武七年 月 日造（明中都城砖铭文）

吉安府委提調官刘延府吏吳彬
安福縣提調官縣丞張禧吏戴仁
捴甲刘孟和甲首王子林小甲刘伯友
造磚窑匠王正五人夫王天与（明南京城砖铭文）

以上两款明早期砖文所载信息具体详实，不仅“作匠”“ 窑匠”“人夫”等直接参与造砖者要在砖上刻下姓名，府、州、县各级负有领导、监管职责的官员同样须砖上留名。

从明初至清末，北京城历经两朝500余载，这期间城砖铭文内容呈逐渐简化之势。据目前考证，在嘉靖五年之前，运抵京城的城砖基本来自于江南及江北的黄河中下游一带，这一时期，江北的城砖铭文内容比较简单，而江南城砖大多仍保持着明初翔实记录各级官员及工匠职责的惯例，对比如下：

直隸松江府金山衛管工委官指挥魏文照磨任輅
華亭縣提調官知縣郭倫所縣委官鎮撫袁玉典史李誠吏馬澄
成化拾年 月 日造 黑窑匠高大壽 謝阿魚（江南城砖铭文） （162）

成化十八年陵縣窑造（江北城砖铭文） （189）
弘治拾肆年安陽縣烧造（江北城砖铭文） （235）
正德拾年堂邑縣造（江北城砖铭文） （267）

江南款砖文虽保留明代早期实名制规范，但不再有总甲、甲首、小甲等责任人，而江北款砖文则大多只钤有县级名称。

嘉靖及后世各朝砖铭一般都保有本朝代的基本范式，内容也简化为朝代加窑户、作头、匠人的名字。嘉靖朝砖文还经常出现“春季”“秋季”等季节性名称，如：**“嘉靖柒年秋季窑户王禄造”**；隆庆朝砖文一般只记窑户名，如：**“隆慶五年窑户陸卿造”**；万历朝多记窑户及匠人名，如：**“萬歷三十三年窑户錢歧匠人李林造”**；天启、崇祯朝则偏重记录窑户和作头，如：**“天啓六年窑户汪元作頭李縣造、崇禎元年窑户朱文作頭劉虎造”**。

嘉靖五年后，城砖产地基本移至江北一带。嘉靖四年八月，工部会廷臣议：“营建仁寿宫，工役重大，今世庙大工方兴，……其砖料于京城近地及苏州定价烧造。”[1] 从目前考证嘉靖四年后的砖文来看，产地确实已向“京城近地”转移，山东临清逐渐成为京师城砖的主要产地，

[1] 《世宗嘉靖实录》卷五十四。

河北南部一带的城砖产地也有所增加，而江南，除苏州仍继续为皇室制造细料方砖（俗称“金砖”）外，已基本不再向京师供砖。

虽然自嘉靖五年始砖款中不再出现各级官员的职务及姓名，但却始终保留窑户、作头、匠人等的名字。明代中后期已逐步认识到保证城砖质量主要在于遵循严格的制砖工艺，工匠自身的责任心远比官员的监督重要得多，在生产过程中，任何环节的疏忽或投机取巧都可能严重影响到城砖的质量。而城砖的坚韧性、耐风化程度等又很难判断，即使事后追究责任也难以拟补已造成的实际损失，因此，严把制造关，加强一线造砖者的责任感，被认为是生产优质城砖的重要保障。

（2）严格、精细的城砖制造技艺

生产高质量的城砖不仅要求制造者具备精湛的技能，还必须在复杂的制作过程中始终保持认真细致的工作态度和高度的责任心。明城砖的烧造过程包括十余道严格工序，如取土、浸泡、踩踏、澄浆、沉积、制坯、晾坯、装窑、烧窑、洇水、出窑、包装等，任何一个环节都不能出现纰漏，否则将留下难以预测的质量隐患，这也是砖铭作为监督手段长期存在的原因。

制造优质的城砖首先要选上好的黏土，在长期的制砖实践中，人们发现含铁成份高的黏土（江南称“铁硝黄泥”）和水底沉积的黏土烧出的砖质量较好，含铁的黏土烧出的砖具有强度高、耐磨损、抗风化的特点，且敲击声音清亮。而江湖底层沉积的黏土由于密度较大，烧出的砖质地细密、坚实柔韧。明代《天工开物》记：“凡埏泥造砖，亦掘地验辨土色……蓝者名善泥，江浙居多。皆以粘而不散、粉而不沙者为上。”[1]

制砖用土须经掘、运、晒、椎、舂、磨、筛等工序，除去杂质后在砖砌的池中浸泡，再搅拌成泥浆，即“汲水滋土，人逐数牛错趾踏成稠泥”[2]。然后打开池壁上的放泥孔，泥浆经由粗细两道竹篦过滤后流至下面的停放池内，此时的泥浆已然非常细腻。澄浆是制砖过程中的一个重要环节，在砖文中常见的“澄漿”即指此道工序。《现代汉语词典》中“澄浆泥”的词义为“过滤后除去了杂质的极细腻的泥，特指制细陶瓷等用的泥”[3]。这种制砖用的“澄浆细泥”其品质已经接近细陶瓷用泥，可见城砖之高端品质。

过滤的泥浆在池内沉积后，逐渐凝结成膏状固体，此时需掌握其软硬度，适时将其取出并打堆晒泥，停封待用的膏泥要待其泥性完全熟透后方可用于制坯，谓之“亭泥”。“亭”的字义中有均匀的意思，《史记·五帝纪》解“亭”字：“平也均也。”汉语词典中对“亭”字也有“适中”和“均匀”的注解。[4]在对砖文的考察中我们经常见到“亭泥”二字。如：“**亭泥城磚**”（765）。此“亭泥”无疑是指经过特制的质地均匀细腻的泥料，而“亭泥城砖”，即使用优质泥料烧制的城砖。

[1] 〔明〕宋应星《天工开物》。

[2] 〔明〕宋应星《天工开物》。

[3] 中国社会科学院语言研究所：《现代汉语词典》，北京：商务印书馆，2006年版，第288页。

[4] 中国社会科学院语言研究所：《现代汉语词典》，北京：商务印书馆，2006年版，第1361页。

制坯时，还需反复踩踏，打叠成堆，再用铁线弓钩出泥块装入“范子”（制砖模具），敲结成坯，即“填满木匡之中，铁线弓戛平其面，而成坯形”[1]。然后按工序打开“范子”闸板，取出泥坯。成坯后还要经加印砖款、封坯、干燥、养护、翻坯等过程，传统的方法是将其置于兼具密封和通风条件的房间里，既要防晒，也要防冻，在脱水、干燥期间应不断调节屋内的湿度和温度，防止泥坯结冰或干裂，同时还要经常翻动，避免泥坯因干湿不均而变形。

烧窑是整个制砖过程中最关键的一道工序，技术含量非常高。泥坯入窑后先用文火烘窑，去掉坯的潮气后，再逐渐加大火力，烧的时间也要根据泥坯的质地、数量和摆放的疏密程度来把握。熟窑后即封窑洇水转釉，然后闷窑、开窑冷却，整个过程要求相当高的技术水准。城砖出窑后还要选砖、验收、包装。可以说，烧窑匠的技术和经验直接关系到城砖的品质。因此，明代早期江南砖的款识中都带有窑匠的名字，即使明中期以后，砖文中很多内容被减掉，窑匠的名字却始终保留着，这也说明烧窑匠在制砖过程中的重要作用。

由于传统制砖工艺的不断改进与发展，官府对城砖质量的严格掌控，以及其独具特色的质量监督方法，使明代的造砖技艺提升到了一个非常高的水准，成就了这一时期城砖异常优良的品质。

(3) 严苛的城砖质量检验标准与等级制度

为确保城砖各方面的品质（如：外观规整、质地坚韧、色泽均匀等），工部不仅坚持以砖款落实责任制度，还精心制定了既严格又具可操作性的质量检验标准。“万历十二年（庚申）十月，工部复司礼监太监张宏传砖料内粗糙，着申饬烧造官务亲查验，敲之有声，断之无孔，方准发运。”“万历十二年（丁巳）十二月，工部侍郎何起鸣条陈营建大工十二事。一议办物料砖须有声无孔……”[2] 以此可见，明代敕建工程所用城砖必须达到敲之音色清亮、断之密实无隙才合乎验收标准。在考察中经常能见到一些城砖上有红色验收印记，只有经过严格检验的正品城砖才能作为最高等级的建筑物料用于皇室工程。在最注重规范与标准的嘉靖年间，为了建立更直观的城砖标准，工部每年都专门精心烧造一批“样砖”，作为各砖窑的成品范例。这种样砖一般会在砖款上方的醒目位置加盖带有“**年例**”二字的特殊款识，以表明此砖为本年度的造砖范例（736）。

在皇室工程所用城砖中，有时还会以专有名称的形式表达其特殊意义。如明代敕建重点工程被称为“**大工**”，嘉靖年间的城砖上常见有“大工”的款识与其他内容的砖款组合使用（740），而“大工”二字无疑是其身份等级的一个特殊标签。另有明代专供修建皇家陵寝的“**寿工**”款物料砖（738）；清代专供皇家园林使用的“圆明园”款物料砖（739）；以及专供营建皇城墙的“**皇城官窑新样城砖**”“**皇城墙新样城砖**”款的物料砖（605）。这些城砖均为专门定制产品，不仅用途明确，其极具专属性的铭文还可视为

[1] 〔明〕宋应星《天工开物》。

[2] 《神宗万历实录》，卷一百五十六。

质量优良的标签。

明清两代对城砖的使用都有严格规定，低于皇室级别的建筑，即使允许使用城砖也只能用普通民窑款砖或无款砖。有王府建筑为显示地位而又避免逾制，特在其所用城砖上加印“王府足製”款，以作为其身份等级的定位（740）。

明代始终坚持执行城砖制造的职责制度并延续质量和等级规制。至清代康、乾时期，对城砖的质量仍然比较重视。康熙二十二年规定“送交物料若不精好，将铺户、匠役惩处换送。”[1]乾隆时期，为确保城砖的质量，更是沿用了明代以敲击声响检验物料砖的标准，“乾隆二十四年议准，声音响亮临清砖，每块二分七厘，哑声砖每块一分七厘”[2]。直至嘉庆朝也还有“办解临清砖，令临清州解员逐块敲验”[3]的文献记载。

清代末期城砖质量逐步退化，且未再见有关质量检验的文献记载，这也在一定程度上反映了清王朝政治与经济的衰退。

结语

北京铭文城砖是传统工艺与文化的结晶，其精湛的制造技艺、颇具特色的职责制度和独特的质量检验标准成就了明代城砖的优良品质。尽管随着时代的发展，曾经身价不菲的城砖早已退出历史舞台，但研究这些古代建筑物料所承载的丰富历史信息，对我们今天所面临的很多实际问题仍然具有积极的意义。

参考文献：

[1] 王剑英 .《明中都研究》[M]. 北京：中国青年出版社，2005.

[2] 单士元 .《清代建筑年表》[M]. 北京：紫禁城出版社，2009.

[3] 杨国庆、王志高 .《南京城墙志》[M]. 江苏：凤凰出版社，2008.

[4] 南京市明城垣史博物馆 .《南京城墙砖文》[M]. 江苏：南京师范大学出版社，2008.

[5] 赵红骑主编 .《锦溪窑火——砖瓦制作技艺》[M]. 上海：上海人民出版社，2011.

（清华大学《装饰》杂志 2015 年第 12 期，总第 272 期）

4. 明清北京城墙砖珍稀图形款识初析

内容摘要：铭文城砖是文字与建材结合的古代特殊建筑物料，是记录明清时期政治经济、文化艺术及民间信仰的珍贵文化遗产，而城砖中那些具有艺术情趣的稀有图形款识无疑更加具有丰富的意义。这些质朴、粗放的古代建筑物料不仅担负着记录职责的功能，也时而借助艺术

[1] 乾隆《会典则例》卷一百二十八，《工部营缮清吏司物材》。

[2] 光绪《会典事例》卷八百七十六，《工部物材》。

[3] 光绪《会典事例》卷八百七十五，《工部物材》。

情趣渗透出人们对吉祥、兴旺的美好向往。本文试图通过对铭文砖图形款识的挖掘和分析，使这些几乎被世间遗忘的、钤记于城砖上的朴素艺术元素展现出其特有的历史文化价值。

关键词：明清北京城墙砖，珍稀款识，艺术图形，历史文化价值。

在悠久的中国传统建筑文化中，铭文砖是较常见的物料文化种类之一。早在秦朝铭文砖就已出现，西安发掘秦始皇兵马俑时亦发现秦铭文砖。在漫长的历史发展进程中，这种做法一直延续并广泛应用于各类建筑与陵墓，其内容也颇为丰富，涉及文字、人物、动物、植物及装饰图案。《古今图书集成·考工典》《砖部杂录记》：“古砖大者，方四尺，上有盘花鸟兽纹，千秋万岁字。其纪年非天保则兴和，盖东魏北齐也。又有砖筒者，花纹年号如砖，内圆外方……”[1] 从古砖文献来看，汉魏至唐宋元各时期也都出现过不同类型的铭文砖。

然而，在古代城垣的营建中，虽有大量铭文城砖，但具有艺术装饰性的砖铭却很少见。明初修建南京城和凤阳中都城时，为了有效地进行质量监控，朝廷下令所有被征集的城砖都必须钤刻各个制造环节的相关信息，如各级责任官员、窑户、工匠等的职称和姓名，因而产生了大量内容丰富的城砖铭文。可以说，明初的铭文城砖是文字与物料结合的特殊产物，承载着不可多得的历史文化信息。

此后，在北京城垣的营建中亦延续了这一做法。从砖铭看，明代中早期从各地运到北京的城砖还都保持着钤记详实制砖信息的做法，这些铭文为我们研究当时的州县建制、工役制度、造砖工艺及材质等提供了大量有价值的史料。同时也可以看出，明初时的砖款尚不太规范，无论是文字的排列方式还是字体都显出很大的随意性。有的洋洋撒撒几十字排满砖面，有的廖廖几个字言简意赅，砖文大多为传统的竖向格式，但也有少数呈横向排列，且绝大部分是没有任何装饰成分的单纯文字组合。据目前考证，北京的铭文城砖始见于成化朝，从成化到其后弘治、正德两朝的砖款形式逐渐显现出各朝的模式化特点，但这些特征仍属于文字的范畴，不过，此时有些砖款已开始在文字外围添加边框，使之逐步构成一个完整的款型。至明嘉靖时期，砖款形式的规范化程度又有了很大提高，不仅文字排列需遵循一定的模式，而且款识都要统一加饰规范化的边框。在实物考察中我们可以看到，嘉靖年间的砖款，无论文字的排列方式还是款型都因其标准化程度提高而显得非常正规。

嘉靖以后各朝的砖款虽不如嘉靖时期规范，但基本上每个朝代也都有其相对固定的模式，并都保持了款识加饰边框的形式。

纵观明清城砖的款识，绝大多数是竖向的长方形，而且几乎都是以文字为主要内容，字体有阴、阳刻之分，边框有单、双线之别，其功能均为记录与制砖相关的信息。

但在基本模式大体相似的砖款中，偶尔也会发现一些文字与装饰纹样结合或单纯以图形来表达某种意义的款识，它们往往通过别致的形式而令人瞩目。在以文字为主、式样比较单一的城砖款识中，这些颇具另类色彩的砖款愈发显得弥足珍贵。单从城墙的构造形式与城砖

[1] 〔清〕《钦定古今图书集成·考工典》第一百三十九卷，《砖部杂录》. 北京：大众文艺出版社，2009年版。

的性质来看，是不需要以砖面附带纹样来装饰的。城砖的特点恰恰与传统的瓦作相反，瓦当上的图案一般以装饰性为主导，具有很强的喻示功能，属于建筑标准化的一部分，即使有些瓦件上含象征性的吉祥文字，也都是被图案化的，并不具有多少实际意义。而城砖则不同，砖文记录的都是真实信息，具有很强的功用性，少量以图形为主的砖款除了传达某种寓意，同时还具有与文字款识相同的信息识别功能。试析几例：

（1）至尊飞龙款

在中国传统文化中，龙是尊贵、威严和权势的象征，封建时代，龙则是皇帝的代名词，如：真龙天子、龙体、龙颜；用具品有：龙椅、龙辇、龙袍，皇帝即位前居住的府邸称潜龙邸。据此而论，钤有龙款的城砖无疑应是至尊级的钦工建筑物料。龙款砖异常少见，目前也仅发现一例（745），这款龙纹砖的长侧面钤印着一条舒展身躯向前飞奔的龙，砖面上没有任何其他文字和图案。这一极为罕见的飞龙砖款可以说是目前所发现的最具皇室特征的款识了。龙款砖的标识性很明晰，身份等级上明显高于其他同类物料。此砖尺寸为 40 厘米 × 20 厘米 × 10 厘米，明显小于一般的城砖，是目前所见等级最高的小型砖。

在中国传统建筑中，几乎见不到龙款的城砖，这可能是由材料等级划分和材质特点决定的，皇室建筑饰以龙纹的部位一般都是石料制品和琉璃构件，城砖由于大多用于地面和外墙，极易风化和磨损，不钤印龙纹可能也是从维护皇帝尊严考虑。

至于这一龙款砖的烧造年代，无疑两种可能性最大，即发现地月坛公园钟楼的始建年——明嘉靖九年（1530 年）；或大修年——乾隆二十年（1755 年）。而且这两朝的铭文砖在各自所处的朝代里都属于数量最多、内容最详实的代表。

明嘉靖年间铭文砖虽然比较普遍，但砖款一般都很规范，最注重的是职责，砖文的主要功能就是详细记录各级制砖人的信息。另外，在对遗存相对丰富的嘉靖款铭文砖考察过程中，从未发现过另类的砖文和以图代文的款识。

清朝砖款的规范程度较明代宽松了许多，有了很大的自主性和随意性。乾隆年间国力鼎盛，城砖使用量也在清代各朝中居多，为敕建工程之需，不但恢复了康熙四十八年停罢的临清砖的烧造和运输，而且还在京师近地大力发展制砖业，工部、内务府也都参与造砖工役，以至乾隆时期城砖制造业的经营体制涵盖了官办、官督民办、官民合办、民办等多种经营方式。从实物考察来看，这一时期生产的城砖在产地、材质、尺寸及款识内容等方面都有着很大的差异和不同，不似嘉靖时期严格规范。如果假设这一龙款砖是乾隆年间烧造的，似乎更合理一些。不妨试从以下几方面进一步推断：

1. 此龙款砖发现于月坛公园钟楼内壁，月坛又名夕月坛，始建于明嘉靖九年（1530 年），属敕建工程。清乾隆年间曾两次大修月坛，据嘉庆《会典事例》卷六六三《工部宫殿》记：

乾隆八年遵旨，月坛修理具服殿三间，左右配殿六间，宫门一座，钟楼一座，并各处拆建守备房，成砌墙垣，铺设地面甬路。

又记：乾隆二十年遵旨，兴修月坛，详细确估，计月坛一座，内壝门六，瘗坎，神库、神厨各一，祭器库、宰牲亭各一，钟楼一，东北坛门各一，牌坊一，均照旧制修理。[补] 壝垣地面海墁散水，甬路、月台、燎炉，亦应拆砌完整。至内垣亦应两面砌砖二进，外垣增高三尺，增砌大甬路四道。[1]

从以上修葺记录看，乾隆二十年兴修月坛的工程规模很大，用砖量也更多，从文献记载和砖质来看，此砖很有可能是此次维修的物料。

2. 从中国历代龙的图像看，其精神状态大都与朝代兴衰及帝王的气度有关。通过对乾隆年间龙纹图案的考察，发现其艺术特点为极具活力和动感，这款飞龙虽体量不大，但却充满活力，极具乾隆朝的龙形特征。以此看，此砖似为乾隆年间的产物。

3. 明代与清代城砖款识钤印的位置不同，明朝砖款位置基本都在砖的长边侧面上，而清朝砖款位置大都在砖的短边侧面上，从现象来看，清代历朝中只有乾隆时期的城砖款识表现出一种强势和不拘一格。

（1）乾隆时期的铭文城砖数量远胜于清代其他各朝，且多带有朝代名及年号（乾隆前几朝砖铭规范，后几朝砖铭皆不具备此特征）。

（2）清各朝砖铭基本都钤印在砖的短边侧面上，乾隆时期的城砖款识则长短边皆有。有些乾隆时期的砖铭仍保留着明代的特征，即详细记录朝代名、年号、产地、窑户、工匠等内容，如：**“乾隆十六年臨清磚窑户孟守科作頭崔成造”**（551）。

（3）乾隆皇帝个性张扬，喜好题字留迹，其砖文特征也与其习性相符。

从以上分析看，这款飞龙图形的城砖具备了产自清乾隆年间的基本特征和条件。

（2）吉祥葫芦款

葫芦形砖款在北京城墙砖的款识中也不多见，从目前发现的几款来看，都是钤印在城砖的短边侧面上，如果从钤印位置分析，这种葫芦款应出自于清代。清朝官府对砖款形式的管理已远不如明代严格，款识内容也逐渐简化，从目前见到的几个葫芦形砖款来看，其内容为“停城”或“城”字，这已属于字数最少的砖款了（746、748），而且“停城”是清代城砖款识中常见的词，如：**“廣信窑細泥停城、萬盛窑細泥停城磚、停城磚記”** 等，可见，“停城”应为停泥城砖的简称，而此称谓目前在明代砖文中还从未见到过。

在中国古籍中，葫芦最早被称为瓠、匏、壶，《诗经》曾将其用于比喻，如《卫风・硕人》云：“领如蝤蛴，齿如瓠犀”；《邶风・匏有苦叶》云：“匏有苦叶，济有深涉”；《豳风・七月》云：“七月食瓜，八月断壶，九月叔苴”；[2]

唐朝时，“葫芦”之称开始流行，随着葫芦品种的丰富和用途的广泛，其名称也逐渐增多，明朝李时珍的《本草纲目》里出现了七种不同药效的葫芦名目：悬瓠、蒲卢、茶酒瓠、药壶卢、约腹壶、长瓠、苦壶卢，其花、叶、子、须、蔓均可入药。另外，还有根据葫芦外形特点而分的不同称谓，《碑雅》有：“长而唐上曰瓠，短颈大腹曰匏”“似匏而圆曰壶”。[3]

---

[1] 〔清〕嘉庆《会典事例》卷六百六十三《工部宫殿》。

[2] 《诗经》：《卫风・硕人》《邶风・匏有苦叶》《豳风・七月》。

[3] 陆佃：《碑雅》。

从有记载以来，中国葫芦已有两千多年历史。在中国传统装饰艺术中，葫芦还经常被作为吉祥的象征，建筑构件、木板年画、剪纸、家具及室内装修等处处可见它的身影。其形象圆润饱满，腹中多籽，令人联想到家族兴旺、长寿延康、生活美满以及生命的繁衍。

葫芦有“福”“禄”双全的寓意，根据谐音，“葫”代“福”，“芦”代“禄”，枝“蔓”谐“万”音，喻“子孙万代、繁茂延康”，此福禄寿齐全也。

葫芦经常现身于北京民居四合院的装饰艺术中，在建筑的门楣、门墩及各种砖浮雕上经常能见到葫芦形的“万代盘长”“万代长春”葫芦与猴子的“代代封侯”和以葫芦为象征意义祈祝“家族兴旺，子孙万代”的图案（图 1）。

民间还有在家中悬挂葫芦的习俗，认为葫芦可降妖除怪、阻挡煞气。如在房梁上悬挂葫芦称“顶”，此举可保家庭平安；古时结婚入洞房要饮“合卺”酒，卺即葫芦做的酒器；在床头上悬挂葫芦还可使夫妻和睦；将五个葫芦以红绳串联在一起则称“五福临门”。

而当这个象征着兴旺的吉祥图案随着城砖被嵌入城墙时，它似乎已不只是一个简单的装饰图案了，寓意万代兴旺的葫芦和作为家国屏障的城墙一旦联系起来，是否就可以理解为城池的建造者们是在以此形式祈祝国运长盛、万代安康呢?

在考察中我们还发现了以文字祈盼吉祥的砖文，如“大吉”款便是典型的一种，同样具有吉祥内涵的文字和图案不仅起到了相互印证的作用，而且它们所表现出来的这种逐渐贴近民间习俗的现象，似乎也预示着清代手工业所有制的发展趋势。

（3）长寿蟠桃款

桃形砖款在北京城砖款识中完全可以算得上是另类，这种形式的砖款到目前为止也仅仅见到一例。从款识的钤印位置及砖质来看，此桃形款城砖应出自明代（745）。经实物研究看，明代对城砖款识的管理和要求是比较严格的，而目每个朝代由于规范不同以至其砖款都带有其自身的时代特征，砖文、款型也都具有相对统一的模式，完全脱离规范的个性化城砖款识在明代几乎很少见到，正因如此，这个桃形款识也就更显珍贵。

桃在中国传统文化中不仅是长寿的象征，还寄托了很多美好的情感，文人墨客们在诗文中对桃花也不吝赞美之词。桃木自古还被认为有驱邪避祸的功能，《晋书·礼志上》：“岁旦，常设苇茭、桃梗、磔鸡于公及百寺之门，以攘恶气。”[1]北宋时，逢年节民间有更换桃符的风俗，而桃符即用桃木所制。据《左传·礼仪志》记：“夏至……以桃木印，长六寸，方三寸，五色书文，如法，以施门户。”[2]

桃在中国传统吉祥图案中与石榴、佛手合称为“三多”，即多寿、多子、多福。而桃与蝙蝠组成的图案则被称为“福寿双全”“五福捧寿”等（图 2）。

现在，我们已很难确切考证城砖上这个“桃”的真实意义，或许其中还隐喻着什么特殊的含意，它也因此具有了诸多不确定性。

[1] 《晋书·礼志上》。

[2] 《左传·礼仪志》。

图 1

图 2

可以想见，这个桃形图案绝不只是为了起装饰作用，基本应该理解为是在以图代文表达一种愿望。单从这一图案的传统意义和物料的特殊性来看，很有可能与皇帝或皇太后的寿辰有关，或许是工部的官员们特意在砖上钤印寿桃款，以这种特殊的表现形式向主子祝寿？

以城砖做媒介为皇帝祈福的例子在清朝同治年间就曾出现过。二十世纪二十年代初期，瑞典学者奥斯伍尔德·喜仁龙考察北京城垣时，在西直门一带的城墙上曾发现钤有“同治万万岁”砖文的城砖，这一做法无疑是为了迎合皇帝登基或万寿大典等。由此看来，城砖铭文也是会被用来当作媒介传达某种意愿的。

（4）装饰图案款

在考察中，发现一款明代万历年间的砖铭，其边框与大部分砖款的长方形直线框有所不同，这一款识的端头被设计成“海棠池”的样式，形同传统石栏杆望柱柱身及栏板的海棠池盒子心，既具有建筑装饰艺术内涵，又显得与众不同。正是这一细微的装饰性变化，为这一款识带来了颇具新意的视觉感受。（747）

在大高玄殿的东墙上，一块城砖因钤有如意云纹图案而显得与众不同，这种云纹在中国传统吉祥图案中比较常见，如在明式家具上这种纹样就时有出现，明代圈椅背板上部图案装饰及下部的亮脚常采用如意云纹，这已成为明代圈椅的一种装饰范式。在中国的古建筑装饰中这种云纹也屡见不鲜，传统石栏上的净瓶荷叶云子及古建筑平棋彩画等皆有此图形定式。

结语

明清城砖上的这些具有艺术情趣的稀有款识无疑是一份极其宝贵的历史文化遗产，是记录明清时期政治、经济、文化、艺术及民间习俗的一种特殊元素，它们质朴、粗放，但却渗透着人们对吉利、祥和、兴旺的美好向往，这些依附在城砖上的艺术几乎被世间遗忘，但它们仍顽强地保持着其独有的艺术风采。遗憾的是，这种稀有的古砖款因极为少见而未能受到足够的重视，然而，也正因此才更凸显其极具研究价值的一面。

现在，我们已很难确切地考证这些另类砖款产生的具体缘由和文化背景，或许它们是窑户以此作为商业标识进行的个性化设计，或许是为了顺应当时社会环境下的某些特定需求，然而无论怎样，在以文字为主流的城砖款识中，这些经过特殊设计的图形款无疑是凤毛麟角般的艺术珍品。

参考文献：

[1] 单士元 .《清代建筑年表》（单士元集第三卷）[M]. 北京：紫禁城出版社，2009.

[2] 回顾 .《中国装饰图案集成》[M]. 沈阳：辽宁美术出版社，2001.

（《建筑与文化》杂志 2016 年第 6 期，总第 147 期）

十五、明清北京城砖铭文目录

1. 皇朝款（按朝代前后排序）

明代部分

成化 (1465—1487)

成化七年八月二十四日
直隶寧國府寧國縣管工委官□□
□□匠高手郭余 □匠陶叔芳造　（158）

成化七年七月初一日山東□□□□
成化九年 月 日金乡縣窑造
直隶 成化十年太湖縣□□

直隸蘇州府衛管工委官指揮魯洪知事趙榮
吴县提調官知縣陳振所縣委官千户唐弘主簿于通
該吏屠嵩
成化拾年 月 日造 黑窑匠錢符 陸行 曹昌

直隸蘇州府衛管工委官指挥魯洪知事趙榮
□縣提調官知縣□□所縣委官千户唐弘典史馬麟
該吏□□
成化拾年 月 日造 黑窑匠錢符 陸行曹昌

直隸蘇州府衛管工委官指挥魯洪知事趙榮
提調官□□□□□縣委官千户唐弘典史薛璘
該吏□放
成化拾年 月 日 黑窑匠錢符 陸行曹昌

直隸松江府金山衛管工委官指挥魏文照磨任輅
華亭縣提調官知縣郭倫所縣委官鎮撫袁玉典史李誠吏馬澄
成化拾年 月 日造 黑窑匠高大壽 謝阿魚　（158）

直隸松江府金山衛管工委官指挥□□□□□□
上海縣提調官知縣沙樣所縣委官葉進縣丞湯□
成化十年 月 日 黑窑匠刘文武

直隸松江府金山衛管工委官指挥魏文照磨任輅
上海縣提調官知縣李□所縣委官百户華珪縣丞湯舉該吏王愷
成化十年 月 日造 黑窑匠計文恭 金福海

直隸蘇州府衛管工委官指挥魯洪知事趙榮
吳縣提調官知縣陳振所縣委官千户唐弘主簿于通該吏屠嵩
成化拾年 月 日造 黑窑匠錢行 陸行 曹昌

直隸蘇州府衛管工委官指挥魯洪知事趙榮
常熟縣提調官知縣黄慶所縣委官千户唐弘主簿□□該吏陳安
成化拾年 月 日造 黑窑匠錢行 陸行 曹昌

直隸蘇州府委官知事趙榮
常熟縣提調官知縣黄慶委官大使張富
成化拾年 月 日 該吏譚祥 窑匠錢行

成化十二年四月初一日
直隶河间府静海縣

成化拾肆年元城□□□

成化十七年六月十四日 直隸太平府管工推官張興
當涂縣管工委官驛丞朱□
四八窑匠高手□□
人匠焦回平造

直隸太平府委官推官張政
無湖縣委官何治所官□□
成化十七年六月十五日 高手窑匠王□ 匠作□□

成化拾七年 武進縣委官縣丞□□
□月拾伍日造
□□□□吏葉□□

直隸常州府委官知事王忠
无錫縣委官縣丞朱□
成化拾柒年拾月

直隸太平府管工□□□□
當涂縣管工委官□□□□
成化□□□□月四日黑窑匠□□

成化十七年威縣窑造
成化十七年德州窑造
成化十七年 月 日金鄉縣窑造
成化十七年 月 日臨清窑造
成化拾柒年城武縣窑造
成化拾柒年長垣縣窑造
成化拾柒年元城縣窑造
成化拾柒年叁月 日滑縣窑造

成化十七年湯陰縣窑造
成化十七年新城縣窑造
成化十七年□城縣窑造
成化十七年汲縣窑造
成化十七年彰德衛造
成化十七年真定衛窑造
成化十七年睢陽縣窑造
成化十七年五月分夏津縣窑造
成化十七年 月 日利津縣造
成化十七年三月 日睿縣窑造
成化十七年七月初一日□□□□
成化十七年五月 日□□縣窑造
成化十七年 月 日胙城縣造
成化十七年三月 日禹城縣窑造
成化十七年五月 日禹城縣造
成化十七年七月東阳縣造
成化十七年七月 日長山縣窑造
成化拾柒年柒月 日汲縣窑造
成化拾柒年 月 日冠縣窑造
成化十七年七月 日堂邑縣窑造
成化十七年 月 日臨淄縣窑造?
成化十七年八月 日淄川縣窑造
成化十七年八月 日淄川縣燒造
成化十七年五月 日鄒平縣窑造
成化十七年 月 日商河縣造
成化十七年 月 日青州造
成化十七年四月初一日直隸河间府静海县窑造
成化拾柒年 月 日輝縣窑造
成化拾柒年 月 日懷慶衛前所造
成化十七年 月 日宣武衛窑造
成化十七年 月 日臨清縣窑造
成化拾柒年 月 日觀城縣造磚
成化拾柒年 月 日湯陰縣窑造
成化拾柒年 月 日朝城縣窑造
成化拾柒年 月 日直隸真定府涞州窑造

成化十八年直隸和州委官□□□□
　該吏羅檄

直隸常州府委官知事王忠
　無錫縣委官縣丞朱璉
　成化拾捌年四月 日造 高手匠□□

直隸常州府委官知事王忠
　無錫縣委官縣丞朱□
　成化十八年四月 日

成化十八年東昌府□□
成化十八年陵縣窑造
成化十八年高唐州窑造
成化十八年□□州窑造
成化十八年章□縣窑造
成化十八年聊城縣窑造
成化□□□定陶縣造
成化十八年利津縣窑造
成化十八年德州□縣造
成化十八年德州卫所造
成化十八年 月 日汶上縣窑造
成化拾捌年壽張縣造
成化拾別年滑縣窑造
成化十八年青河縣窑造
成化十八年 月 日献縣窑造
成化十八年 月 日□川窑造
成化十八年 月 日平山衛窑造
成化十八年 月 日冠縣窑造
成化拾捌年 月 日臨清縣窑造
裕慶成化十八年 月 日臨清縣窑造

直隸寧國府寧國縣管工委官□□
　管工老人張瑞高手郭泉平陶叔芳造
　成化十九年 月 日

成化十九年高唐州窑造
成化十九年虞雲縣窑造
成化十九年禹城縣窑造
成化拾玖年新鄉縣造
成化拾玖年長垣縣窑造
成化拾玖年 月 日淇縣窑造
成化十九年 月 日潼関衛窑造
成化十九年莘縣窑造
成化十九年 月 日原武縣窑造
成化拾玖年 月 日博平縣窑燒造
成化□年 月 日鸡澤縣窑造

弘治 (1488—1505)

弘治三年 月 日東昌府
　武□□□□

弘治三年陽信縣補造
弘治四年□□曹州廠燒造
清豐縣弘治四年造
弘治柒年 月 日臨清州窑造

弘治捌年
　委官直隸常州府推官汪璡
　武進縣主簿詹□造

直隸松江府上海縣提調官知縣董倫
　委官□□
　弘治八年九月 日 該吏胡□

直隸蘇州府□□□提調委官指揮使張钦
委官経歷趙俊
弘治八年 月 日 該吏温瀛窑户□清

直隸蘇州衛指揮使司提調委官指揮使張钦
首領官経歷趙俊
弘治八年 月 日 該吏温瀛窑户趙紀

直隸蘇州衛指揮使司提調委官指揮使□□□□□□
首領官経歷趙俊
弘治八年 月 日 該吏温瀛匠人□□

直隸蘇州府委官通判李許
崑山縣提調官知縣張 委官縣丞夏寅
弘治八年 月 日 該吏施慶

直隸蘇州府委官通判李許
吳縣提調官知縣□□
弘治八年 月 日 該吏龍□ 窑匠王□

弘治捌年捌月□□□造
委官直隸常州府推官汪璡
武進縣主簿詹鐘匠作顧□

直隸松江府上海縣提調官知縣□□
本縣燒磚局大使李□
弘治八年 月 日 司吏□□

弘治捌年信陽衛造
弘治捌年彰德衛造
弘治捌年宣武衛□
弘治捌年陽武縣燒造
弘治八年武陟縣造
弘治八年蒲臺縣補造
弘治捌年武定州燒造
弘治八年清平縣窑造
弘治八年楊宗燒造
弘治八年青城縣补造拖欠甎
弘治八年新城縣补造拖欠甎
弘治捌年 月鄆城縣窑造
弘治捌年廣平縣窑造
弘治捌年窑造
弘治捌年滑縣窑造
弘治捌年淇縣窑造
弘治八年開州造
弘治八年淇縣
弘治八年武陡縣造
弘治八年利津縣窑
弘治八年輝縣造
弘治八年 月 日臨清州窑造
弘治八年 月 日胙城縣造

弘治八年直隸寧山衛造
弘治九年 月 日
弘治九年朝城縣窑造
弘治玖年清平縣窑造
弘治拾年鄆城縣窑造
弘治十年 月 日造

镇海衛委官指挥姜幹
弘治十三年 月 日窑夫徐伟等造

弘治十三年輝县造
弘治十三年陵縣窑造
弘治十三年青城縣□□
弘治十三年長山縣□□
弘治十三年冠縣窑造
弘治十三年平原縣窑造
弘治十三年濮州燒造
弘治十三年淄川縣造
弘治十三年禹城縣窑造
弘治拾叁年滄州燒造
弘治拾叁年新鄉縣造
弘治十叁年商河縣窑造新磚
弘治拾叁年済南衛燒造

直隸金山衛委官指揮□□
弘治十四年委官該吏張朴匠作徐□

直隸和州含山縣委官典吏何□
弘治十四年三月

直隸安庆衛委官指揮□□
右千户所□□
弘治十四年 月 日 小甲趙錢 匠人吳□

應天府委官通判戴昊
江寧縣委官典吏陳奇
弘治拾肆年 月 日 該吏郭時聪窑匠曹□

應天府委官通判戴昊
上元縣委官典吏陳森
弘治拾肆年 月 日 該吏郭時聰窑匠趙隆

直隸松江府委官通判單元陽字一号
上海縣提調知縣郭経委官主簿王善
弘治十四年 月 日 該吏曹淮匠作吳雍

弘治十四年窑造
弘治十四年窑造□□置
弘治十四年任丘縣窑造
弘治十四年脩武縣窑造
弘治十四年 月 日清河縣窑造

弘治十四年修武縣窑造
弘治十四年武陟縣窑造
弘治十四年武陟縣烧造
弘治拾肆年長垣縣窑造
弘治拾肆年東明縣窑造
弘治拾肆年滑縣窑造
弘治拾肆年安陽縣烧造
弘治拾肆年安陽縣窑造
弘治拾肆年□□縣烧造
弘治拾肆年大名府睿縣造
弘治拾柒年東平州造
弘治十九年高唐州窑造
弘治□□□大名府□鄉人造
弘治 年 月 日東昌府武城縣

直隸蘇州府委官經歷武瑄
弘治 年 月 日該吏口輔窑户倪華八

正德 (1506—1521)

正德貳年□□□□

直隸蘇州府委官經歷陳震該吏景質
正德二年五月 日窑户王縉造

直隸蘇州府委官經歷陳震該吏景質
正德二年五月 日窑户□□□

直隸揚州府江都縣□□□□
正德□年

正德□□應天府句容縣窑匠李双四造
正德丁卯應天府句容縣窑匠李秀五烧造
正德丁卯應天府句容縣窑匠謝禮造
正德丁卯年應天府句容縣窑匠朱昂造
正德丁卯年應天府句容縣窑匠潘道四造
正德丁卯年應天府句容縣窑匠董貴四造
正德丁卯年應天府句□□□□□□
正德丁卯年□□□□□□□□□□

應天府委官通判□□□
江寧縣委官縣丞 □□□
正德二年 月 日

應天府委官通判戴昊
上元縣委官典史陳森
正德貳年 月 日該吏郭時聰窑匠趙隆

□□□委官□□
□□窑烧造
正德二年六月吉日

應天府委官通判郭□
上元縣主簿孔瑄该吏韓□
正德二年 月 日老人陳泰窑匠趙□

應天府委官通判郭湑
江寧縣縣丞彭鋭该吏章洪
正德二年 月 日老人曹剛窑匠曹勝

正德□年五月 日窑户□□
直隸松江府委官経歷夏□□該吏□□

正德二年六月吉日
□□窑烧造
委官□□

直隸安庆府提調官知府□□委官推官□□
桐城縣提調官□□趙□委官□□
正德貳年捌月 日高手人匠□□

安庆府提調官知府周洪□□□□□□□王瑞
怀寧縣提調官□□趙鏗委官王□張□□□
正德二年

應天府委官通判郭湑
江寧縣縣丞□锐□□□□
正德二年 月 日老人曹剛窑匠□□造

應天府委官通判郭睿
上元縣委官主簿孔瑄该吏韓□
正德二年 月 日□□窑匠□□

應天府句容縣窑户王謙造
正德貳年 月 日

應天府
句容縣官磚窑□
正德貳年

直隸楊州府江都縣委官□□
典史□□窑户□□
正德二年 月 日

應天府
正德二年句容縣□□□

直隸蘇州府委官知事齊仁武该吏□傑
正德三年三月 日窑户徐寛造

正德十年造
正德十年臨清州造
正德十年高唐州造

正德十年臨清州造
正德十年脩武縣窑造
正德拾年封丘縣窑造
正德十年夏津縣造
正德□□句容縣官塼窑户刘浩
正德拾年□丘縣窑造
正德拾年濱州窑
正德拾年□□窑造
正德□年　月　日青州府衛造
正德拾年堂邑縣造
正德拾年　月　日廣平府造
正德十一年東光縣營造
正德十一年　月　日青州左衛造

嘉靖 (1522—1566)

嘉靖二年秋季窑户暢倫造
嘉靖叁年窑造惠记
嘉靖叁年傑造
嘉靖三年 O 監造
嘉靖三年春季窑户胡永清造
嘉靖叁年镇造
嘉靖叁年□造
嘉靖叁年窑造
嘉靖叁年茅记
嘉靖叁年烧造
嘉靖三年文窑造
嘉靖叁年窑造 信记
嘉靖叁年窑造 倫记
嘉靖叁年窑造
嘉靖三年先窑造
嘉靖三年大造
嘉靖叁
嘉靖叁年杲造
嘉靖三年裴宗造
嘉靖叁年窑造古记
嘉靖三年楊杲造
嘉靖三年器造
嘉靖叁年卜造
嘉靖叁年宣造
嘉靖叁年瑩造
嘉靖叁年瑩窑造倫记
嘉靖三年宥造
嘉靖三年偉造
嘉靖三年造
嘉靖叁年月日窑造
嘉靖叁年窑户惠記
嘉靖叁年窑□□□□
嘉靖三年春季窑户□□
嘉靖三年文窑造
嘉靖□年窑匠伯記
嘉靖四年驗造

嘉靖肆年月日窑造
嘉靖肆年春季窑户樂鎧造
嘉靖肆年秋季窑户暢綸造

嘉靖肆年赣縣□□□窑户莊□造
　直隸赣州府委官通判羅達該吏孫怡

嘉靖肆年肆月　日窑户蒋符蒋定造
　□□□委官通判□□孫怡

嘉靖伍年臨清廠精造窑户孫□
嘉靖伍年臨清廠精造窑户符居
嘉靖伍年臨清廠精造窑户孫倫
嘉靖伍年臨清廠精造窑户吕政
嘉靖伍年臨清廠精造窑户李繼
嘉靖伍年臨清廠精造窑户许友
嘉靖伍年臨清廠精造窑户裴斐
嘉靖伍年臨清廠精造窑户赵钺
嘉靖伍年臨清廠精造窑户祝澄
嘉靖伍年臨清廠精造窑户張宗
嘉靖伍年臨清廠精造窑户姚缜
嘉靖伍年臨清廠精造窑户孫傑
嘉靖伍年臨清廠精造窑户曹志
嘉靖伍年臨清廠精造窑户王釗
嘉靖伍年臨清廠精造窑户曲宣
嘉靖伍年臨清廠精造窑户杜珽
嘉靖伍年臨清廠精造窑户谭得成
嘉靖伍年臨清廠精造窑户周世隆造
嘉靖五年秋季臨清厰窑户暢倫　匠人孫現造
嘉靖□年臨清窑户朱文昇匠人朱秋造
嘉靖伍年臨清厰精造
嘉靖伍年臨清厰精造窑户陸経
嘉靖伍年臨清厰精造窑户□□
嘉靖伍年臨清厰精造窑户吳鼎
嘉靖陸年臨清廠精造窑户孫倫　匠人李刚
嘉靖陸年臨清廠精造窑户孫倫　匠人王信
嘉靖陸年臨清廠精造窑户孫倫　匠人孫堂
嘉靖□年臨清廠精造窑户刘钊
嘉靖陸年臨清廠精造窑户孫倫　匠人米德
嘉靖陸年臨清廠精造窑户孫倫　匠人任隆
嘉靖陸年臨清廠精造窑户李栾
嘉靖六年春季窑户樂鎧造
嘉靖柒年秋季窑户王禄造
嘉靖捌年窑户侯增造
嘉靖捌年窑户曲宣造
嘉靖捌年分督造窑户楊杲
嘉靖捌年分督造窑户李辅
嘉靖捌年窑户王惟忠造
嘉靖捌年窑户杜迁造
嘉靖捌年窑户刘景李造
嘉靖捌年窑户杜文造

嘉靖捌年分窑户呉世豪造
嘉靖捌年卜仝造
嘉靖捌年窑户曲宣造
嘉靖捌年窑户符居造
嘉靖捌年窑户馬紳造
嘉靖捌年窑户張世用造
嘉靖捌年窑户孫倫造 匠人王信
嘉靖捌年窑户孫倫造 匠人孫堂
嘉靖捌年窑户楊文偉造
嘉靖捌年窑户孫倫造 匠人李刚
嘉靖八年窑户孫铭獨造
嘉靖八年窑户韓經造
嘉靖八年春窑户楊□□爲□□府造．年例．張奉
嘉靖八年春窑户宋貴匠人胡大賢造
嘉靖捌年分窑户□□造
嘉靖捌年分窑户吳世十家造
嘉靖九年秋窑户李岳为南陽府造 匠人□□
嘉靖九年秋窑户侯增爲齊南府造 匠人刘靈 大工
嘉靖九年秋窑户□□爲□南府造 匠人刘靈
嘉靖九年秋窑户王保爲東昌府造
嘉靖九年秋窑户孫倫爲大名府造 匠人王信
嘉靖九年秋季窑户孫铭爲開封府造 大工
嘉靖九年秋季窑户盧敢為兗州府造 大工
嘉靖□□春窑户李□爲兗州府造
嘉靖十年春窑户孫文銘爲大名府造
嘉靖十年春季窑户孫文銘爲大名府造 匠人□□
嘉靖十年春窑户孫□□爲大名府造 匠人王□ 年例
嘉靖十年春窑户孫文銘爲大名府造 匠人王信
嘉靖十年春窑户□□□□□□□
嘉靖十年春窑户李□爲□□府造
嘉靖十年秋窑户孫倫爲大名府造
嘉靖十年春窑户劉釗爲保定府造
嘉靖十年春窑户杲經荣爲濟南府造
嘉靖十年春窑户張倫爲真定府造 年例
嘉靖十年春窑户張輔爲汝寧府造
嘉靖十年秋□□□□□爲河間府造 大工
嘉靖十年秋季窑户高雄爲□州府造 大工
嘉靖十年秋季窑户杜斑爲登州府造
嘉靖十年秋季窑户李栾爲兗州府造
嘉靖十年秋季窑户丁禄爲東昌府造 匠人□□ 大工
嘉靖十年□□□□□□□□ 年例
嘉靖□年秋季窑户譚得成造 年例
嘉靖□□年窑户李栾為兗州府造
嘉靖十一年春季窑户□□□□□□□ 年例
嘉靖十一年秋季窑户孫文□□大名府造
嘉靖十一年下厰窑户李継造
嘉靖十二年秋季窑户曹吉造
嘉靖十二年秋季窑户裴□□
嘉靖十四年春季窑户□欽造
嘉靖十四年春季窑户李經造
嘉靖十四年春季窑户李清造

嘉靖十四年春季窑户張钦造
嘉靖十四年秋季窑户張钦造
嘉靖十四年春季窑户裴斐造
嘉靖十四年春季窑户羅富造
嘉靖十四年□□□□□ 券甎
嘉靖十四年窑户□□□
嘉靖十四年春季分窑户李栾造
嘉靖十四年春季窑户吳崑造
嘉靖十四年春季窑户刘世造
嘉靖十四年春季窑户杲經荣造
嘉靖十五年春季窑户周世隆造
嘉靖十五年秋季窑户孫文鋭造．匠人□□
嘉靖十五年秋季窑户高雄為□州府造 大工
嘉靖拾伍年窑户羅鳳造匠人鄭□□
嘉靖拾伍年秋季窑户張欽造 匠人王隆
嘉靖十五年秋季臨清厰窑户杜斑匠人刘□造
嘉靖十五年秋季臨清厰窑户梁進塗匠人李景造
嘉靖十五年秋季臨清厰窑户李舜卿造 匠人王□
嘉靖十五年秋季臨清厰窑户王吉工作牟淮造
嘉靖十五年秋季臨清厰窑户周世隆造 匠人刘継宗
嘉靖十五年秋季臨清厰窑户周世隆造
嘉靖十五年秋季臨清厰窑户裴斐匠人王名造
嘉靖十五年秋季臨清厰窑户姚鎮造 匠人□□□
嘉靖十五年秋季臨清厰窑户杜斑 匠人刘□□□
嘉靖十五年秋季臨清厰窑户李清造 匠人王玉
嘉靖十五年秋季臨清厰窑户王保 匠人王玉造
嘉靖十五年秋季臨清厰窑户周世隆造 匠人趙□□
嘉靖十五年秋季臨清厰窑户暢倫 匠人孫現造
嘉靖十五年秋季臨清厰窑户趙経匠人葛禄造
嘉靖十五年秋季臨清厰窑户刘松造
嘉靖十六年春季窑户□□□
嘉靖十八年春季窑户林□造
嘉靖十六年春季分窑户郭春匠人□通造
嘉靖十六年春季窑户张增造
嘉靖十六年春季窑户刘刚造
嘉靖十六年春季窑户□□匠人□□造
嘉靖十六年春季窑户袁伯倉造
嘉靖十六年春季窑户張欽匠人刘現造
嘉靖十六年春季窑户李栾造 匠人曲梅
嘉靖十六年春季窑户王廒匠人商讓造
嘉靖十六年春季分窑户劉耻造
嘉靖十六年春季分窑户盧宣匠人周善造
嘉靖十六年分秋季窑户□□造
嘉靖十六年分窑户張世用匠人□□造
嘉靖十七年分窑户周世隆造
嘉靖十七年窑户劉禄造
嘉靖十七年窑户楊杲造
嘉靖十七年春季窑户張钦匠人□□□
嘉靖十七年春季窑户張钦匠人王隆造
嘉靖十七年春季窑户張钦匠人王坤造
嘉靖拾柒年窑户楊守人匠人劉岳造

嘉靖十七年春季窑户賈智造
嘉靖十七年春季窑户呉三省造
嘉靖十七年春季窑户沙興造
嘉靖十七年秋季窑户周世隆造
嘉靖十七年秋季窑户方賢造
嘉靖十七年秋季窑户閆浩造
嘉靖十七年秋季窑户暢倫造
嘉靖十七年春季分窑户羅富造
嘉靖十七年春季窑户樂鎧造
嘉靖拾柒年春季窑户樂鎧造
嘉靖十七年分窑户杜珽造
嘉靖十七年秋季窑户刘勳造
嘉靖拾柒年秋季窑户□□□
嘉靖拾柒年窑户□□□
嘉靖十八年秋季窑户張钦窑匠劉學造
嘉靖十八年窑户馮惠造
嘉靖十八年分窑户朱賢造
嘉靖十八年春季窑户白仲仁造
嘉靖十八年春季窑户王保造
嘉靖十八年春季窑户□隆造
嘉靖十八年春季窑户孫宗仁造
嘉靖十八年春季窑户周世隆造
嘉靖十八年窑户方賢造 匠人郭灵
嘉靖十八年窑户劉钊造
嘉靖十八年窑户楊仲儒造
嘉靖十八年窑户陳綸造
嘉靖十八年窑户孫隆造
嘉靖十八年春季□□□□□
嘉靖十八年春季窑户孫文銘造
嘉靖十八年秋季窑户□□造
嘉靖十八年秋季窑户王吉造
嘉靖十八年秋季窑户于盈造
嘉靖十八年秋季□□□窑户□□造
嘉靖十八年春季窑户□□造
嘉靖十八年分窑户閔鋭造
嘉靖十八年分窑户□□□造
嘉靖拾捌年秋季窑户蒋儒造
嘉靖十八年窑户蔡来奉匠人趙樂造
嘉靖十九年秋季窑户譚得成造 壽工
嘉靖十九年秋季窑户王徵造
嘉靖十九年窑户李禎造
嘉靖十九年秋□□□□□□□
嘉靖十九年秋季窑户吳三省造
嘉靖十九年秋季窑户韓浦造
嘉靖十□年春□後廠户罗鳳造
嘉靖二十年□□□
嘉靖二十年分窑户辛文祥造
嘉靖二十年秋季窑户孫子澄分造
嘉靖二十一年春季窑户张欽匠人王大用造
嘉靖二十一年□□□□□
嘉靖二十一年夏季窑户□□造
嘉靖貳拾貳年窑户□□□
嘉靖貳拾貳年上廠窑户□□□
嘉靖貳拾貳年分窑户胡錦造
嘉靖二十三年窑户李□造
嘉靖二十三年□□□□□
嘉靖二十三年窑户□□□
嘉靖二十三年分春季窑户段洲匠人□□□
嘉靖二十四年□□□□□
嘉靖二十四年□□□□□
嘉靖二十五年春季分窑户周經會造
嘉靖二十六年窑户孫子澄造
嘉靖二十六年窑户陳清匠人董志造
嘉靖二十七年窑户□□□
嘉靖二十七年分窑户□□□
嘉靖二十七年春季窑户張欽匠人刘孝造
嘉靖二十八年分窑户□□□
嘉靖二十九年窑户張世樑造
嘉靖二十九年窑户曹来造
嘉靖二十九年窑户符傑造
嘉靖二十九年分窑户張钦造
嘉靖三十年窑户梁騰造
嘉靖三十年窑户刘大得造
嘉靖三十年分窑户楊□□造
嘉靖三十一年春季窑户□□□
嘉靖三十一年春季窑户張亨匠人楊鹿造
嘉靖三十一年窑户王玠造
嘉靖三十一年分窑户孫子澄造
嘉靖三十一年分窑户王鋭造
嘉靖三十一年窑户□□□
嘉靖叁拾一年窑户陳□匠人高臣造
嘉靖三十二年窑户□□□
嘉靖三十二年分窑户盧□□
嘉靖三十三年窑户梁煉造
嘉靖三十三年窑户暢秋分造
嘉靖三十三年窑户張钦造
嘉靖三十三年窑户梁煉造
嘉靖三十三年分窑户□□□
嘉靖三十三年窑户張□□造
嘉靖三十三年窑户李養德造
嘉靖三十四年後廠春季窑户陳府造
嘉靖三十五年□□□
嘉靖三十六年窑户胡□□□
嘉靖三十七年窑户孫祁造
嘉靖三十七年
嘉靖三十七年窑户伏珂造
嘉靖三十七年分窑户暢倫造
嘉靖叁拾柒年窑户紀鄉造
嘉靖叁拾柒年窑户紀鄉造
嘉靖三十八年分窑户□□□
嘉靖叁拾玖年分窑户趙儀造
嘉靖四十年秋季窑户孫文鋭造

嘉靖四十年窑户陳輔尚造
嘉靖四十一年分窑户吳崑造
嘉靖四十五年分窑户邓受造
嘉靖四十五年四月□□□□□
嘉靖四十五年分
嘉靖□□□分窑户王保造
嘉靖□年秋季窑户谭得成造．年例
嘉靖□年窑匠倫记

隆庆 (1567—1572)

隆慶元年窑户孫文銳造
隆慶元年窑户梁興造
隆慶二年下廠窑户汪禮造
隆慶三年上廠窑户張□匠人□□造
隆慶三年窑户李□造
隆慶四年窑户張□□
隆慶四年窑户張棪造
隆慶四年窑户盖昂□
隆慶四年秋季分□□□□□
隆慶四年記開窑户張□□造
隆慶四年上廠窑户杜翠造
隆慶四年上廠□□□□□
隆慶四年上廠窑户孫文鎬匠人侯奉造
隆慶四年上廠窑户顏遐匠人閆虎造
隆慶四年中廠窑户趙輔匠人費強造
隆慶五年後廠窑户盖昂匠人刘延年造
隆慶五年窑户陸卿造
隆慶伍年
隆慶伍年窑户□□□
隆慶伍年窑户閔梅造
隆慶六年分窑户□□□
隆慶六年分窑户鐘立造
隆慶六年分窑户張汝□造
隆慶六年分秋季窑户□□□

万历 (1573—1620)

萬曆元年窑户萬化作頭王伯先造
萬曆元年窑户□伯祥造
萬曆八年窑户張應
萬曆八年江城窑户孫五造
萬曆八年窑户李戴造
萬曆八年春秋窑户錢歧造
萬曆九年窑户楊潼造
萬曆九年窑户許□祥造
萬曆九年窑户符岩造
萬曆十年窑户盧魁造
萬曆十四年□□□
萬曆貳拾年窑户吳中梓造
萬曆二十二年分年例窑户張亨造
萬曆二十六年窑户張澤□
萬曆二十七年窑户□来作頭高仲選造
萬曆二十九年加泒窑户□□□
萬曆三十年窑户李養德作頭□有才造
萬曆三十年窑户邢書匠人楊天福造　加泒
萬曆三十一年窑户□□□
萬曆三十一年窑户王永寿匠人刘景先造
萬曆三十一年窑户張亨匠人楊鹿造
萬曆三十一年窑户吳椿作頭李友造
萬曆三十一年窑户胡永成造
萬曆三十一年窑户孫宗義造
萬曆三十二年窑户□□□
萬曆三十二年□□□□□
萬曆三十二年窑户王永壽作頭劉景先造
萬曆三十二年窑户吳中梓造
萬曆三十三年窑户吳中梓造
萬曆三十三年窑户錢歧匠人李林造
萬曆三十三年窑户將志大作頭王九思造
萬曆三十四年窑户李国仕作頭石文王造
萬曆三十五年窑户柴成匠人趙□造
萬曆三十七年窑户张亨□□□□□造
萬曆三十九年窑户胡禾作頭刘万造
萬曆四十
萬曆四十六年窑户邢書作頭□進造
萬曆四十六年窑户窑户张亨匠人□□造
萬曆四十七年窑户吳中粹作頭李登雲造
萬曆乙卯年窑户吳□□作頭吳進造
萬曆戊申年窑户□□□
萬曆丙辰年窑户吳中粹作頭□□造

泰昌 (1620—1621)

（在位不足一年，其年号款砖铭待考）

天启 (1621—1627)

天啓元年窑户蒋守作頭尤□□造
天啓元年窑户錢歧作頭□□造
天啓元年窑户錢歧作頭刘顯德造
天啟元年窑户暢道作頭楊宗安造
天啟元年窑户王甸作頭申禾造
天啓元年臨清窑户孫宗義作頭張時造
天啓二年例窑户宋尚約作頭髙臣造
天啓三年窑户胡禾作頭張時造
天啟三年窑户王甸作頭張□□
天啓肆年窑户張澤作頭楊宗造
天啟五年窑户鉅□□
天啟五年窑户錢歧
天啟伍年上廠窑户王甸作頭□□□
天啟五年窑户李譽匠人髙臣造
天啟六年窑户吳養心匠人□□□
天啟六年窑户吳養心作頭石興造
天啟六年窑户吳謙作頭髙臣造
天啟六年窑户宋文昇作頭張□□
天啓六年窑户汪元作頭李縣造

天啟六年窑户朱文作頭石應举造
天啓六年窑户邢書作頭劉□□
天啟七年窑户汪元作頭劉虎造
天啟七年窑户朱文作頭□□□
天啟七年□□□□作頭張弘造
天啓七年窑户蒋賓作頭劉貴造
天啓柒年窑户吳士龍作頭□□□

崇祯 (1628—1644)
崇禎元年窑户朱文作頭劉虎造
崇禎元年窑户朱文作頭劉□造
崇禎元年窑户楊逢時作頭□□造
崇禎元年窑户陳禮作頭趙清造
崇禎元年窑户朱文作頭张時造
崇禎元年窑户吳養心匠人石興造
崇禎元年窑户吳養心□□□□□
崇禎元年窑户尚世□□□□□□
崇禎元年窑户孫宗義作頭□□□
崇禎元年窑户胡禾作頭張時造
崇禎元年窑户吳養心□□□□□
崇禎四年窑户王甸作頭□□□造
崇禎四年窑户張亨作頭張守信造
崇禎七年窑户劉元焕作頭張石造
崇禎七年窑□□□□
崇禎十二年窑户□□□
崇禎十四年窑户劉元焕作頭張石造

清代部分

顺治（1644 —1661）
順治四年分窑户張澤作頭趙邦印造
順治十五年分臨清窑户孟守科作頭崔文舉造
順治十五年分臨清窑户平柴誠作頭李仕造
順治十五年分臨清窑户張澤作頭趙印造
順治十五年分臨清窑户周循魯□□□□□
順治十五年分臨清窑户錢歧作頭刘顕德造
順治十五年分臨清窑户蒋賓作頭劉京造
順治十五年分臨清窑户張有德作頭翟如造
□□□□年分臨清窑户張有德作頭翟如造
順治十五年分臨清窑户張亨作頭刘仲舉造
順治十五年分臨清窑户暢道作頭郭守貴造
顺治十五年分临清窑户孟守科作头□□造
順治十六年分臨清窑户劉承恩作頭李仲道造
順治十七年分臨清窑户孟守科作頭崔文舉造
順治十七年分臨清窑户平柴誠作頭李仕造
順治十七年分臨清窑户暢道作頭郭守貴造
順治十七年分臨清窑户錢歧作頭刘顕德造
順治十七年分臨清窑户周循魯作頭賀登選造

康熙 (1662—1722)
康熙拾伍年臨清窑户孟守科作頭張商造
康熙拾伍年臨清窑户張澤作頭趙邦印造
康熙拾伍年臨清窑户孟守科作頭巖守才造
康熙拾捌年臨清磚窑户周循魯作頭梁继尭張化豹造
康熙二十八年臨清磚窑户孟守科作頭崔振先造
康熙二十八年臨清磚窑户張有德作頭劉奇施茂擇造
康熙二十八年臨清磚窑户張有德作頭□□□□
康熙□□□□臨清磚窑户周循魯作頭張□□造
康熙二十八年臨清□□□□作頭郭守貴造

雍正 (1723—1735)
雍正五年臨清磚窑户劉承恩作頭王加禄造

乾隆 (1736—1795)
乾隆貳年分臨清窑户張有德作頭焦天禄造
乾隆□□□□□□□□□□作頭王加禄造
乾隆十四年臨清磚窑户孟守科作頭崔成造
乾隆拾伍年臨清磚窑户暢道作頭盛邦現造
乾隆拾伍年窑户周循魯作頭林森造
乾隆拾伍年臨清磚窑户張有德作頭王禄造
乾隆十六年臨清磚窑户孟守科作頭崔成造
乾隆四十二年窑户孟守科作頭崔成造
乾隆年臨清磚窑户暢道作頭盛邦現造
乾隆辛未年製（乾隆十六年）
乾隆丙子年燒造（乾隆二十一年）
乾隆辛未年製．人和窑户武邦照（乾隆十六年）
窑户楊正国乾隆辛未年製
□□窑户楊正国乾隆辛未年製

嘉庆 (1796—1820)
嘉庆五年臨清磚窑户薛洺作頭于彭年造

道光 (1821—1850)
道光十年臨清磚程窑作頭崔貴造
道光二十七年臨清磚窑户程□□
□光□□□□□□磚程窑作頭□□□
□□□□□□□□□程窑作頭崔榮造
道光□□□窑户曹智造

咸丰 (1851—1861)
咸豐元年作頭王泰立造
（信息来源：［瑞典］奥斯伍尔德·喜仕龙 著《北京的城墙和城门》，未见实物或图片）

同治 (1862—1874)
同治万万岁
（信息来源：［瑞典］奥斯伍尔德·喜仕龙 著《北京的城墙和城门》，未见实物或图片）

光绪 (1875—1908)
（待考）

宣统 (1909—1911)

（待考）

2. 纪年、干支款

（纪年、干支款所属朝代系根据皇朝年谱及相关砖铭信息推断确定）

明代

十八年高唐州窑造（成化）
四年窑造唐（嘉靖）
□□捌年窑户韓經造（嘉靖）
二十九年窑户紀鄉□□□□（嘉靖）
卅年窑户紀鄉作頭高臣造（嘉靖）
叁拾一年窑户陳□匠人高臣造（嘉靖）
卅九年窑户李養德造（嘉靖）
二十年窑户張亨匠人暢克造（万历）
二十一年窑户施□□匠人高臣造（万历）
二十六年窑户朱文匠人趙□□造（万历）
三十年加泒窑户孫清作頭孫憲造（万历）
叁拾一年窑户吳三樂作頭趙逢□造（万历）
三十二年窑户李顕禎作頭葛孟陽造（万历）
三十二年窑户吳□造（万历）
三十二年窑户孫岳作頭于□（万历）
三十二年窑户萬化造（万历）
三十二年窑户張廉作頭刘二造（万历）
三十三年窑户侯傑作頭刘金造（万历）
三十三年窑户吳應龍造（万历）
三十三年窑户柴永作頭張□造（万历）
三十四年窑户李国仕作頭石文玉造（万历）
三十六年窑户胡永成作頭李□造（万历）
三十六年窑户蒋志大作頭王九思造（万历）
叁拾玖年窑户梁棟作頭高臣造（万历）
四十四年窑户吳养心造
四十五年窑户吳养心造
四十五年窑户□□□□鄭福造（万历）
四十六年窑户吳中翠作頭刘顕德造（万历）
四十六年窑户陈禮作頭高臣造（万历）
四十六年窑户李國仕作頭趙邦彦造（万历）
四十六年窑户胡禾作頭张守智造（万历）
四十六年窑户楊炳作頭趙邦彦造（万历）
四十六年窑户于宣造于其（万历）
四十六年窑户楊炳作頭□□□（万历）
四十七年窑户王甸作頭申才造（万历）
四十七年窑户朱章作頭刘成造（万历）
四十七年窑户汪元作頭李縣造（万历）
四十八年窑户汪元作頭石文造（万历）
四十八年窑户楊炳作頭趙邦彦造（万历）
四十八年窑户于荣作頭李登科造（万历）
四十八年窑户刘松作□□□□（万历）
四十八年窑户方祿作頭杜文奎造（万历）
四十八年窑户暢紀作頭于化龍造（万历）
戊子年窑户紀鄉造（嘉靖七年）
戊寅年窑户張越翔造（万历六年）
甲申年臨清窑户張廉匠人孫現造（万历十二年）
甲申年臨清廠窑户張廉匠人孫現（万历十二年）
甲申年臨清廠窑户張廉匠人孫經造（万历十二年）
甲申年臨清廠窑户朱文匠人□□□（万历十二年）
甲申年临清廠窑户趙舉賢□□□□□（万历十二年）
甲申年臨清窑户張□□□□□□（万历十二年）
甲申年临清廠窑户蒋志大匠人□□造（万历十二年）
甲申年臨清窑户張有德．匠人張隆造（万历十二年）
甲申年臨清窑户暢道匠人趙金造（万历十二年）
甲申年臨清廠窑户張亭匠人髙尚仁造（万历十二年）
甲申年臨清窑户□□□□□□造（万历十二年）
甲申年临清廠（万历十二年）
辛卯年窑户王甸匠人□□造（万历十九年）
壬寅年窑户蒋志大匠人□□造（万历三十年）
甲辰年窑户将志大作頭□□□（万历三十二年）
乙酉年臨清廠窑户朱章造（万历三十七年）
乙酉年臨清窑户宋尚約．匠人□□□造（万历三十七年）
乙酉年臨清窑户于宣．匠人趙金造（万历三十七年）
乙酉年臨清窑户宋尚約．匠人□前造（万历三十七年）
乙酉年臨清窑户宋文樂．匠人宋秋造（万历三十七年）
辛亥年窑户□□□□□□□（万历三十九年）
庚申年窑户黄誠□□（万历四十八年）
丙寅年窑户符□作頭□□造（天启六年）

清代

三十年窑户周循魯作頭吳□造（康熙三十年）
卅一年窑户暢道造（康熙三十一年）
辛巳年誠造（乾隆二十六年）
戊子年窑户华戴造（乾隆三十三年）
戊子年窑户□□□（乾隆三十三年）
□□辛未年製（乾隆十六年）

朝代待考

三十六年窑户孟守科作頭谢二造
四十六年窑户楊炳作頭□□□
□□□柒年長垣縣窑造
十四年窑户□□作頭刘德仁造
十九年窑户秦祿造
拾玖年 月 日淇縣
二十五年窑户秦祿造
二十六年窑户閆道造
三十年窑户刘邦才作頭刘東明造
三十年窑户秦祿匠人孔虎造
三十六年窑户王顕作頭□□

3. 官府款

皇城官窑新様城磚
皇城墻新様城磚
内府官辦裕成窑造
工部監督永
工部監督來
工部監督桂
□□監督福
工部監督克
工部監督尭
工部接瓣監□
工部監造官圖記□
工部監造官圖記
官窑辦造新様城磚
興泰官窑誠造
永定官窑瓣造新様城磚
永順窑官造城工細磚記
裕金窑官辦亭泥城磚
镇江府造官磚窑匠高六十造
應天府句容縣官塼窑户朱胜八
應天府句容縣官磚瑤户蘇華造
句容縣官塼瑤户刘浩
窑户戴敬．镇江府官磚
镇江府官磚．窑户王㒈進
镇江府官磚

镇江府官磚
　丹徒縣委官□□□□

4. 卫所款

直隸蘇州府衛管工委官指揮魯洪知事趙榮
　吳县提調官知縣陳振所縣委官千户唐弘主簿于通該吏居嵩
　成化拾年　月　日造　黑窑匠錢符　陸行　曹昌

直隸松江府金山衛管工委官指挥魏文照磨任輅
　上海縣提調官知縣李□所縣委官百户華珪縣丞湯舉該吏王愷
　成化拾年　月　日造　黑窑匠計文恭　金福海

成化十七年彰德衛造
成化十七年真定衛窑造
成化拾柒年　月　日懷慶衛前所造
成化十七年　月　日宣武衛窑造
成化十八年德州衛所造
成化十八年　月　日平山衛窑造
成化十九年　月　日潼関衛窑造

直隸蘇州府衛指揮使司提調委官指揮使張钦
　領官経歷趙俊
　弘治八年　月　日 該吏温瀛窑户趙紀

弘治捌年寧山衛造
弘治捌年信陽衛造
弘治捌年彰德衛造
弘治捌年宣武衛□
弘治拾叁年済南衛燒造

镇海衛委官指挥姜幹
　弘治十三年　月　日窑夫徐伟等造

直隸金山衛委官指揮□□
　弘治十四年委官該吏張朴匠作徐□

直隸安庆衛委官指揮□□
　右千户所百户刘□□
　弘治十四年　月　日 小甲趙錢 匠人吳□

正德□年　月　日青州府衛造
正德十一年　月　日青州左衛造
直隸潼关衛蒲州□□
直隸潼关衛造
歸德衛窑造
蒲州中卫千户所造（反字款）
□年寧山衛造

5. 产地款

明代

直隸常州府委官知事王忠
　無錫縣委官縣丞朱□□

直隸楊州府泰州委官戴继成
　湾头鎭窑户盧□造

直隸池州府委□□□
　貴池縣□□□□

應天府委官通判戴昊
　江寧縣委官典吏□□

聊城縣委官□□□□窑匠王保
常州府□□□□
武進縣□□□□
常州府武進縣造
兗州府金鄉縣□□窑
直隸常州府武進縣造
直隸常州府無錫縣造
直隸廣平府清河縣造
保定府造
定陶縣造
脩武縣造

莘縣窑造
六合縣
直隸徐州造
弘治拾柒年東平州造
直隸松江府城磚
金鄉縣窑造　號
鉅野縣燒造
□□□ 月 日臨清縣窑造
□□臨清磚窑户張多德造
句容縣窑匠李双四造
镇江府丹陽縣窑户周全造

清代

五里屯窑户孫山貴造
十里河窑户潘雲鳳造
清河窑户蒋恩造
直隸常州府□□縣造
三欒匠人髙尚義造
利津縣造城磚
窑湾劉記

6. 窑厂款

明代

遲窑
興盛髙窑
上厰窑户孫
長富匠人李宽造
中上厰窑户□□
後厰窑户暢紀造
後厰窑户栾柏□造
後厰窑户陳明远造
後厰窑户暢□□
齊家堰窑厰五月初四造
臨清厰窑户吳應龍造（万）
臨清厰窑户孫岳造作頭□□（万）
臨清厰窑户程□匠人□□造
臨清厰窑户□□□

清代

興记
荣陞窑
增盛窑
張窑造
福泉窑
停城磚
人和興記
德順窑記
天惠窑記
德順窑記
廣義窑造
廣義窑記
通和東窑
通和窑記
寶祥窑厰
永成窑記
永成窑造
萬順窑記
寶豊窑記
□城窑□
德興窑停城
義和興窑製
永成窑新様
萬順窑成造
德興窑□□□
復興窑亭城磚
廣順窑細泥停城
廣慶窑細泥停城磚
□廣窑大停城磚
謝窑細泥停磚
廣泰窑大停細磚
萬盛窑大停磚
昌盛窑大停磚
施興窑大新様磚
三益窑新様磚
永豐窑新様磚
永豐窑窑户張鹏
永益窑窑户郭成
裕金窑新様磚
裕金窑□□□
永慶窑大亭城磚記
西通合窑澄漿停城
西通合窑澄漿□□
西通合窑造
通和窑澄漿停城
通和窑細泥停城
通和窑細泥停城磚
義盛窑記細泥城磚
武定窑定造停泥
榮陞窑澄漿停城磚
恒盛窑澄漿停城磚
聚盛窑澄漿停城磚
興盛窑停城磚記
遵钦窑新様城磚
遵钦窑新様城磚記
遵钦窑大亭城磚
遵钦窑亭泥磚記
遵钦窑細泥城磚記
天立窑細泥停城磚

東盛窑細泥停城磚
□盛窑細泥停城磚
裕盛窑大新樣城磚
裕成窑新樣城磚
裕盛窑細泥停城磚
荣陞窑細泥大停磚
正制永義窑記
天立大新樣磚
□□永裕窑成造
□□□□日樂陵縣窑造
□□窑辦造新樣城磚
□□窑亭城磚記
□日胙城縣窑造
臨清厰暢道匠人趙□
□□年臨清窑户閆帆 匠人王自勳造
□□年臨清窑户刘乙磚匠□□
□□□□臨清窑户黄誠作頭□□□
臨清厰窑户張亭造
臨清厰窑户張廉造
義盛窑記細泥城甎
順興窑上架停城
新廣窑大停城磚
福盛窑細泥停城磚
裕成窑武邦興記
新豐窑細泥停城磚

7. 窑户款

明代

窑户姚縝造
窑户柴永造
窑户李忠造
窑户于□造
窑户卜仝造
分派窑户□□
臨清窑户朱章造
窑户紀鄉造（嘉）
加派窑户暢紀造
加派窑户薼魁造
加派窑户□□造
加派窑户朱文造
□□□窑户郭成
臨清窑户□□造
□□年窑户杜梃造
□□□□窑户姚縝
□□□□窑户梁貝造
窑户□壽匠人□登造
□□年春季窑户張鸮造
□□年臨清厰窑户朱章造
秋季窑户邢書作頭劉□俊造
臨清窑户方世亨匠人□□造
□□□窑户陳禮作頭趙青造
窑户□□□作頭劉金造胡
臨清窑户方世亨匠人□□造
臨清窑户朱文匠人王進用造
臨清窑户吳中粹匠人閆魁造
□□年窑户隋邦音匠役高臣造
□□□□窑户黄誠作頭劉满造
臨清窑户程伍□作頭□文魁造
臨清窑户許大成 匠人王大用造
□□□□窑户孫明匠人張云軒造
□□年臨清窑户朱文杲 匠人朱秋造
□□年臨清窑户閆帆 匠人王自逸造
□□年加派窑户張来進匠人王大用造

清代

池
李邦
汪槿
石馬記
石閆記
石宋記
朱張記
朱孫官記
窑湾劉記
窑户石钦
窑户鄭釗
窑户符榮
窑户婁□
窑户李荣
窑户錢□
窑户楊相
窑户刘福
窑户李荣
窑户白宣
磚匠丁鉞
匠人王信
窑户楊相
窑户李德
窑户張春造
窑户刘鲸造
窑户丁□造
窑户王佃造
窑户張冕造
窑户□隆造
窑户盧宣造
窑户徐鑑造
窑户于龍造
窑户于錢造
窑户于□造

窑户伏珂造
窑户閔淳造
窑户齊盛造
窑户孫岫造
窑户孫国貴
窑户苏天璣造
窑户王雲鶴造
窑户孫□□造
窑户吳天爵造
窑户戴一桂造
窑户隋邦音造
窑户朱文言造
窑户孫长明造
窑户蒋江造
窑户程洲造
窑户梁耼造
窑户将坩造
窑户張邦彦造
窑户吳□賓造
窑户姬□□造
窑户劉□清造
窑户□時茂造
窑户柴楊朴造
窑户吳三□造
窑户王朝松造
窑户孫国貴造
窑户宋尚約造
窑户宋尚約造
秋季窑户崔舒造
□□窑户張輔造
□□窑户張廉造
□□窑户鄭雨造
臨清窑户□□□
臨清窑户方世亨
窑户陳禮高臣造
永盛窑窑户郭成
萬順窑窑户張愷
裕成窑武邦興記
加泒窑户朱文造
加泒窑户□□造
□□窑户張廉造
□□分窑户紀禎造
□□□窑户梁興造
永豐窑窑户張鵬儒
永裕窑窑户武済和
廣□窑窑户吳宏基
義和窑窑户武邦照
裕金窑窑户趙應璜
遵钦窑窑户楊正国
增盛窑窑户姚顯義
裕成窑窑户武邦興
临清廠窑户張廉造
□□窑窑户王永慶造
窑户洪堂　匠人刘天
窑户暢道匠人刘金造
□□□窑户吳應龍造
窑户洪堂作頭孫現造
窑户李岳爲南楊府造
窑户張甫作頭張信造
窑户方祿匠人賈林造
□□辛文祥匠人騰还造
窑户吳養心匠人石興造
窑户汪□□作頭余才造
窑户吳邦吉作頭李現造
□□□□春季窑户孙明造
□□李鎮貞作頭李登科造
臨磚窑户暢道作頭盛邦現造
□□臨清窑户宋文欒　匠人宋秋造

8. 图形款

飞龙款
葫芦款
足字桃纹款
停城葫芦款
亭城葫芦款
云头边框款
篆字印章款
铜钱款

9. 专项款

壽工
壽工　臨清窑户吳謙
壽工　臨清窑户江□□
壽工　臨清窑户□□　匠人□□造
壽工　臨清窑户方祿　匠人杜萬造
壽工　臨清窑户芦魁　匠人張子孝造
壽工　嘉靖十九年秋季窑户譚得成造
壽工　臨清窑户吳邦吉　匠人刘良造
壽工　臨清窑户姚□□　匠人崔尚文造
大工
大工　嘉靖九年秋季窑户孫铭爲開封府造
大工　嘉靖九年秋季窑户廬敢為兗州府造
大工　嘉靖十年秋□□□□□爲河间府造
大工　嘉靖十年秋季窑户高雄爲□州府造
年例
年利
年例　嘉靖十一年春季窑户□□□□□□□
年例　嘉靖八年春窑户楊□□爲□□府造　張奉
年例　嘉靖十年春窑户孫□爲大名府造　匠人王□
圓明園

王府足製
内工　貳拾伍年窑户陳禮作頭高臣造
券甎　嘉靖十四年□□□□（砖型款）

10. 材质款

新様城磚
大停細磚
亭城磚記
亭泥城磚
大新様甎
細泥金城磚
大亭城磚記
細泥停城甎
大新様城甎
城工細泥磚
城工細泥城磚
新様細泥城磚
□□□新様城磚
新磚□□□□□□
新磚二十六年窑户□□□
新磚二十六年窑户閆道造
新磚　窑户蒋賓作頭張豹造

11. 色印款

水（红色印）
軍（红色印）
大（红色印）
荣（红色印）
鉞（红色印）
□（红色印）
脩林（红色印）
張啟（红色印）
验中（红色印）
圆印（红色印）
上用（红色印）
于贏（红色印）
張鹗（红色印）
新砖（红色印）
周世隆（红色印）
验中收（红色印）
□□验（红色印）
□□人張鹗（红色印）
臨清工部验中（红色印）
东昌府臨清磚（红色印）
□记（黑色印）
艾记（黑色印）
民记（黑色印）
七年米□（黑色印）
楊记（白色印）
丁國□（白色印）
孫龍壽（白色印）
審磚臨清（红色印）
山陵（红色印）
验（红色印）
周□□（红色印）

12. 杂项款

足製
加泒
一作（作坊款）
二作（作坊款）
三作（作坊款）
篆字款
聚盛磚人
二作磚匠張安
□□二十日
□□年　月　日停滚□
嘉靖十七年秋季窑户暢綸造（阴阳字款）
蒲州中卫千户所造（反字款）
年例　嘉靖十年春窑户孫□為大名府造（长短两面款）
天啓元年窑户錢歧作頭□□□（错印款，先印（万历）四十八年款，后改印天启元年款）
嘉靖伍年臨清廠精造窑户陳経（折印款）
四号
自
匠作□□
匠作崔整

（本书砖铭图片摄影：蔡青、严师、蔡亦非、李黛、蔡兴文、陈玮）

京杭运河杭州段

山东临清卫运河

作者考察临清砖窑遗址

严师　摄

二十世纪初
东直门南段城墙内侧

二十世纪初
内城南城墙外侧

北京内城东南角楼西侧残存城墙

作者考察皇城墙铭文城砖

张世文 摄

作者实地考察铭文城砖

张世文　严师　摄

作者实地考察铭文城砖

张世文　摄

作者在山东临清考察城砖

作者在苏州昆山市锦溪镇考察

严师　摄

城砖铭文图版
明清北京城砖铭文

明中都（凤阳）城砖铭文（选录）

淮安府海州提調官劉□□
司吏徐庸作匠朱惠山
洪武七年 月 日造

赣州府赣县造

凤阳卫中左所百户台興揔旗万□□小旗
□順軍曹王十造

（来源：王剑英，《明中都研究》，北京：中国青年出版社，2005，7）

火字九号捴旗汪興

木字三号

土字一号

新喻縣均几夫造

明南京城砖铭文（选录）

洪武元年造

洪武七年均千夫造城砖工匠黄一

廣洋右衛洪武七年

飛熊衛左五所

吉安府委提調官王庸府吏吳□
泰和縣提調官縣丞臧浦司吏康彥

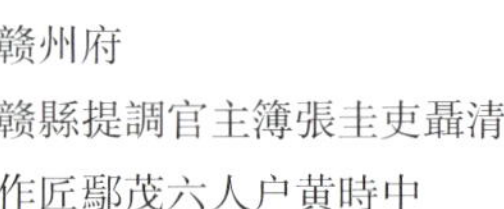

赣州府
贑縣提調官主簿張圭吏聶清
作匠鄢茂六人户黄時中

總甲李仁甫甲首黄克紹小甲鄒用和
窑匠黄五人夫遠近中

南昌府提調官通判王武司吏萬宗程
新建縣提調官主簿劉進億司吏熊晟

荆州府潜江縣提調官主簿孫好李
司吏譚華作匠魯四
洪武七年 月 日

揔甲易仁仲甲首易賢伯小甲敖旺
窑匠李勝輕何層潮造磚人夫陽仁唐

袁州府提調官通判隋賛 司吏任俊
萍鄉縣提調官縣丞唐季静司吏何立之

（来源：南京市明城垣史博物馆编撰，《南京城墙砖文》，南京：南京师范大学出版社，2008，5）

明清北京城砖铭文

1. 皇朝款（按朝代前后排序）

明代部分 | **成化（1465—1487）**

成化七年八月二十四日
直隸寧國府寧國縣管工委官□□
□□匠高手郭永 □匠陶叔芳造

直隸松江府金山衛管工委官指挥魏文照磨任軫
華亭縣提調官知縣郭倫所縣委官鎮撫袁玉典史李誠吏馬澄
成化拾年 月 日造 黑窑匠高大壽 謝阿魚

直隸松江府金山衛管工委官指挥魏文照磨任輅
華亭縣提調官知縣郭倫所縣委官鎮撫袁玉典史李誠吏馬澄
成化拾年　月　日造　黑窑匠高大壽謝阿魚

直隸松江府金山衛管工委官指挥魏文照磨任輅
上海縣提調官知縣李㴾所縣委官百户華珪縣丞湯舉該吏王愷
成化拾年　月　日造　黑窑匠計文恭金福海

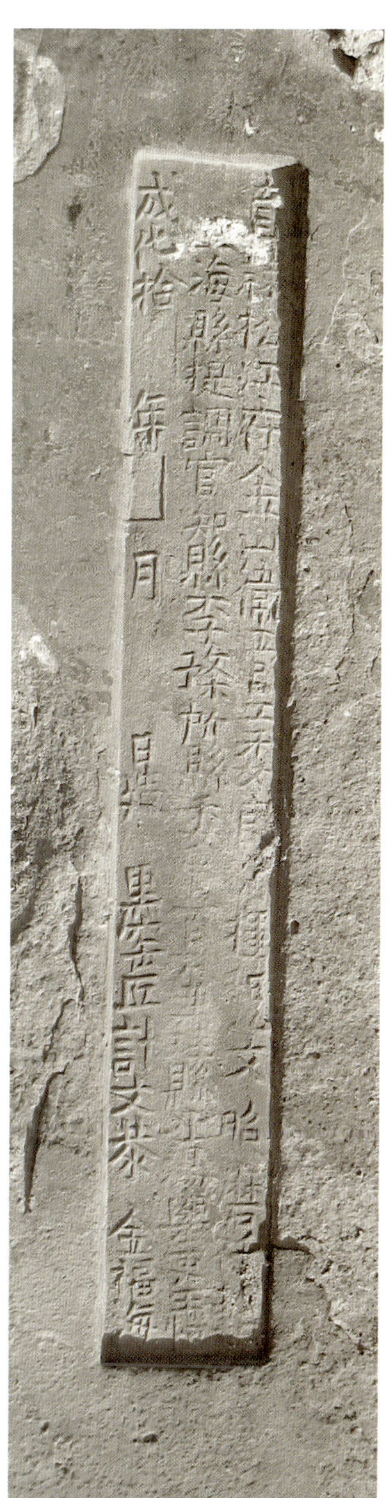

直隸松江府金山衛管工委官指挥魏文照磨任輅
上海縣提調官知縣李㴾所縣委官百户華珪縣丞湯舉該吏王愷
成化拾年　月　日造　黑窑匠計文恭金福海

直隶□□□
成化十年太湖縣□□

直隸蘇州府衛管工委官指挥鲁洪知事趙榮
吳縣提調官知縣陳振所縣委官千户唐弘薛璘該吏□□
成化拾年 月 日造 黑窑匠錢行 陸行 曹昌

直隸蘇州府衛管工委官指挥鲁洪知事趙榮
常熟縣提調官知縣黄慶所縣委官千户唐弘
主簿□□該吏陳安
成化拾年 月 日造 黑窑匠錢行 陸行 曹昌

（局部）

直隸蘇州府衛管工委官指挥鲁洪知事趙榮
吴縣提調官知縣陳振所縣委官千户唐弘
主簿于通該吏屠嵩
成化拾年 月 日造 黑窑匠錢行 陸行 曹昌

直隶松江府金山衛管工委官指挥魏文照磨任輅
華亭縣提調官知縣郭倫所縣委官鎮撫袁玉典史
李誠吏馬澄
成化拾年 月 日造 黑窑匠高大壽 謝阿魚

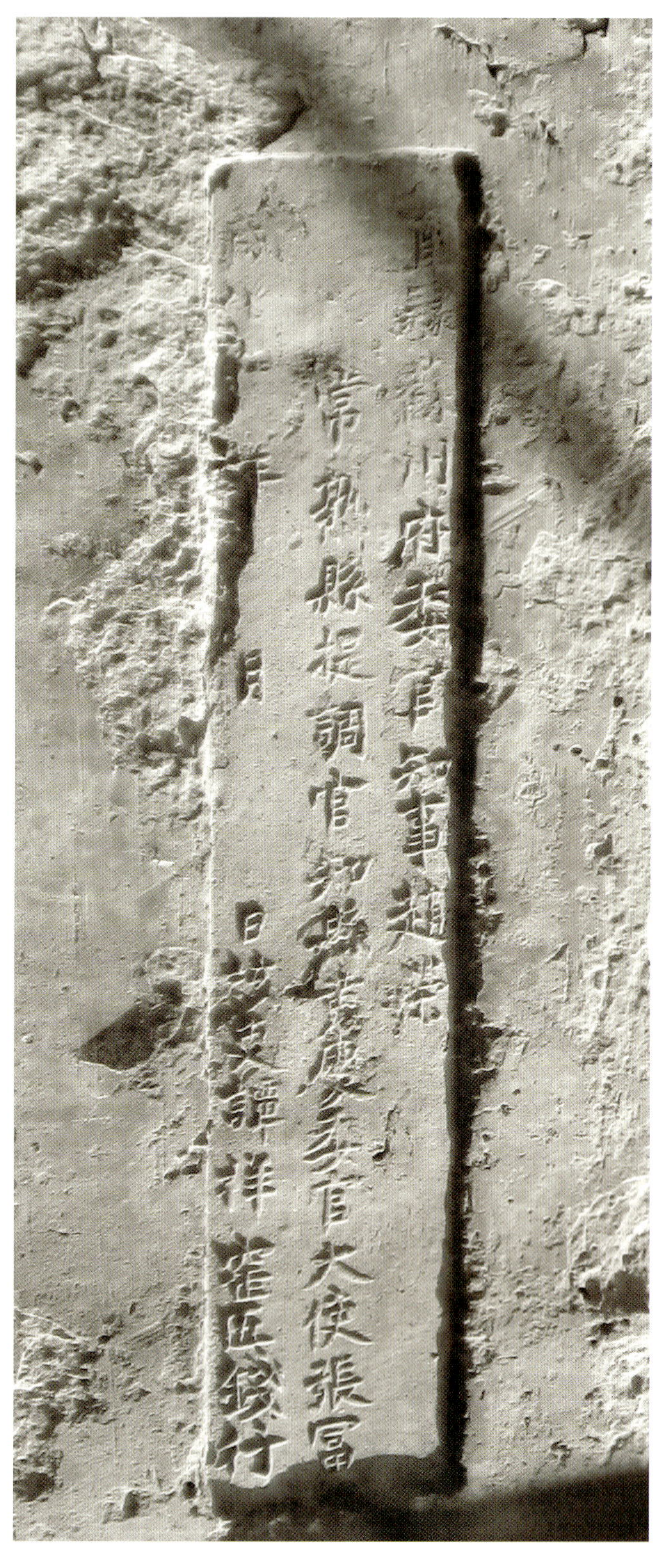

直隸蘇州府委官知事趙榮
常熟縣提調官知縣黄慶委官大使張富
成化拾年 月 日 該吏譚祥 窑匠錢行

成化十二年四月初一日直隶河間府静海縣

成化拾柒年元城縣窑造

成化拾柒年　月　日
冠縣窑造

成化拾柒年　月　日直隸真定府涞州窑造

成化　年 月 日鷄澤縣窑造

成化十七年真定衛窑造

成化拾柒年 月 日懷慶衛前所造

成化十七年德州窑造

成化十七年七月 日長山縣窑造

成化拾柒年 月 日觀城縣造磚

成化十七年七月 日堂邑縣窑造

成化十七年 月 日胙城縣窑造

□□□武進縣委官縣丞鄒□
成化拾柒年 月拾伍日造
□□□□吏葉進

直隸常州府委官知事王忠
无錫縣委官縣丞朱□
成化拾柒年拾月

成化十七年六月十四日
直隸太平府管工推官張興
當塗縣管工委官驛丞朱□
黑窑匠高手□□
人匠焦回平造

成化拾柒年城武縣窑造

直隸太平府委官推官張政
蕪湖縣委官何治所官李□
成化十七年六月十五日　高手窑匠王□　匠作□□

直隸常州府委官知事王忠
无錫縣委官縣丞朱□
成化拾柒年拾月

成化十七年 月 日臨清縣窑造

成化拾柒年柒月 日汲縣窑造

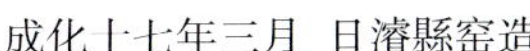

成化十七年三月 日濬縣窑造

成化十七年七月初一日□□

成化拾柒年元城

成化十七年五月　日鄒平縣窑造

成化十七年五月分夏津縣窑造

成化拾柒年 月 日輝縣窑造

成化拾柒年 月 日湯陰縣窑造

成化十七年五月 日鄒平縣窑造

成化十七年 月 日利津縣造

成化十七年 月 日威縣窑造

成化十七年汲縣窑造

成化十七年五月 日禹城縣

成化拾柒年 月 日朝城縣窑造

成化十七年五月 日禹城縣

成化十七年 月 日青州造

成化十七年湯陰縣窑造

成化十七年湯陰縣窑造

成化十七年五月　日鄒平縣窑造

成化十七年 月 日商河縣造

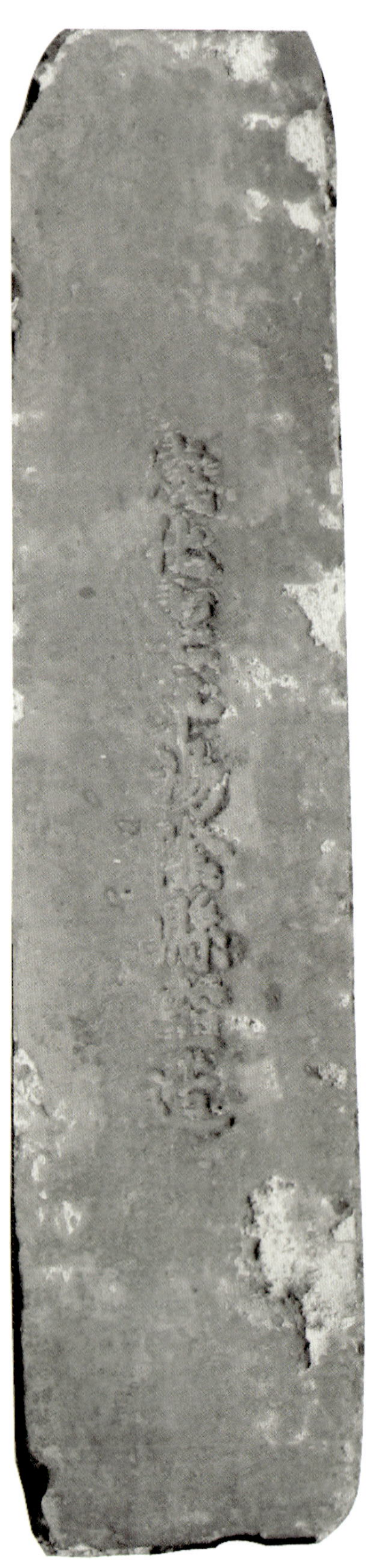

成化十七年湯陰縣窑造

成化拾柒年　月　日湯陰縣窑造

成化十七年 月 日宣武衛窑造

成化十七年七月　日堂邑縣窑造

成化十七年彰德衛造

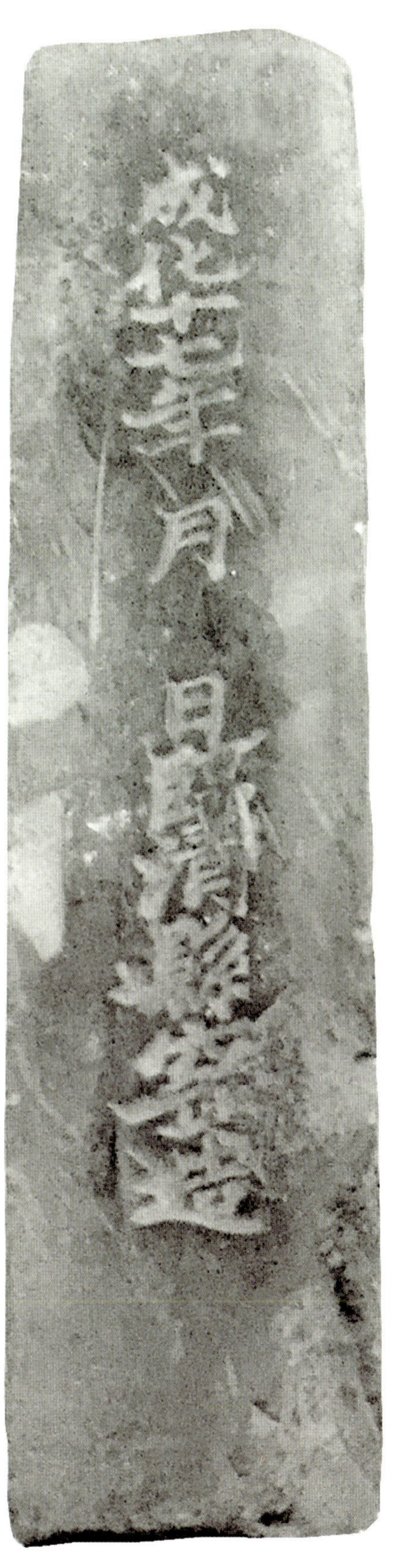

成化十七年　月　日臨清縣窑造
（来源：临清博物馆）

成化十七年 月 日臨清縣窑造
（来源：临清博物馆）

成化十八年 月 日冠縣窑造

成化十八年東昌府□□□□

成化十八年　月　日汶上縣窯造

成化拾捌年 月 日臨清縣窯造

成化拾捌年 月 日臨清縣窑造

成化十八年利津縣窑造

成化十八年高唐州窑造

成化十八年陵县窑造

成化十八年 月 日獻縣窑造

成化十八年直隸和州委官□□□□
該吏羅檄

成化十八年章丘縣窑造

成化十八年　月　日平山衛窑造

成化十八年聊城縣窑造

成化拾捌年陵县窑造

成化十八年高唐州窑造

直隸常州府委官知事王忠
無錫縣委官縣丞朱璉
成化拾捌年四月 日造
高手匠□□

直隸常州府委官知事王忠
無錫縣委官縣丞朱□
成化拾捌年四月 日

成化十八年高唐州窑造

成化拾捌年壽張縣造

裕慶成化十八年 月 日臨清縣窑造

成化十八年高唐州窑造

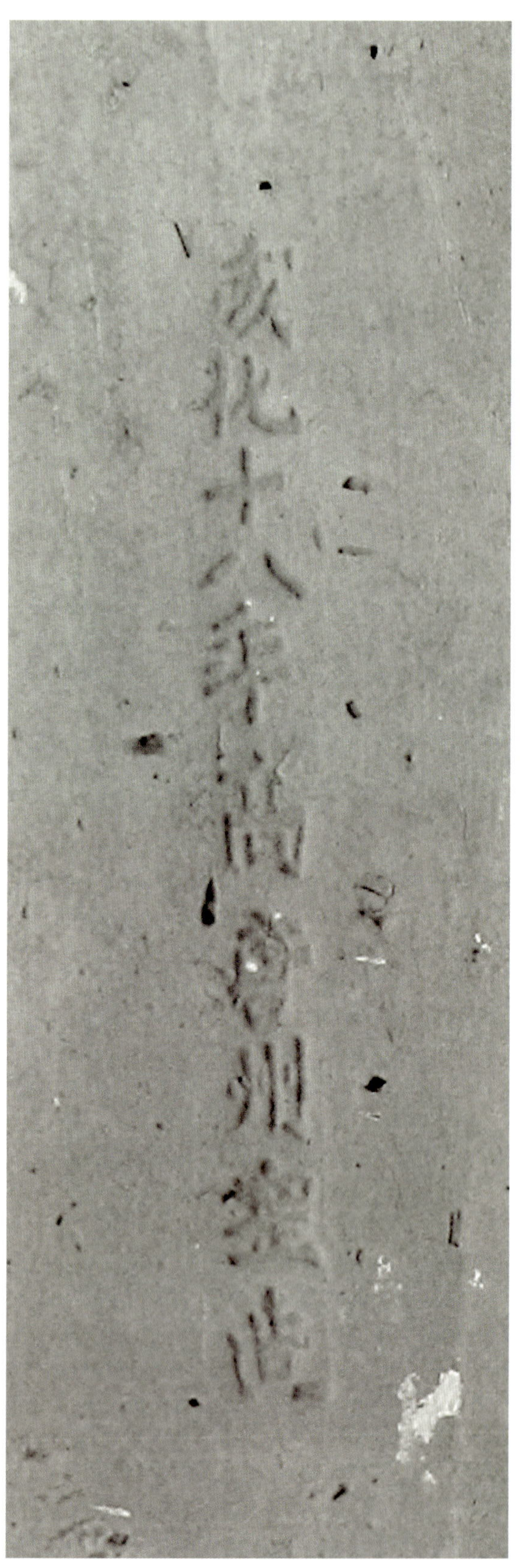

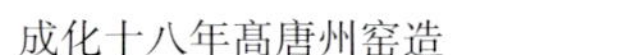
成化十八年高唐州窑造

（局部）

成化十八年青河縣窑造

成化十八年高唐州窑造

成化拾玖年新鄉縣造

直隸寧國府
寧國縣管工委官□□
管工老人張瑞高手郭泉平陶叔芳造
成化十九年 月 日

成化十九年 月 日潼関衛窑造

成化十九年禹城縣窑造

成化十九年 月 日原武縣窑造

成化十九年禹城縣窑造

成化拾玖年 月 日淇縣窑造

成化拾玖年 月 日
德州窑造

成化拾玖年 月 日 淇縣

成化十九年莘縣窑造

成化十九年高唐州窑造

直隶太平府管工□□□□
當塗縣管工委官□□□□
□□□□六月四日黑窑匠□□

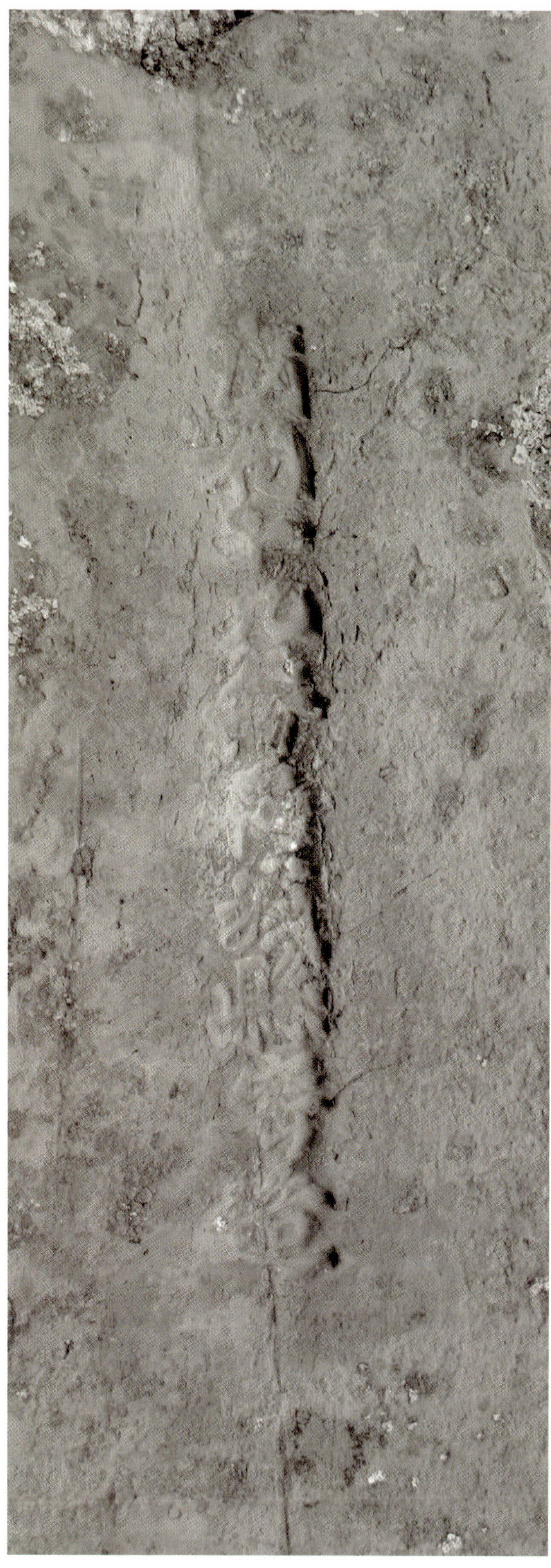

成化十九年禹城縣窑造

直隸松江府金山衛管工委官指挥魏文□□□□
上海縣提調官□□□□□□□
成化十九年 月 日造 □□窑匠計文恭 金□□

成化拾玖年長垣縣窑造

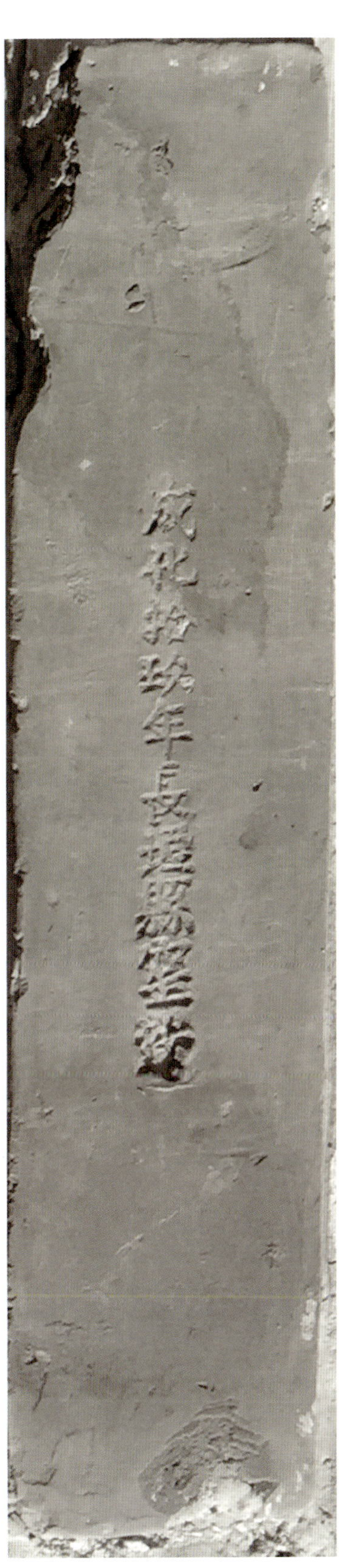

成化拾玖年長垣縣窑造

成化十九年 月 日金鄉縣窑造

成化拾玖年新鄉縣造

成化十九年虞雲縣窑造

成化十九年　月　日□□縣窑造

弘治（1488—1505）

弘治三年 月 日東昌府武城縣

弘治三年陽信縣補造

弘治四年 月 日曹州廠燒造

清豐縣弘治肆年造

弘治八年青城縣补造拖欠甎

弘治八年利津縣

弘治八年 月 日臨清州窑造

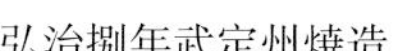
弘治捌年武定州烧造

弘治八年清平縣窑造

弘治捌年滑縣窑造

直隸蘇州府委官經歷武瑄
弘治 年 月 日該吏正輔窑户倪華八

弘治八年直隸寧山衛造

弘治八年武陟縣造

弘治捌年陽武縣窑造

弘治捌年窑造

弘治捌年窑造

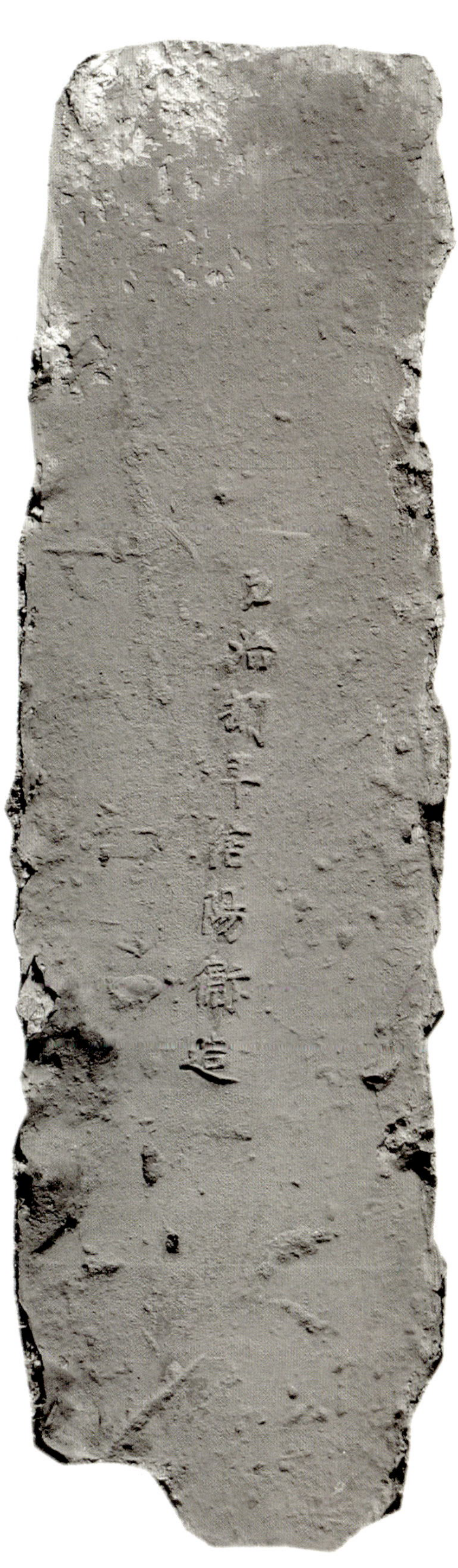

弘治捌年信陽衛造

弘治捌年捌月
委官直隸常州府推官汪璡
武進縣主簿詹□

弘治捌年廣平縣窑造

直隸蘇州衛指揮使司提調委官指揮使張欽
首領官經歷趙俊
弘治八年 月 日 該吏温瀛窑户□清

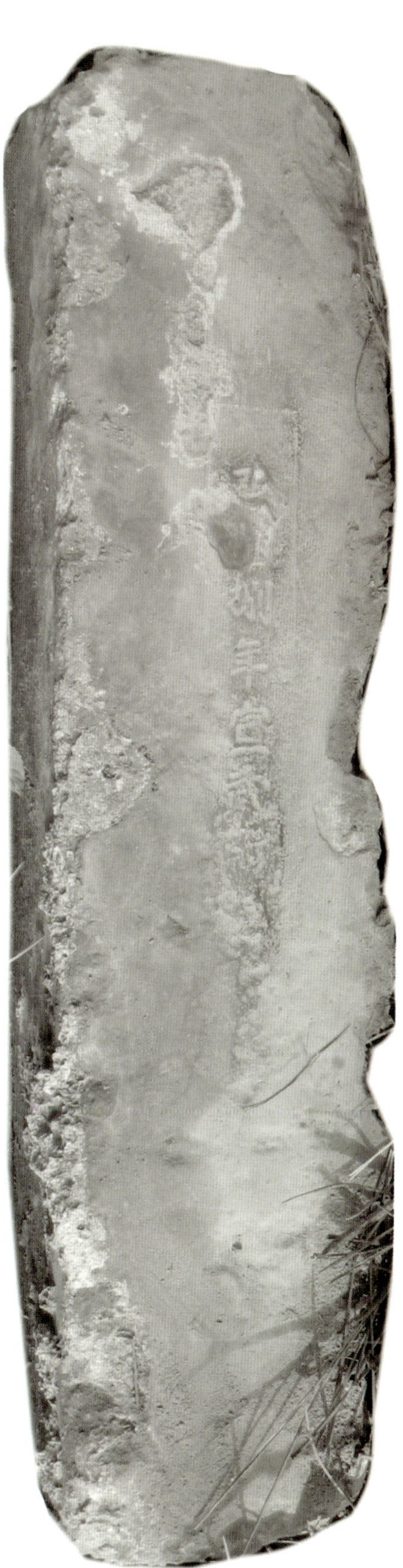

弘治捌年宣武衛□

弘治捌年淇縣窑

□□□□□委官通判李謤
崑山縣提調官知縣張弼委官縣丞夏□
弘治八年 月 日 該吏施慶窑匠□□

弘治捌年捌月
委官直隸常州府推官汪璡

直隸蘇州衛指揮使司提調委官指揮使張欽
首領官經歷趙俊
弘治八年 月 日 該吏温瀛 窑户趙紀

直隸松江府上海縣提調官知縣□□
本縣燒磚局大使李□
弘治八年 月 日 司吏□□

弘治捌年捌月
委官直隸常州府推官汪璡
武進縣主簿詹鏜匠作□□

弘治八年開州造

弘治八年蒲臺縣□□

直隶蘇州府委官通判李滸
吳縣提調官知縣□□
弘治八年 月 日 該吏龍口 窑匠王□

弘治八年輝縣窑造
（来源：临清博物馆）

弘治捌年滑縣窑造

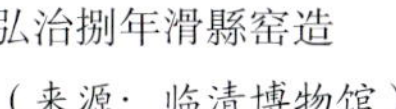

（来源：临清博物馆）

弘治捌年鄆城縣窑造

弘治玖年清平縣窑造

弘治拾年 鄆城縣窑造

弘治十年 月 日造

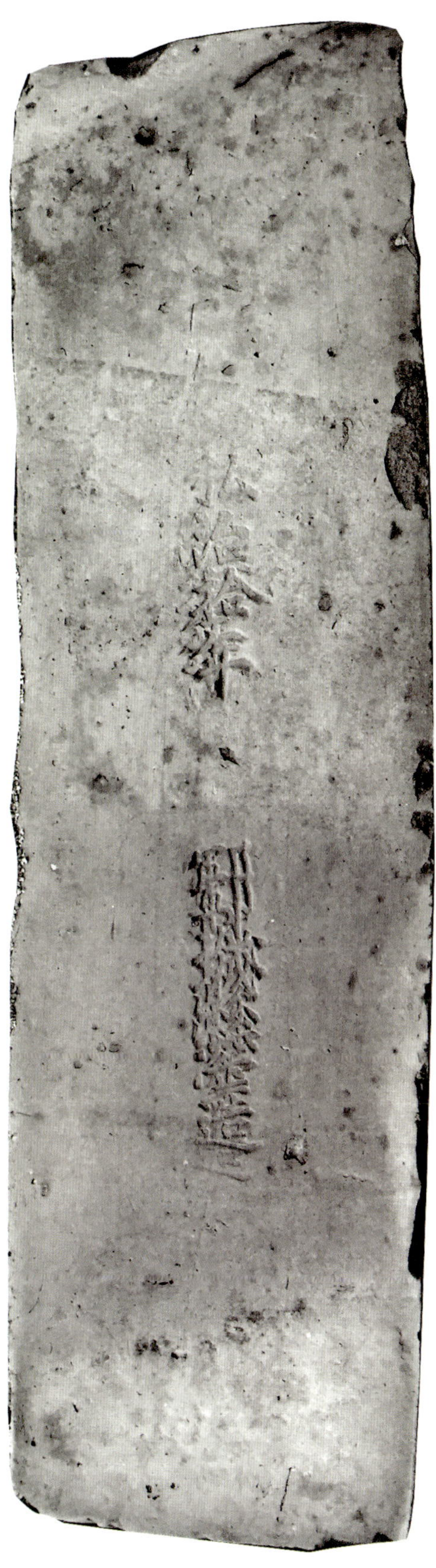

弘治拾年 鄆城縣窑造

弘治十三年長山縣□□

弘治十三年濮州窑造

弘治十三年冠縣窑造

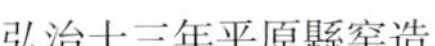
弘治十三年平原縣窑造

弘治十叁年商河縣窑造新磚

弘治十三年陵縣窑造

弘治拾叁年滄州燒造

弘治拾叁年濟南衛燒造

弘治十三年青城縣□□

鎮海衛委官指揮姜幹
弘治十三年 月 日窑夫徐偉等造

（局部）

弘治十三年平原縣窑造

弘治十三年 月 日东昌府造

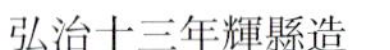

弘治十三年輝縣造

（局部）

直隶和州含山縣委官典史何□
弘治十四年三月 日

弘治十三年淄川縣造

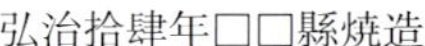

弘治拾肆年□□縣烧造

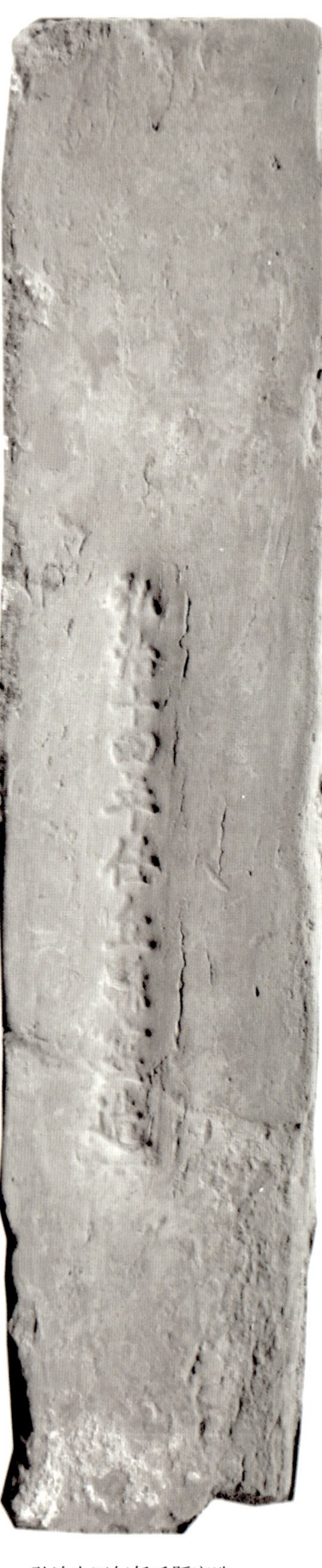

弘治十四年任丘縣窑造

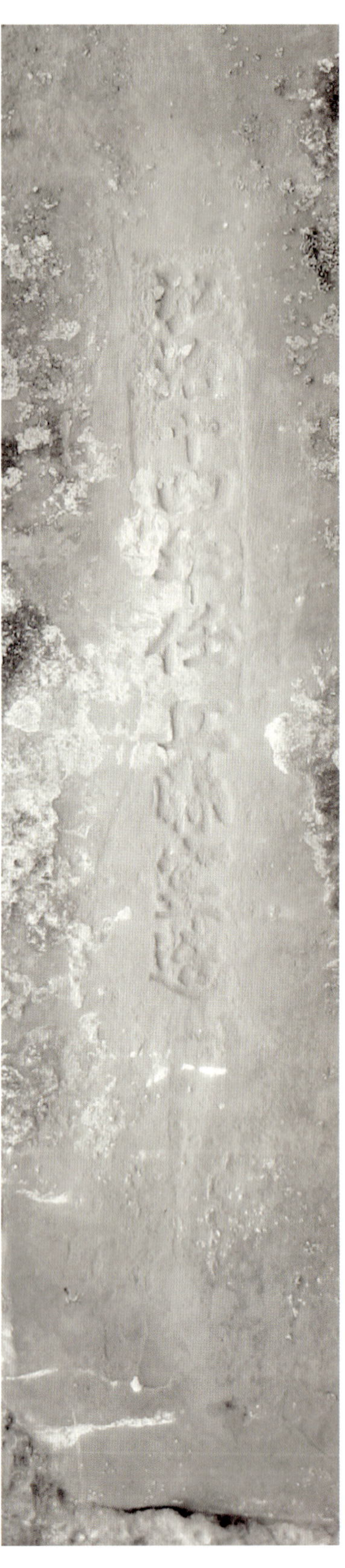

弘治十四年任丘縣窑造

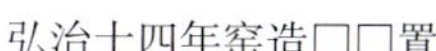

弘治十四年窑造□□置

弘治拾肆年安陽縣燒造

弘治拾肆年安陽縣燒造

弘治拾肆年東明縣窰造

弘治十四年修武縣窑造

（局部）

弘治十四年修武縣窑造

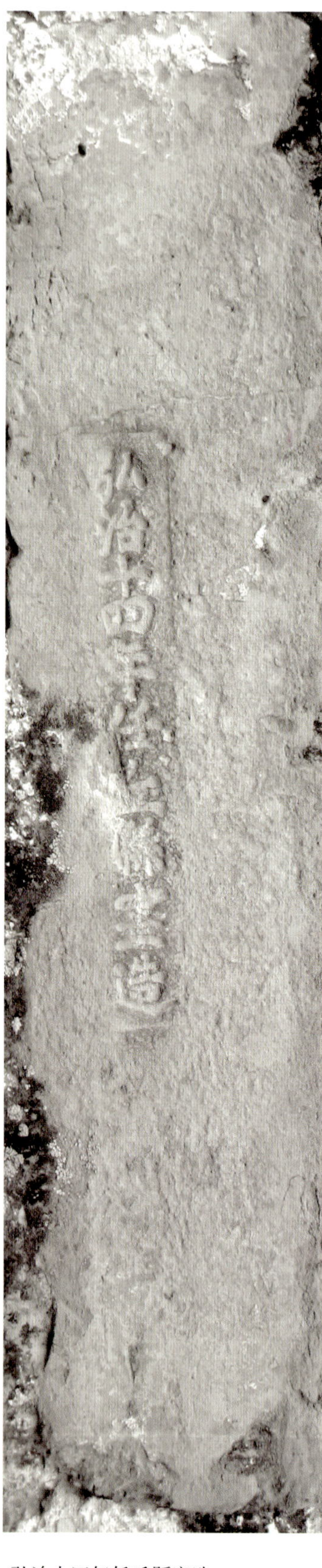

弘治十四年任丘縣窑造

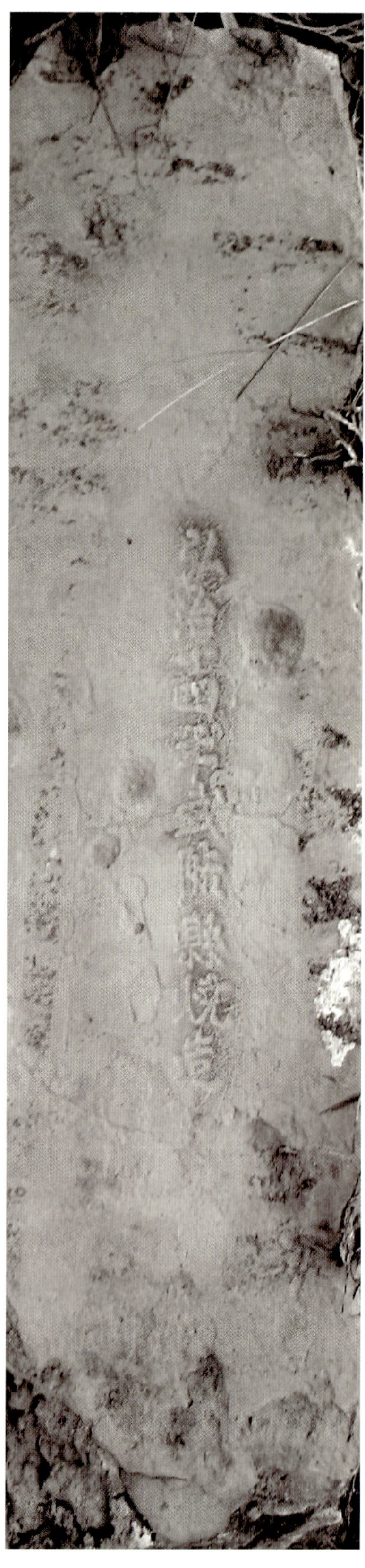

弘治十四年武陟縣燒造

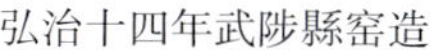
弘治十四年武陟縣窑造

弘治拾肆年滑縣窑造

直隸金山衛委官指揮□□
弘治十四年委官該吏張朴匠作徐浦

應天府委官通判戴昊
上元縣委官典吏陳森
弘治拾肆年 月 日 該吏郭時聰窑匠趙隆

應天府委官通判戴昊
上元縣委官典史陳森
弘治拾肆年 月 日 該吏郭時聰 窑匠趙隆

弘治十四年武陟縣燒造

應天府委官通判戴昊
江寧縣委官典史陳奇
弘治拾肆年 月 日 該吏郭時聡窑匠曹□

應天府委官通判戴昊
上元縣委官典史陳森
弘治拾肆年 月 日 該吏郭時聰窑匠趙隆

應天府委官通判戴昊
上元縣委官典史陳森
弘治拾肆年 月 日 該吏郭時聰窑匠趙隆

直隸松江府委官通判單□□□□□
上海縣提調知縣郭□□□□□□□
弘治十四年 月 日 該吏曹□□□□□

應天府委官通判戴昊
上元縣委官典史陳森
弘治拾肆年　月　日 該吏郭時聰窑匠□□

應天府委官通判戴昊
上元縣委官典史陳森
弘治拾肆年　月　日 該吏郭時聰窑匠趙隆

直隸松江府委官通判單元　陽字一号
上海縣提調知縣郭經委官主簿王善
弘治十四年　月　日 該吏曹淮　匠作吳雍

弘治拾肆年安陽縣燒造

弘治拾肆年大名府濬縣造

直隸安庆衛委官指揮仓□朱□
右千户所百户刘□□
弘治拾肆年 月 日 小甲趙錢 匠人吳□

應天府委官通判戴昊
江寧縣委官典史陳奇
□□□□□□ 日造 該吏郭時聡窑匠曹□

直隶楊州府江都縣委官
典史□□窑户□□
正德□□ 月 日造

□□□□應天府句容縣窑匠李双四造

應天府句容縣窑匠謝禮造

正德丁卯應天府句容縣窑匠李秀五燒造

正德丁卯年應天府句□□

正德丁卯年應天府句容縣窑匠謝禮造

正德丁卯年應天府句容縣窑匠朱昂造

直隸楊州府江都縣委官□□
典史□□窑户□□
正德二年 月 日

正德丁卯年應天府句□□

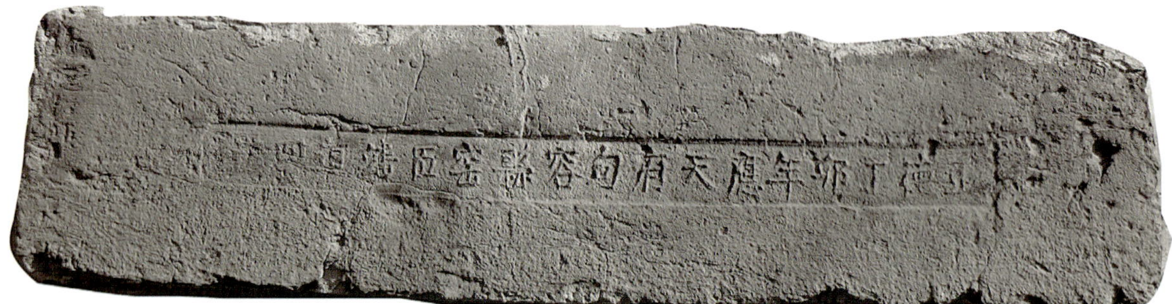

正德丁卯年應天府句容縣窑匠潘道四造

正德丁卯年應天府句容縣窑匠朱昂造

正德丁卯年應天府句容縣窑匠董貴四造

正德丁卯年應天府句容縣窑匠朱昂造

直隶蘇州府委官經歷陳震該吏景質
正德二年五月 日窑户王縉造

（局部）

安慶府提調官知府周洪□□□□
怀寧縣提調官知縣趙鏗委官主簿張□
正德二年

直隸松江府委官經歷夏□□該吏□□
正德二年五月 日窑户□□

應天府委官通判□□□
江寧縣委官縣丞 □□□
正德二年 月 日

應天府委官通判郭濬
上元縣主簿孔瑄該吏韓□
正德二年 月 日老人陳泰窑匠趙□

直隸安慶府提調官知府□□□□□□
桐城縣提調官□□□
正德貳年捌月 日高手人匠

應天府
正德二年句容縣□□□

應天府委官通判郭濬
江寧縣縣丞彭鋭該吏章洪
正德二年 月 日老人曹剛窑匠曹勝

□□□□□□委官□□
□□窑燒造
正德二年六月吉日

應天府
句容縣官磚窑□□□
正德貳年

應天府委官通判郭濬
上元縣委官主簿孔瑄該吏韓□
老人陈泰窑匠趙□

應天府委官通判戴昊
上元縣委官典史陳森
正德口年 月 日 該吏郭時聰窑匠趙隆

（局部）

應天府委官通判郭濬
上元縣主簿孔瑄□□□□
正德二年 月 日老人陳赤窑匠□□

（局部）

直隸蘇州府委官經歷陳震該□□□
正德二年五月　日窑户□□□

應天府句容縣窑户王謙造
正德貳年　月　日

應天府委官通判郭濬
江寧縣縣丞□鋭□□□
正德二年　月　日老人曹剛窑匠□□

直隸蘇州府委官知事齊仁武該吏□傑
正德三年三月 日窑户徐寛造

正德十年□□□造

直隸蘇州府委官經歷陳震該吏景質
正德十年五月 日窑户金蘭造

（局部）

正德拾年 月 日廣平府造

正德十年 造

正德十年高唐州造

正德拾年封丘縣窑造

正德十年脩武縣窑造

正德拾年濱州窑

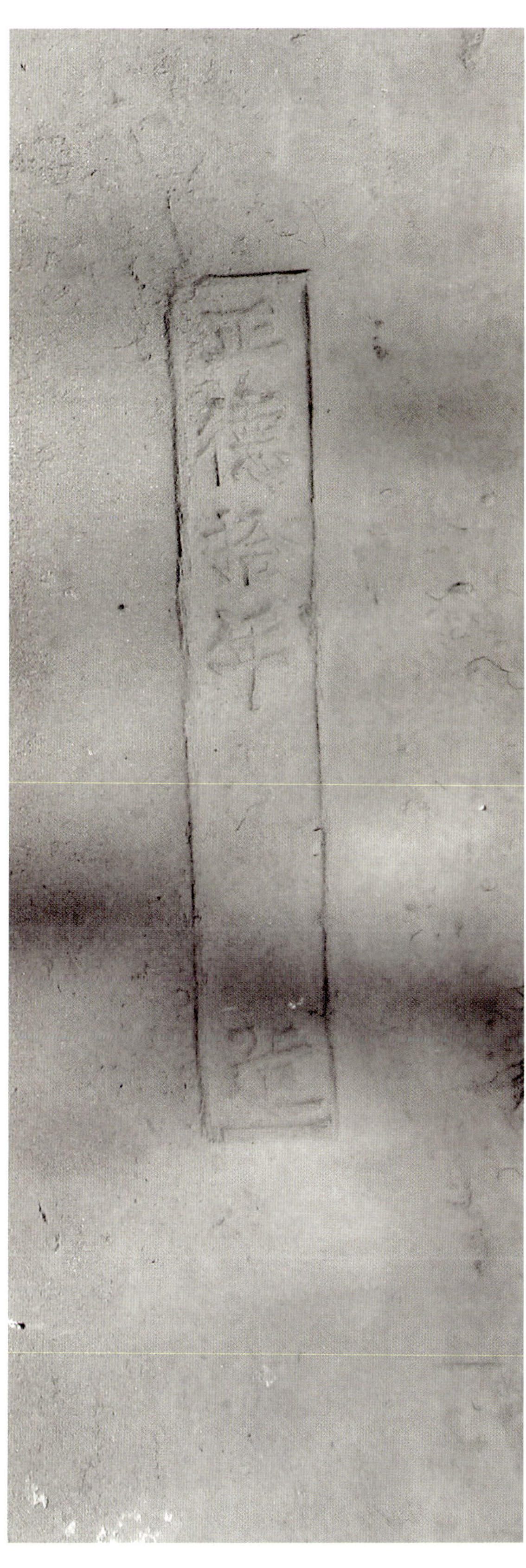

正德拾年 造

正德十年堂邑縣 造

正德拾年封丘縣窑造

正德十年臨清州造

正德拾年堂邑縣造

正德十一年 月 日青州左衛造

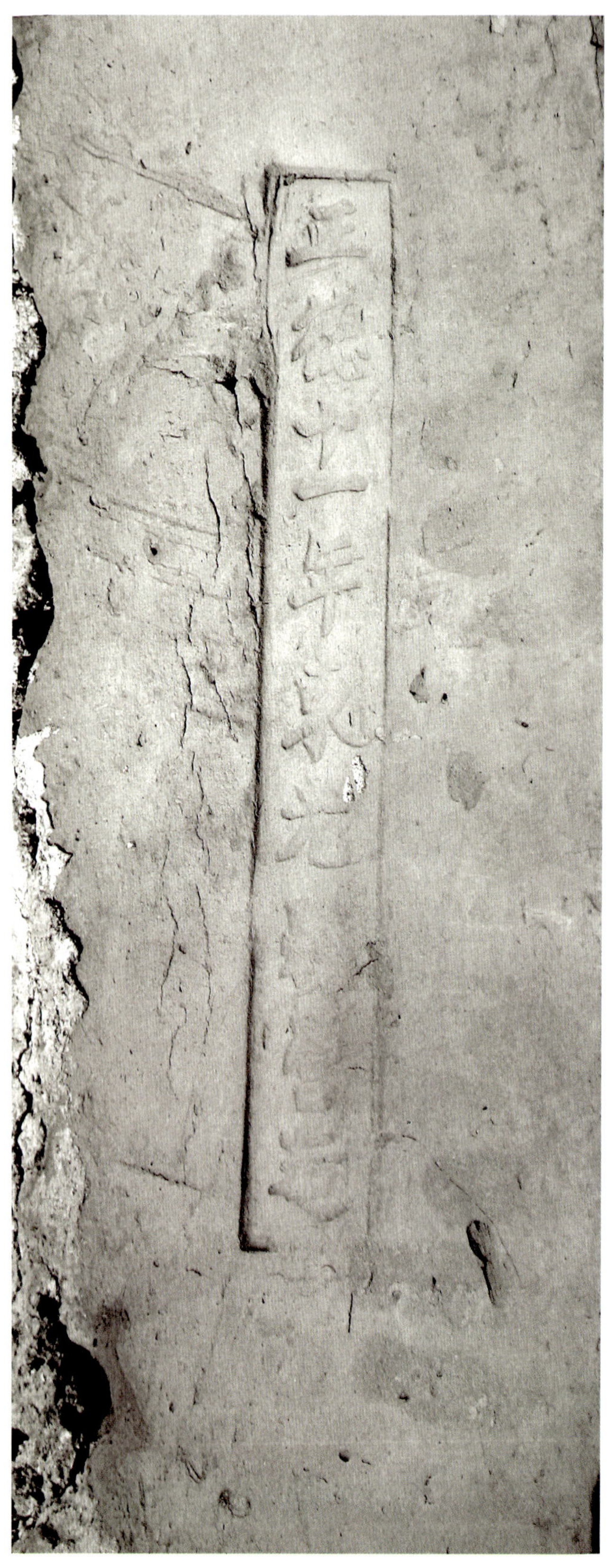

正德十一年東光縣營造

正德十一年 月 日青州左衛造

嘉靖叁年窑造

（局部）

嘉靖三年〇鑑造

（局部）

嘉靖三年大造

（局部）

嘉靖三年大造

（局部）

嘉靖三年裴宗造

（局部）

嘉靖三年宥造

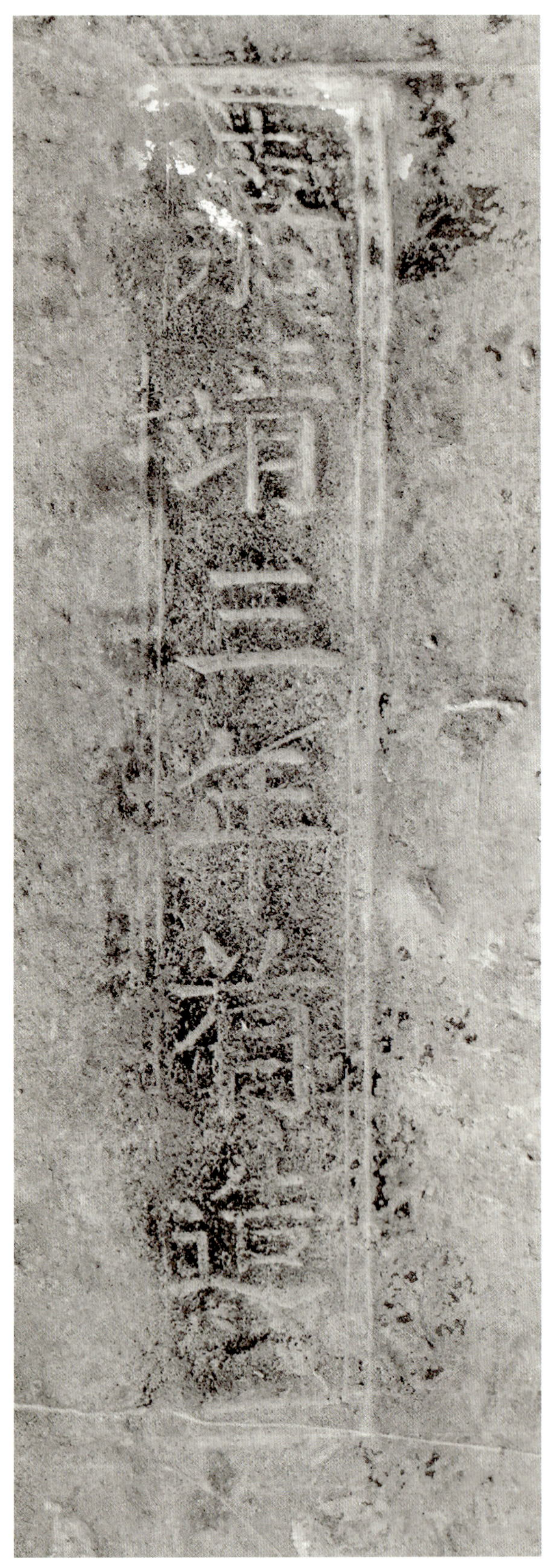

（局部）

嘉靖三年宥造

（局部）

嘉靖三年偉造

（局部）

嘉靖三年先窑造

（局部）

嘉靖叁年窑造 惠記

（局部）

嘉靖叁年傑造

嘉靖叁年傑造

嘉靖叁年窑造芳記

（局部）

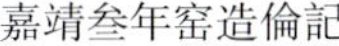

嘉靖叁年窑造倫記

嘉靖叁年窑造倫記

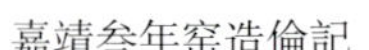

嘉靖叁年窑造倫記

（局部）

嘉靖叁年窑造倫記

（局部）

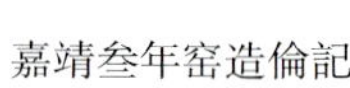
嘉靖叁年窑造倫記

嘉靖叁年窑造倫記

嘉靖叁年窑造 信記

（局部）

嘉靖叁年窑造 信记

（局部）

嘉靖叁年埜造

（局部）

嘉靖叁年鎮造

（局部）

嘉靖叁年窑

嘉靖叁年窑造 惠記

嘉靖三年 文 窑造
（来源：临清博物馆）

嘉靖三年 文 窑造

（局部）

嘉靖叁年成造

嘉靖三年春季窑户胡永清造

嘉靖三年嚚造

嘉靖三年 文 窑造

嘉靖三年楊杲造

嘉靖叁年 月 日窑 造

嘉靖三年 造

嘉靖叁

嘉靖叁年卜造

嘉靖叁年杲造

嘉靖叁年烧造

嘉靖叁年宣造

嘉靖叁年窑造□記

嘉靖叁年窑造倫記

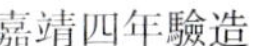

嘉靖四年驗造

嘉靖肆年月日窑造

直隷赣州府委官通判羅達該吏孫怡
嘉靖肆年赣縣□□□窑户莊勝造

（局部）

□□□委官通判口口該吏孫怡
嘉靖肆年肆月 日窑户蒋符蒋定造

嘉靖四年秋季窑户畅綸造

嘉靖四年春季窑户欒鎧造

嘉靖伍年臨清廠精造窑户杜珽

（局部）

嘉靖伍年臨清廠精造窑户李繼

（局部）

嘉靖伍年臨清廠精造窑户吕政

（局部）

嘉靖伍年臨清廠精造窑户裴斐

（局部）

嘉靖伍年臨清廠精造窑户孫傑

嘉靖伍年臨清廠精造窑户孫傑

嘉靖伍年臨清廠精造窑户孫傑

（局部）

嘉靖伍年臨清廠精造窑户孫倫

嘉靖伍年臨清廠精造窑户孫倫

嘉靖伍年臨清廠精造窑户孫倫

嘉靖伍年臨清廠精造窑户孫倫

嘉靖伍年臨清廠精造窑户譚得成

嘉靖伍年臨清廠精造窑户□□

嘉靖伍年臨清廠精造窑户許友　　（局部）

嘉靖伍年臨淸廠精造窑户許友

嘉靖伍年臨淸廠精造窑户張宗

嘉靖伍年臨清廠精造窑户孫傑

嘉靖伍年臨清廠精造窑户孫傑

嘉靖伍年臨清廠精造窑户張宗

（局部）

嘉靖伍年臨清厰精造窑户祝澄

（局部）

嘉靖伍年臨清厰精造窑户陸經

嘉靖五年秋季臨清厰窑户畅纶 匠人孫現造

嘉靖伍年臨清厰精造 窑户孫傑

嘉靖伍年臨清廠精造窑户□□

嘉靖伍年臨清廠精造窑户吳鼎

嘉靖伍年臨清廠精造窑户孫倫

嘉靖伍年臨清廠精造窑户吳鼎

嘉靖伍年臨清廠精造窑户王釗

（局部）

嘉靖伍年臨清厰精造

嘉靖伍年臨清厰精造 窑户李繼
（来源：临清博物馆）

嘉靖伍年臨清廠精造窑户符居

嘉靖五年臨清廠精造窑户孫傑

嘉靖伍年臨清廠精造窑户符居

嘉靖伍年臨清廠精造窑户曲宣

嘉靖伍年臨清廠精造窑户孫□

嘉靖伍年臨清廠精造窑户王釗

嘉靖伍年臨清廠精造窑户姚鎮

嘉靖伍年臨清廠精造窑户趙鉞

嘉靖陸年臨清廠精造窑户孫倫　匠人王信

（局部）

嘉靖陸年臨清廠精造窑户李桒

（局部）

嘉靖陸年臨清廠精造窑户孫倫　匠人米德

（局部）

嘉靖陸年臨清廠精造窑户孫倫　匠人米德

嘉靖陸年臨清廠精造窑户孫倫　匠人任隆

嘉靖陸年臨清廠精造窑户孫倫　匠人任隆

嘉靖陸年臨清廠精造窑户孫倫　匠人孫堂

嘉靖陸年臨清廠精造窑户孫倫　匠人孫堂

嘉靖陸年臨清廠精造窑户孫倫　匠人孫堂

嘉靖陸年臨清廠精造窑户孫倫　匠人孫堂

嘉靖□年臨清廠精造窑户王釗

嘉靖陸年臨清廠精造窑户孫倫　匠人李刚

嘉靖柒年秋季窑户王禄造

嘉靖捌年窑户張世用造

嘉靖八年窑户孫銘獨造

嘉靖捌年分督造 窑户楊杲

嘉靖捌年分督造 窑户楊杲

嘉靖捌年分督造 窑户楊杲

嘉靖捌年分督造 窑户楊杲

嘉靖捌年分督造 窑户楊杲

（局部）

嘉靖捌年分督造 窑户楊杲

（局部）

嘉靖捌年分窑户吳世豪造

嘉靖捌年窑户杜迁造

嘉靖捌年窑户刘景孝造

（局部）

嘉靖捌年窑户杜迁造

嘉靖捌年窑户曲宣造

嘉靖捌年窑户曲宣造

嘉靖捌年窑户孫倫造　匠人孫堂

嘉靖捌年窑户孫倫造　匠人孫堂

嘉靖捌年窑户孫倫造　匠人李刚

嘉靖捌年窑户王惟忠造

嘉靖捌年窑户孫倫造　匠人李刚

嘉靖捌年窑户王惟忠造

嘉靖捌年窑户張世用造

嘉靖捌年窑户張世用造

嘉靖捌年窑户杜迋造

年例　嘉靖八年春窑户楊□□爲□□府造　張奉

嘉靖八年春窑户宋貴匠人胡大賢造

嘉靖八年窑户韓經造

嘉靖捌年窑户卜仝造

嘉靖捌年分督造窑户李輔

嘉靖捌年窑户符居造

嘉靖捌年窑户□□□　匠人□□

嘉靖捌年窑户楊文偉造

嘉靖捌年分窑户吴世十家造

嘉靖捌年窑户侯增造

嘉靖捌年窑户杜文造

嘉靖捌年窑户馬紳造

嘉靖捌年窑户孫倫造　匠人王信

嘉靖九年秋窑户孫倫為大名府造　匠人孫□

嘉靖九年秋窑户孫倫為大名府造　匠人王信

嘉靖九年秋窑户□□為齊南府造　匠人刘靈

嘉靖九年秋窑户李岳為南陽府造　匠人□□

嘉靖九年秋窑户侯增為齊南府造　匠人刘靈（长侧面）

大工（短侧面）

（局部）

大工　嘉靖九年秋季窑户盧畝為兖州府造

大工　嘉靖九年秋季窑户孫銘為開封府造

嘉靖九年□窑户孫倫為大名府造　匠人王信

□工　嘉靖九年秋窑户王保為东昌府造

嘉靖十年秋季窑户丁禄為東昌府造　匠人□□（长侧面）

大工（短侧面）

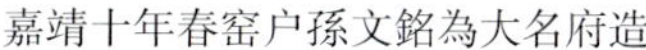

嘉靖十年春窑户孫文銘為大名府造

嘉靖十年春窑户張輔為汝寧府造

大工　嘉靖十年秋□□□□為河间府造

嘉靖十年秋季窑户李栾為兖州府造

嘉靖十年春窑户刘釗為保定府造

嘉靖十年春窑户孫文铭為大名府造

嘉靖十□年春季後厰户羅鳳造

嘉靖十年秋季窑户杜迋為登州府造

年例　嘉靖十年春窑户張倫為真定府造

嘉靖十年春窑户孫文銘為大名府造　匠人□□

嘉靖十年春窑户

嘉靖十年春窑户李□為□□府造

嘉靖十年春窑户孫文銘为大名府造　匠人王信

年例（短侧面）

嘉靖十年春窑户孫□□為大名府造　匠人王□（长侧面）

嘉靖十年春季窑户杲經荣為済南府造　匠人□□

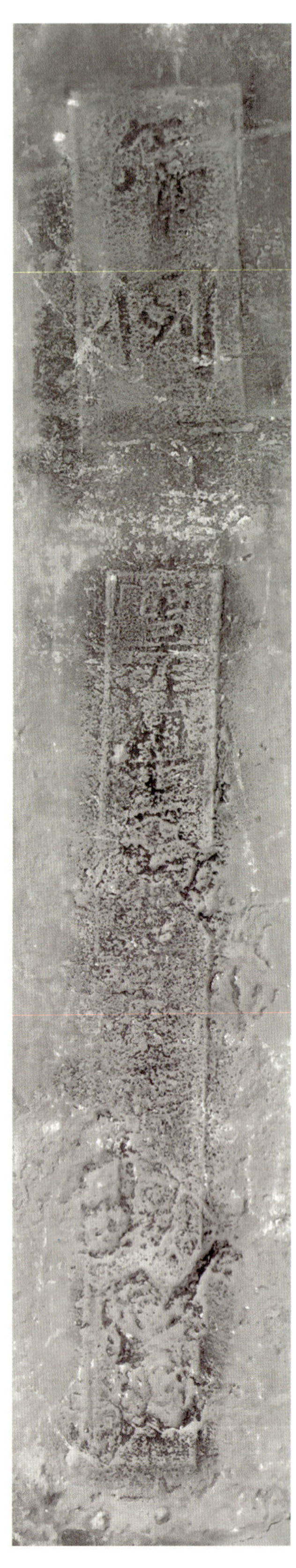

年例　嘉靖十年□□□□□□□

嘉靖十一年下厰窑户李继造

嘉靖十一年春季臨清厰窑户刘釗匠人王安造

年例　嘉靖十一年春季窑户□□□

嘉靖十一年秋季窑户孫文□□大名府造

嘉靖十二年秋季窑户曹吉造

嘉靖十二年秋季窑户裴□□

嘉靖十四年春季窑户張欽造

嘉靖十四年春季窑户張欽造

嘉靖十四年春季窑户李經造

嘉靖十四年秋季窑户张□造

嘉靖十四年春季窑户李清造

嘉靖十四年春季窑户裴斐造

嘉靖十四年春季窑户羅富造

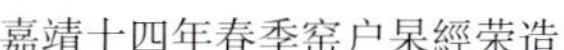

嘉靖十四年春季窑户杲經荣造

嘉靖十四年秋季窑户張欽造

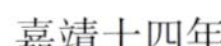

嘉靖十四年

嘉靖十五年秋臨清廠窑户周世隆造　匠人刘继宗

嘉靖十四年春季窑户刘世造

嘉靖十四年分窑户張欽造

嘉靖十五年秋季窑户孫文鋭造　匠人□□

嘉靖十五年秋季臨清廠窑户李舜卿造　匠人王□

嘉靖十五年秋季臨清厰窑户□□□匠人□□造

嘉靖十五年秋季臨清厰窑户裴斐匠人王名造

嘉靖十五年秋季臨清厰窑户姚鎮造　匠人□□□

嘉靖十五年秋季臨清厰窑户周世隆造　匠人刘继宗

嘉靖十五年秋季臨清厂窑户李清造　匠人王玉

嘉靖十五年秋季臨清廠窑户杜珽　匠人刘□□

匠人王隆　嘉靖拾伍年秋季窑户張欽造

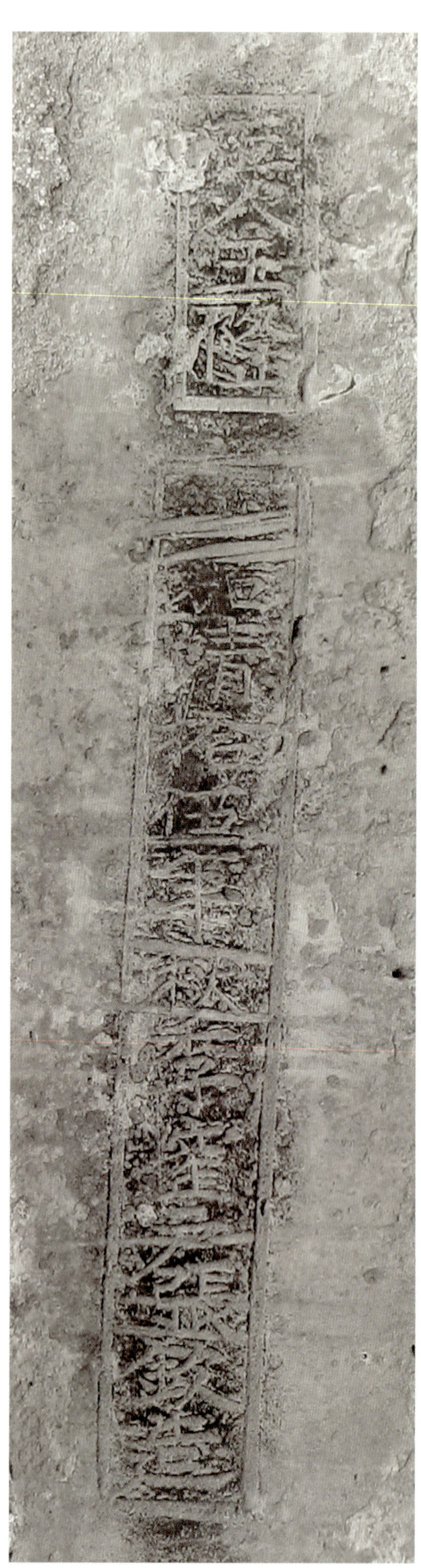

（局部）

嘉靖十五年秋季臨清廠窑户王吉工作牟淮造

嘉靖十五年秋季臨清廠窑户周世隆造　匠人趙□□

嘉靖十五年春季窑户孫文銘造

嘉靖十五年秋季臨清厰窑户周世隆造　匠人□□□

嘉靖十五年春季窑户周世隆造

嘉靖拾伍年窑户羅鳳造匠人鄭□□

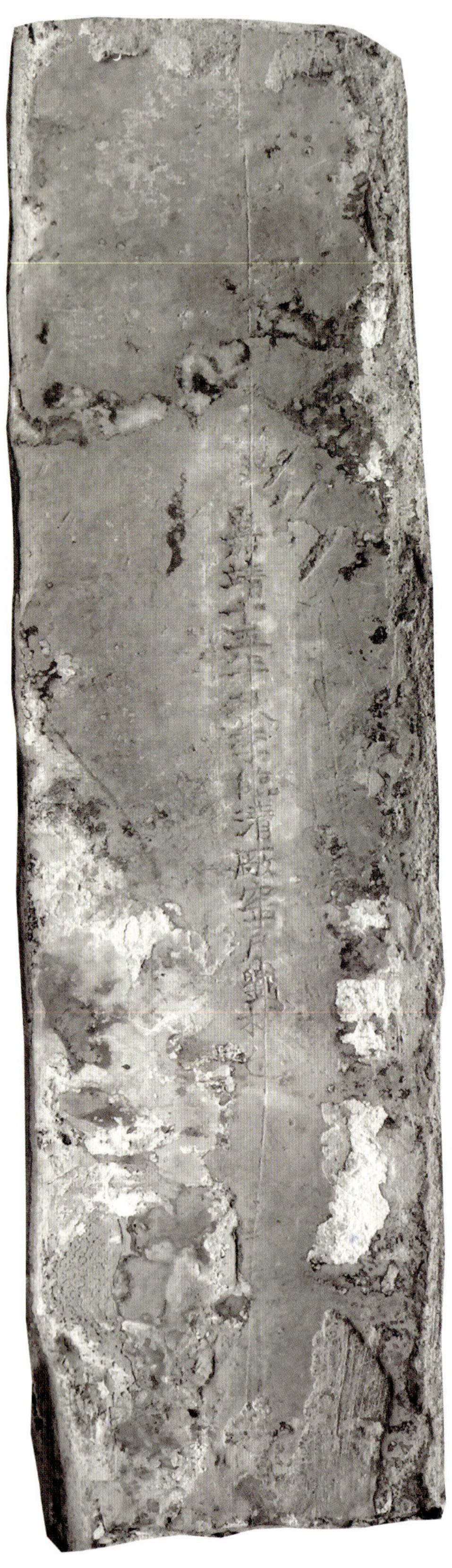

嘉靖十五年秋季臨清厰窑户劉松造

（局部）

嘉靖十五年秋季臨清廠窑户周世隆造　匠人刘継宗

嘉靖十五年秋季臨清廠窑户暢綸　匠人孫現造

嘉靖十六年春季窑户刘刚造

（局部）

嘉靖十六年春季窑户刘刚造

嘉靖十六年春季窑户李栾造　匠人曲梅

嘉靖十六年春季窑户林□造

嘉靖十六年分秋季窑户□□造

嘉靖十六年春季窑户□□□

嘉靖十六年春季窑户張欽匠人刘現造

嘉靖十六年春季窑户王廒匠人商讓造

嘉靖十六年春季窑户袁伯倉造

（局部）

嘉靖十六年春季窑户□□□

嘉靖十六年春季分窑户劉旺造

嘉靖十六年春季窑户□□匠人□□造

嘉靖十六年春季窑户□□□

嘉靖十七年春季窑户賈智造

嘉靖十七年秋季窑户閆浩造

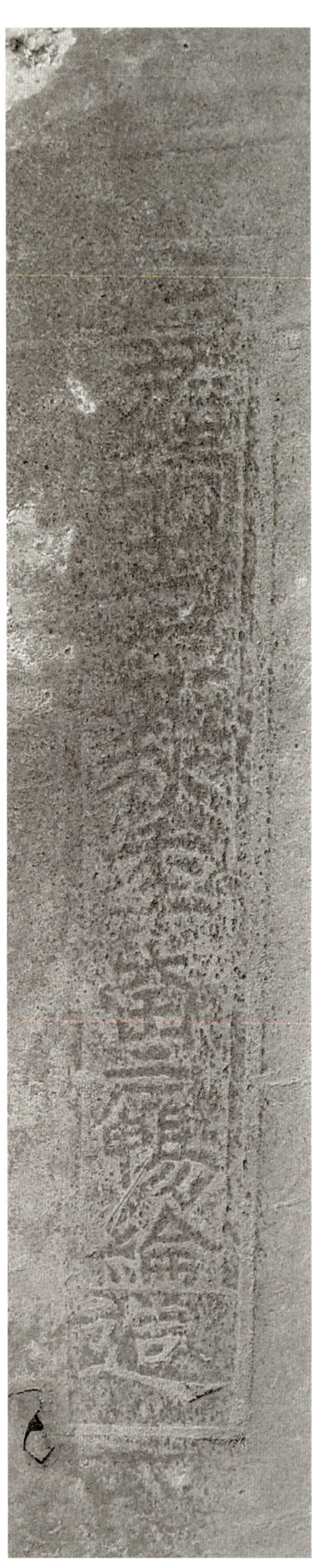

嘉靖十七年秋季窑户畅綸造

嘉靖十七年春季窑户張欽匠人王坤造

嘉靖十七年分窑户周世隆造

嘉靖拾柒年秋季窑户□□□

嘉靖拾柒年春季窑户樂鎧造

嘉靖十七年春季窑户張欽匠人王隆造

（局部）

嘉靖十七年分窑户周世隆造

（局部）

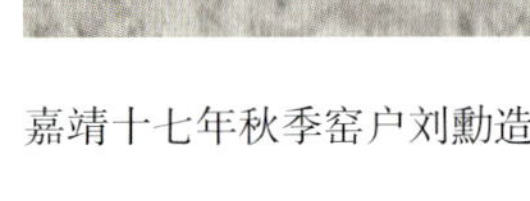

嘉靖十七年秋季窑户刘勳造

嘉靖十七年春季窑户沙興造

嘉靖十七年春季窑户張欽匠人刘現造

嘉靖十七年春季分窑户盧宣匠人周善造

嘉靖十七年春季窑户吳三省造

嘉靖十七年春季窑户張欽匠人□□□

嘉靖拾柒年窑户楊守人匠刘岳造

嘉靖十七年窑户刘禄造

嘉靖十七年窑户楊杲造

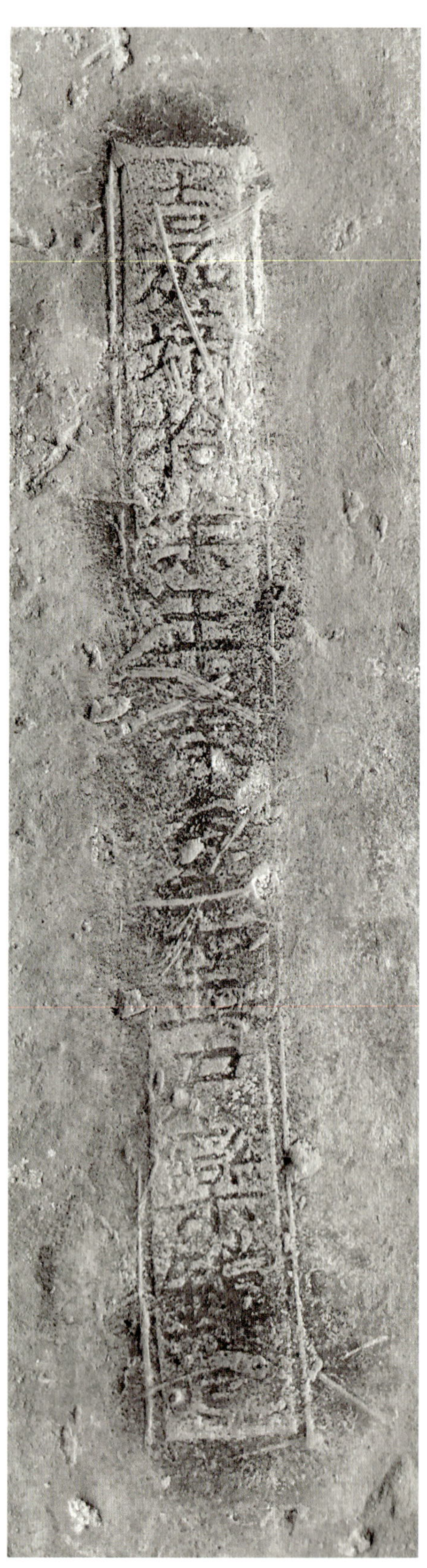

嘉靖拾柒年春季窑户欒鎧造

嘉靖十七年秋季窑户周世隆造

嘉靖十七年分窑户杜珽造

嘉靖十八年春季窑户孫宗仁造

（局部）

嘉靖十八年秋季窑户王吉造

嘉靖十八年秋季窑户□□造

嘉靖十八年春季窑户白仲仁造

嘉靖十八年窑户朱賢造

（局部）

嘉靖十八年秋季窑户張欽窑匠劉學造

（局部）

嘉靖十八年窑户陳綸造

（局部）

嘉靖十八年窑户馮惠造

（局部）

嘉靖十八年窑户楊仲儒造

（局部）

嘉靖十八年窑户蔡来奉匠人趙樂造

嘉靖十八年春季窑户孫文銘造

嘉靖十八年春季窑户孫文銘造

嘉靖十八年秋季窑户于盈造

嘉靖拾捌年秋季窑户蒋儒造

嘉靖十八年分窑户関鋭造

嘉靖十八年秋季窑户□□造

嘉靖十八年窑户孫隆造

嘉靖十八年分窑户□□□造

嘉靖十八年春季瑠户王保造

嘉靖十八年春季窑户周世隆造

嘉靖十八年窑户方賢造　匠人郭灵

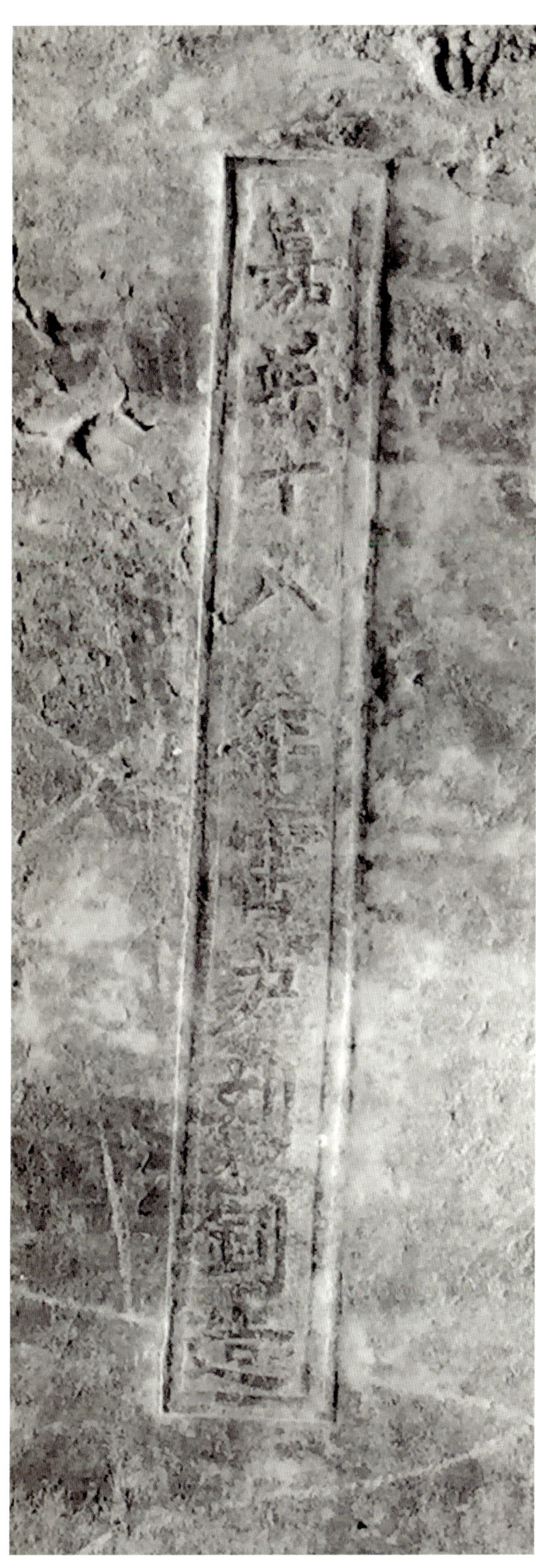

嘉靖十八年窑户刘釗造

嘉靖十九年秋季窑户韩浦造

嘉靖十九年秋季窑户王徵造

（局部）

嘉靖十九年秋季窑□□□□

嘉靖十九年秋季窑户譚得成造

嘉靖十九年窑户李禎造

（局部）

嘉靖十九年秋季窑户吴三省造

（局部）

嘉靖十九年秋□□

嘉靖二十年

嘉靖二十年秋季窑户孫子澄分造

（局部）

嘉靖二十年分窑户辛文祥造

嘉靖二十一年春季窑户张欽
匠人王大用造

嘉靖二十一年夏季窑户□□造

（局部）

嘉靖二十一年□□□□□

嘉靖貳拾貳年分窑户胡錦造

嘉靖贰拾贰年窑户□□造

（局部）

嘉靖贰拾贰年上厰窑户□□□

嘉靖二十三年分春季窑户段洲匠人□□造

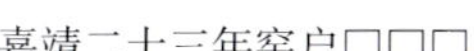

嘉靖二十三年窑户□□□

嘉靖贰拾贰年上廠窑户□□□

嘉靖二十三年

嘉靖二十四年

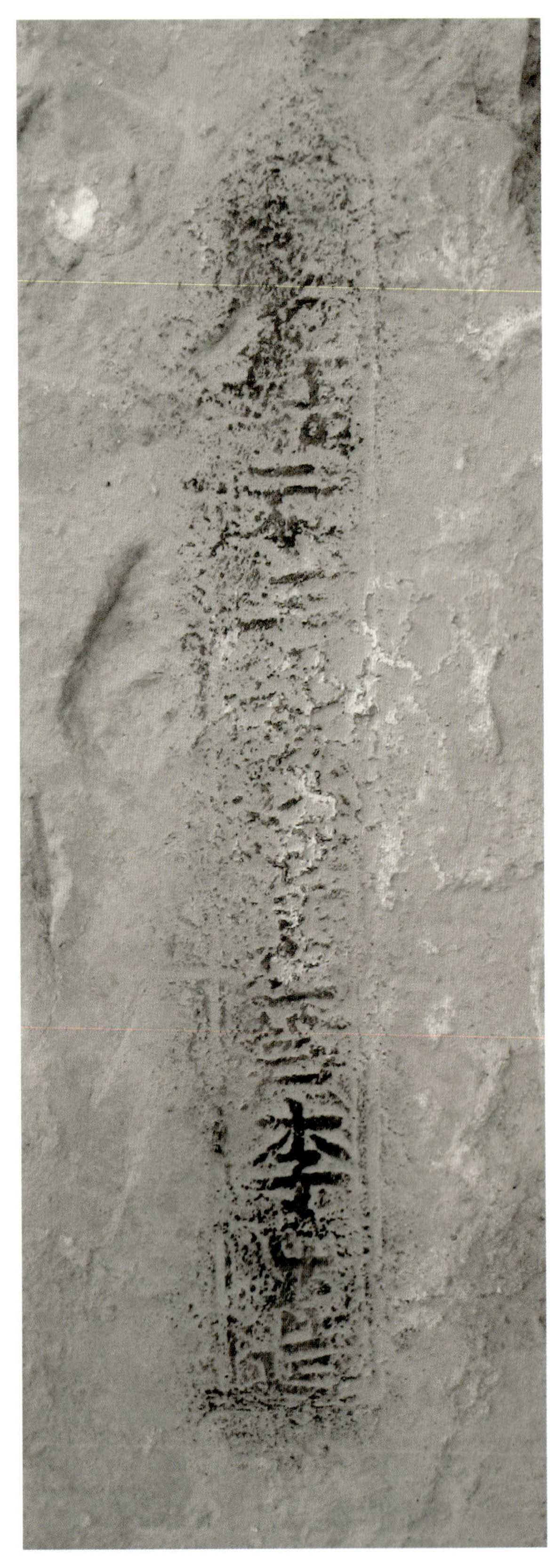

嘉靖二十三年窑户李□造

□靖二十五年春季分窑户周經會造

二十五年春季分窑户周經會造

嘉靖二十五年□□

嘉靖二十五年春季分窑户周經會造

嘉靖二十六年春

嘉靖二十六年窑户孫子澄造

（局部）

嘉靖二十六年窑户陳清匠人董志造

嘉靖二十七年窑户□□□

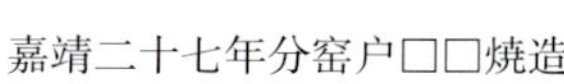

嘉靖二十七年分窑户□□烧造

嘉靖二十七年春季窑户张欽匠人刘孪造

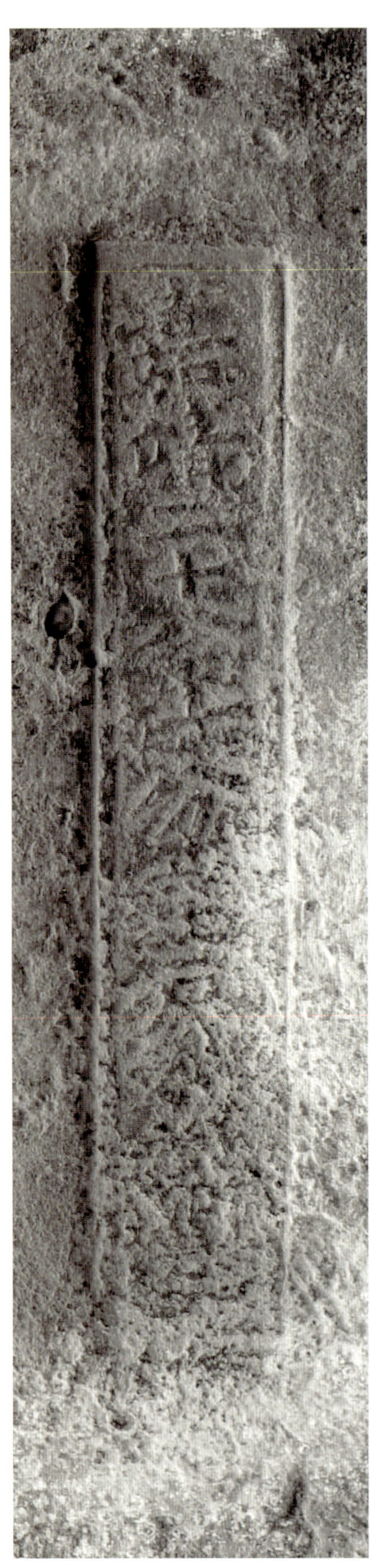
嘉靖二十八年分窑户□□□

嘉靖二十九年分窑户張欽造

嘉靖二十九年窑户曹来造

嘉靖二十九年窑户符傑造

嘉靖二十九年窑户曹来造

嘉靖三十年分窑户楊□□造

嘉靖三十年窑户□□□

嘉靖三十年窑户刘大得造

嘉靖三十年窑户梁腾造

嘉靖叁拾一年窑户陳□匠人高臣造

嘉靖三十一年窑户王玠造

嘉靖三十一年春季窑户□□□

嘉靖三十一年分窑户孙子澄造

嘉靖三十一年分窑户王鋭造
（来源：临清博物馆）

嘉靖三十二年窑户□□□

嘉靖三十二年分窑户盧□□

嘉靖三十三年窑户張欽分造

嘉靖三十三年分窑户□□□

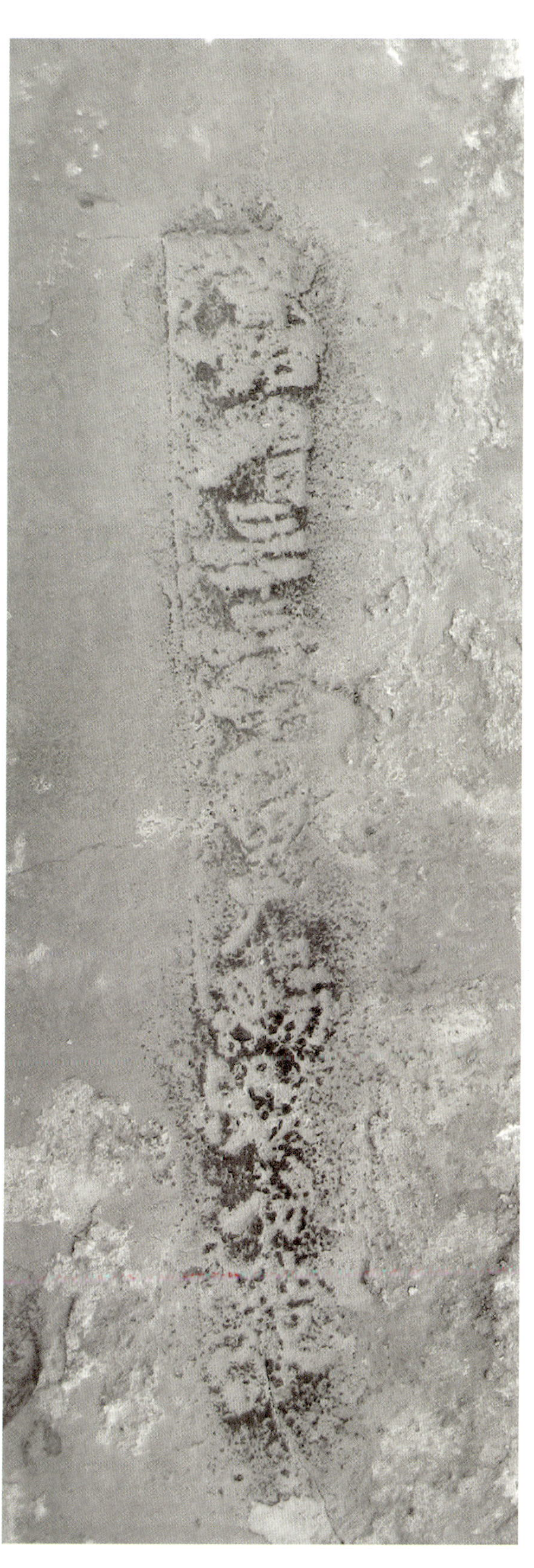

嘉靖三十三年窑户暢秋分造

嘉靖三十三年窑户李養德造

嘉靖三十三年窑户梁炼造

（局部）

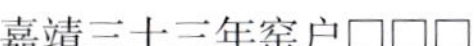

嘉靖三十三年窑户□□□

嘉靖三十四年後厰春季窑户陳府造

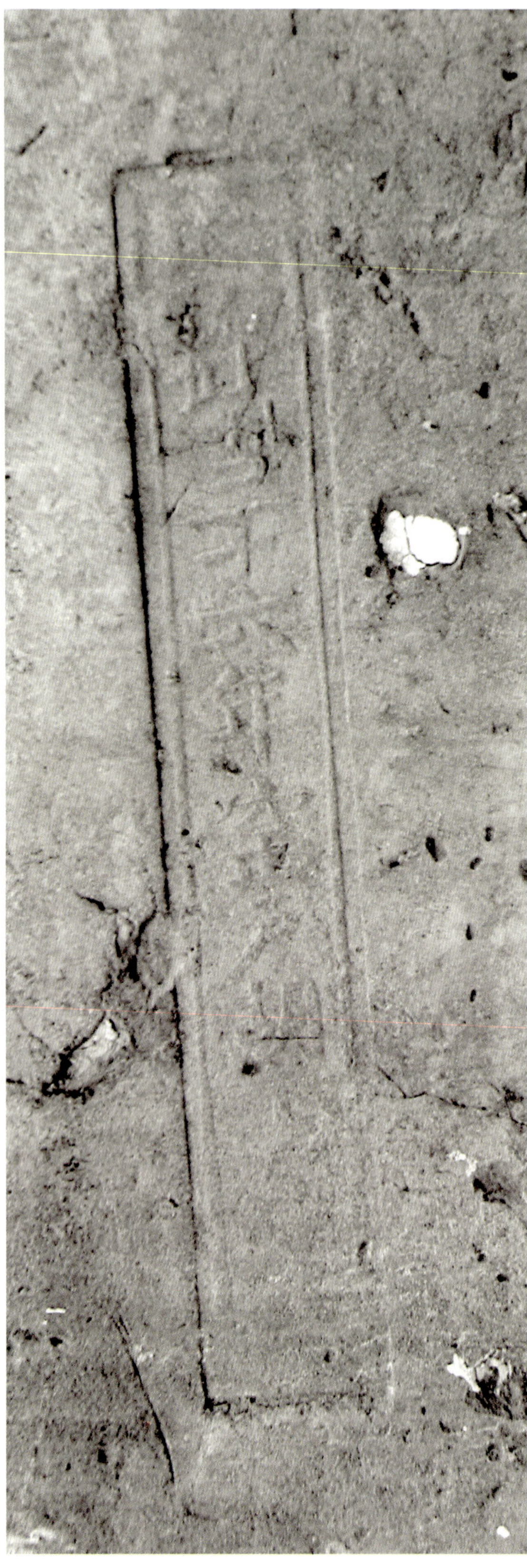

嘉靖三十六年窑户胡□□□

嘉靖三十六年窑户李清造

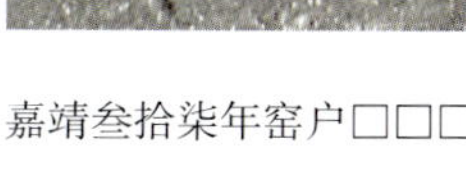
嘉靖叁拾柒年窑户□□□

嘉靖三十七年分窑户羅鳳造

嘉靖三十七年窑户伏珂造

嘉靖叁拾柒年窑户紀鄉造

嘉靖三十七年窑户孙祁

嘉靖三十七年窑户孙祁造

嘉靖叁拾柒年窑户□□□

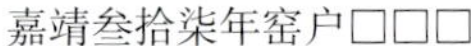

嘉靖三十七年分窑户□□□造

嘉靖三十七年分窑户畅綸造

嘉靖三十七年

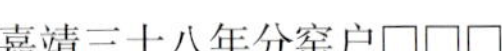

嘉靖三十八年分窑户□□□

嘉靖叁拾玖年分窑户趙儀造

嘉靖四十年窑户陳輔尚造

嘉靖四十一年分窑户吳崑造

嘉靖四十五年分窑户邓受造

嘉靖四十五年分

（来源：临清博物馆）

嘉靖四十五年四月分

嘉靖□年窑造倫記

嘉靖□□□分窑户王保造

年例　嘉靖□年秋季窑户谭得成造

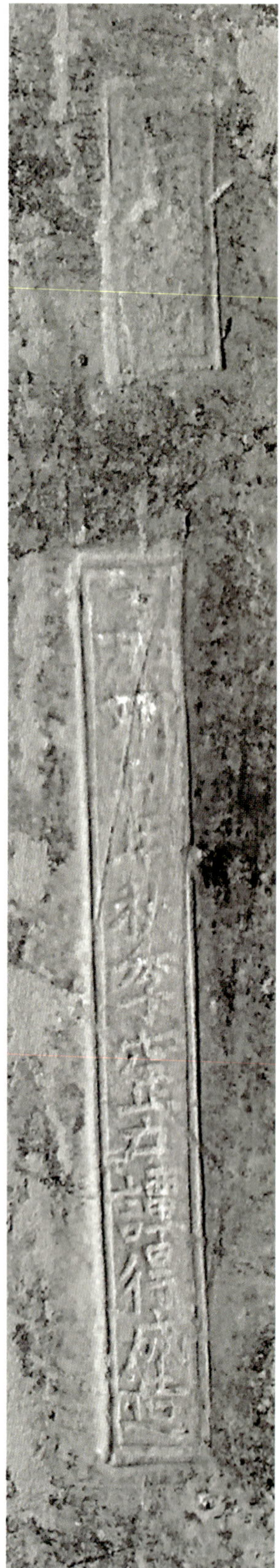

（局部）

嘉靖□年临清窑户朱文杲　匠人朱秋造

嘉靖□年春窑户李栾爲兖州府造

隆庆（1567—1572）

隆庆□年窑户蘇万户造

隆慶元年窑户孫文鋭造

（局部）

隆慶二年下廠窑户汪禮造

隆慶三年上廠窑户張□匠人□□造

隆庆三年窑户李□造
（来源：临清博物馆）

隆慶四年上廠窑户孫文銘匠人侯奉造

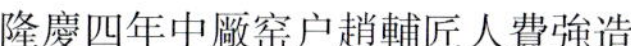

隆慶四年中厰窑户趙輔匠人費強造

隆慶四年上厰窑户顔□□□閆虎造

隆慶四年上廠□□□□□匠人闆虎造

（局部）

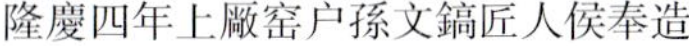
隆慶四年上厰窑户孫文鎬匠人侯奉造

隆慶四年窑户盖昂匠人□□□□

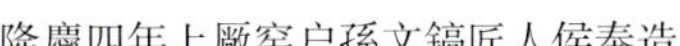

隆慶四年上廠窑户孫文鎬匠人侯奉造

隆慶四年上廠窑户孫文鎬匠人侯奉造

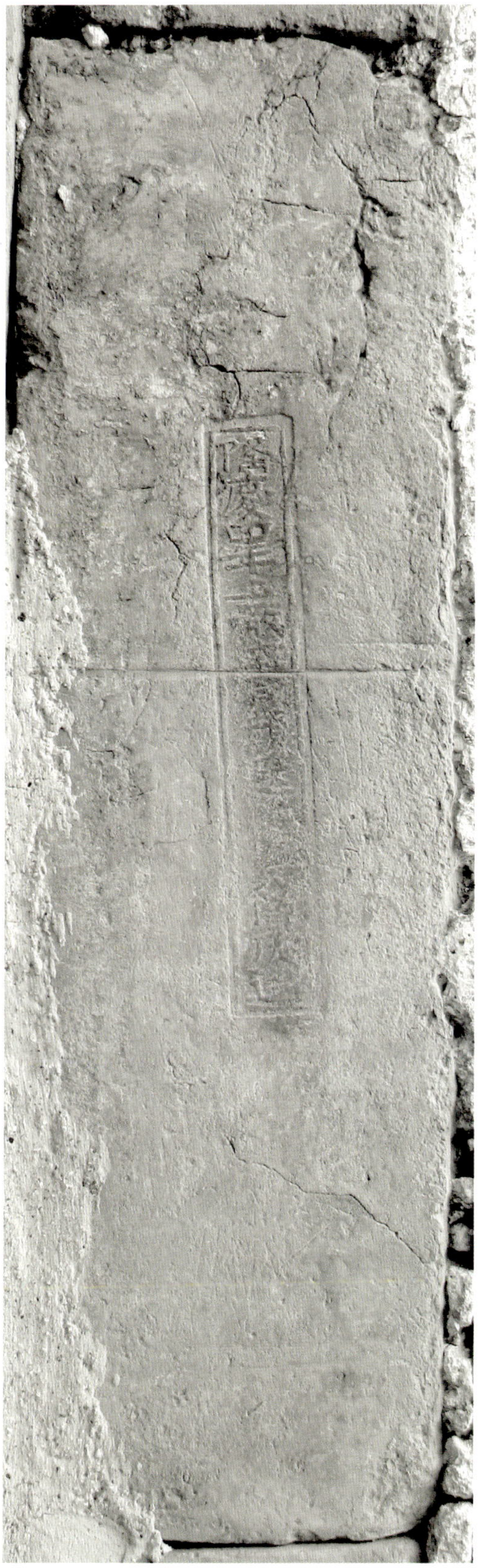

隆慶四年上廠窑户顔遐匠人閆虎造

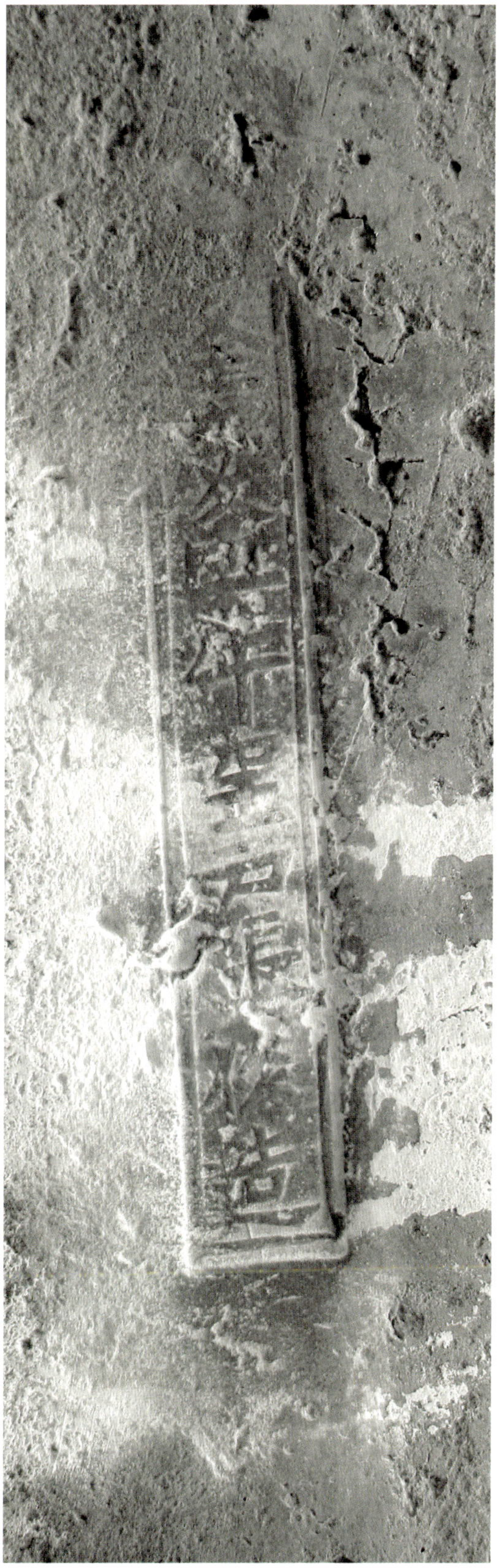

隆慶四年窑户張梹造

隆慶四年上厰窑户顔遐匠人閆虎造

（局部）

隆慶四年上廠窑户孫文鎬匠人侯奉造

隆慶四年記開窑户張□□造

隆慶四年上廠窑户杜翠造

（局部）

隆慶四年窑户張□□

（局部）

隆慶伍年窑户閔梅造

隆慶伍年窑户□□□造

隆慶五年窑户陸卿造

（局部）

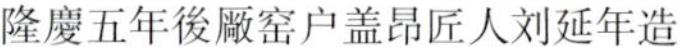

隆慶五年後厰窑户盖昂匠人刘延年造

（局部）

隆慶五年後厰窑□□□□

隆慶伍年窑户閔梅造

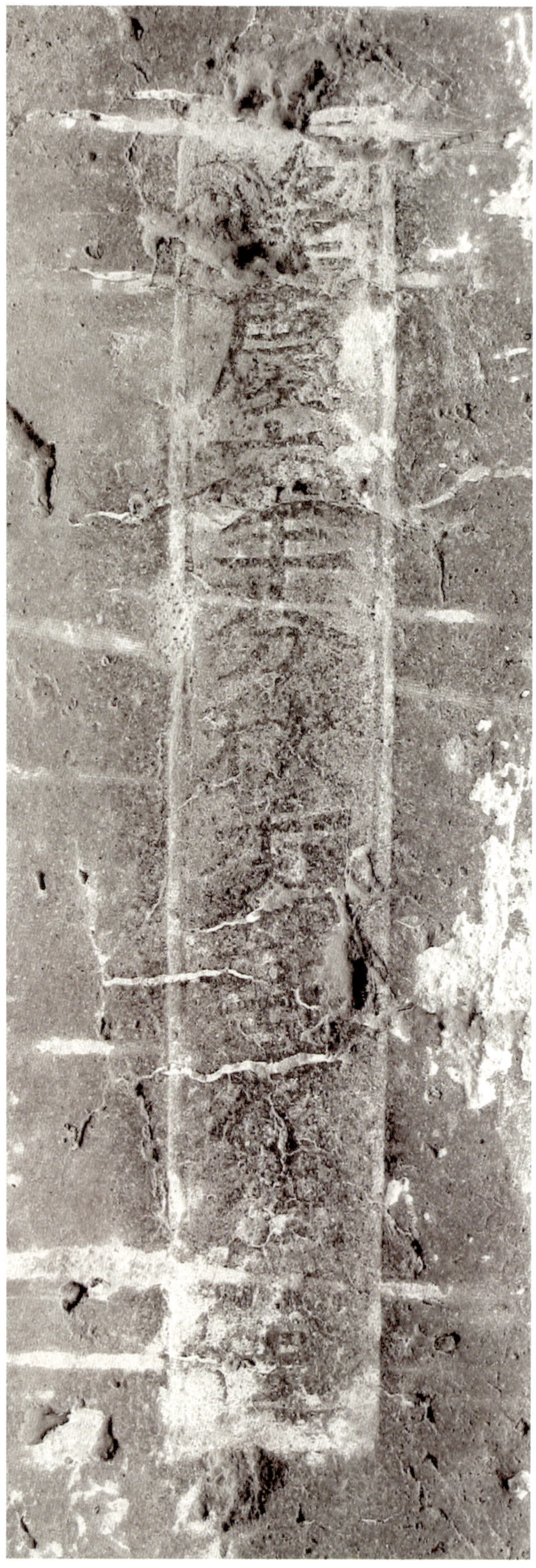

隆慶六年分秋季窑户□□□

隆慶六年分窑户鄭□□

隆慶六年分窑户鐘立造

（局部）

隆慶六年分窑户鐘立造

（局部）

隆慶六年分窑户鐘立造

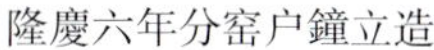

隆慶六年分窑户鐘□□

隆慶六年分窑户張汝造

万历（1573—1620）

萬曆元年窑户萬化作頭王伯先造

（局部）

萬曆元年窑户□伯祥造

萬曆二年窑户□□□

萬历四□

来源:《山东临清市河隈张庄明清“贡砖”窑址发掘报告》山东省文物考古研究所、临清市博物馆。

萬曆乙卯年窑户吳□□作頭吳進造

萬曆八年春秋窑户錢岐造

萬曆八年江城窑户孫五造

萬曆八年窑户張應

萬曆九年窑户李戴造

（局部）

萬曆九年窑户楊潼造

萬曆九年窑户符岩造

（局部）

萬曆九年窑户許□祥造

（局部）

萬曆十年窑户盧魁造

萬曆十四年窑户□林作頭□□□

萬曆貳拾年窑户吳中粹造

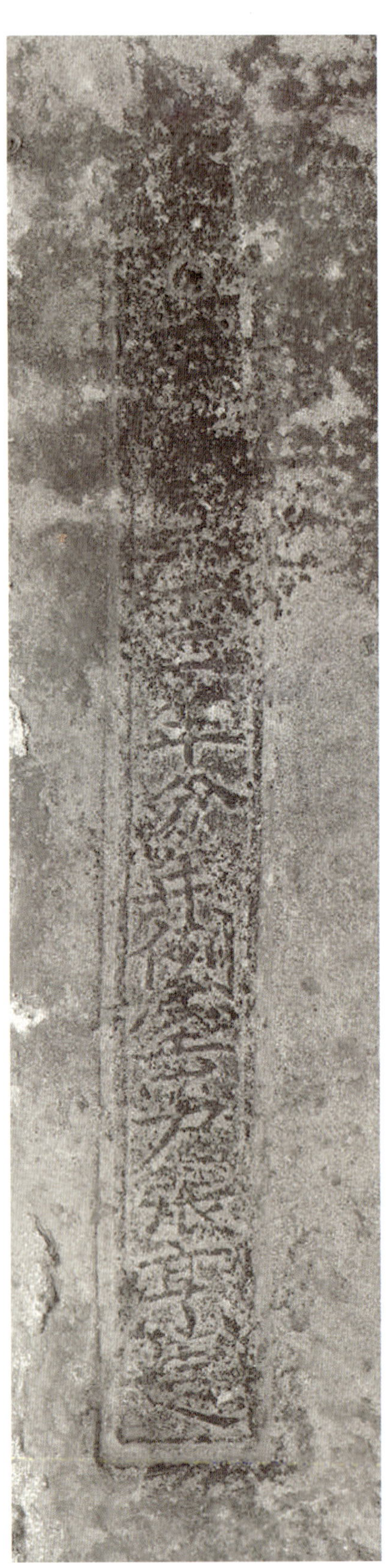

萬曆二十二年分年例窑户張亨造

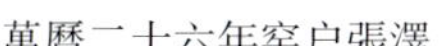

萬曆二十六年窑户張澤

萬曆二十七年窑户□来作頭高仲選造

萬曆二十九年加泒窑户□□□

萬曆三十年窑户李養德作頭□有才造

加泒　萬曆三十年窑户邢書匠人楊天福造

（局部）

嘉靖三十一年窑户張亨匠人楊鹿造

萬曆三十一年窑户王永壽作頭劉景先造

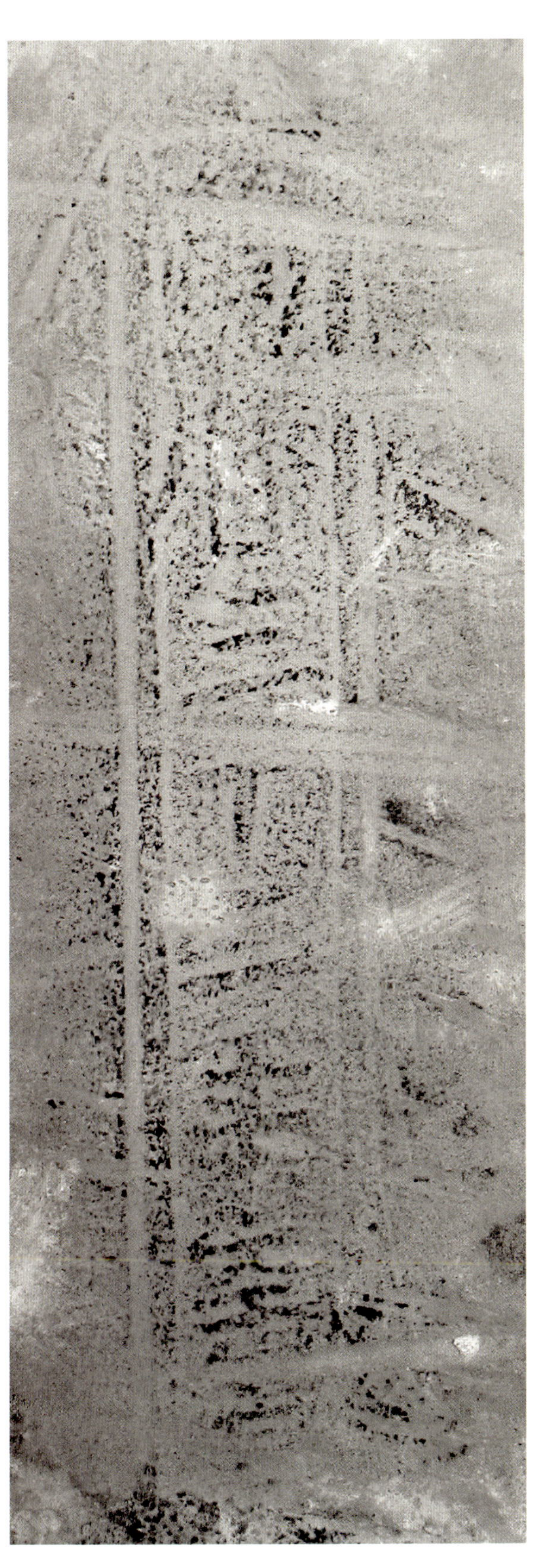

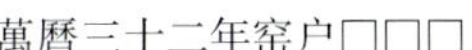
萬曆三十二年窑户□□□

萬曆三十三年窑户吳中梓造

萬曆三十三年窑户将志大作頭王九思造

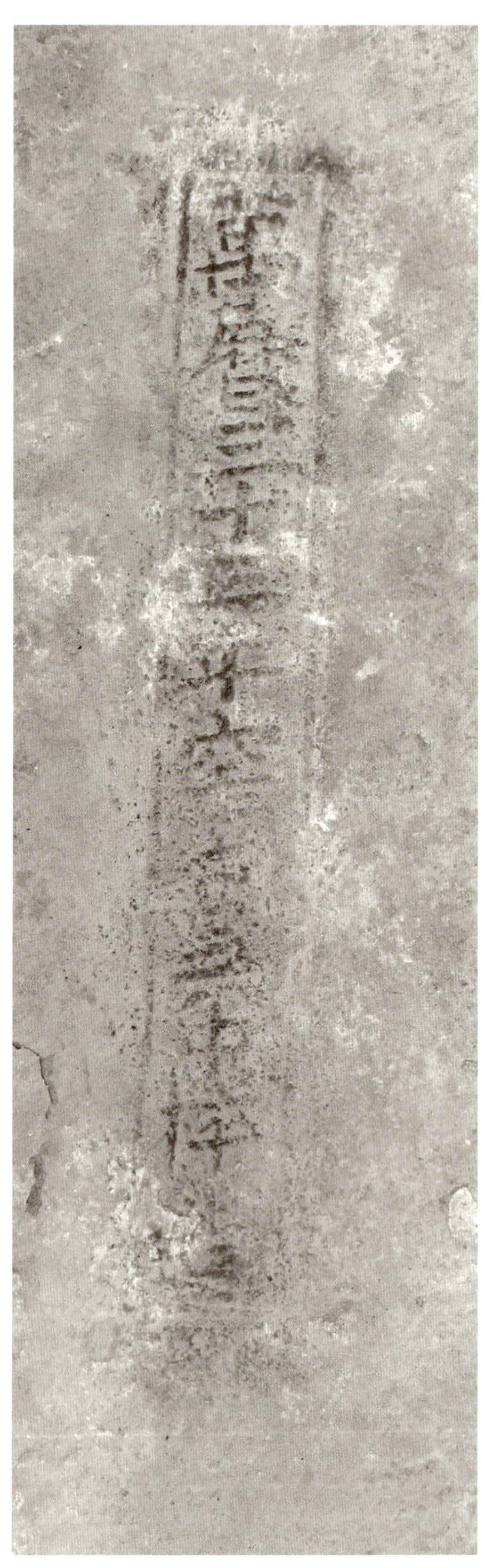
萬曆三十三年窑户吴中梓造

萬曆三十四年窑户李国仕作頭石文玉造

萬曆三十五年窑户柴成匠人趙□造

萬歷三十七年窑户張亨匠人張□□造

萬曆三十九年窑户胡禾作頭刘万造

萬歷四十六年窑户張亨匠人□□造

萬歷四十七年窑户吳中粹作頭李登雲造

萬歷四十七年窑户汪元作頭李登雲造

萬曆戊申年窑户□□□□□□

天啓元年窰户錢歧作頭□□□

天啟元年窰户暢道作頭楊宗安造

天啟元年窑户将守作頭尤□□造

天啓元年窑户孫宗義作頭張時造

天啟元年窑户王甸作頭申才造

来源：《山东临清市河隈张庄明清“贡砖”窑址发掘报告》山东省文物考古研究所、临清市博物馆。

天啓元年窑户錢歧作頭刘顥德造

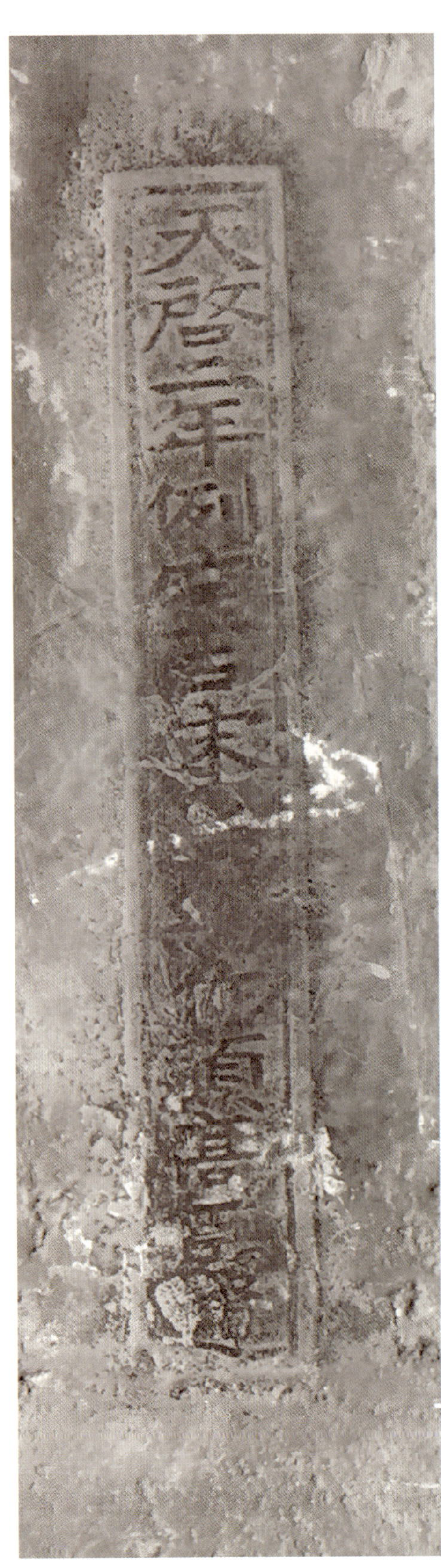

天啓二年例窑户宋尚約作頭高臣造

天啓三年窑户胡禾作頭張時造

天啟三年窑户王甸作頭張□□造

来源：《山东临清市河隈张庄明清“贡砖”窑址发掘报告》山东省文物考古研究所、临清市博物馆。

天啓肆年窑户張澤作頭楊宗造

天启五年窑户李譽匠人高臣造

天啓五年上廠窑户王甸作頭張□□

来源：《山东临清市河隈张庄明清“贡砖”窑址发掘报告》山东省文物考古研究所、临清市博物馆。

天啟五年窑户李譽匠人高臣造

天啟六年窑户朱文作頭□□□

天啟六年窑户梁應龍作頭張□□造

（局部）

天啟六年窑户宋文昇作頭張□□

天啟六年窑户朱文作頭石應舉造

天啟六年窑户吴養心作頭石興造

天啟六年窑户宋文昇作頭張□□

天啓六年窑户吴養心匠人石贝造

天啓六年窑户吴養心匠□□□□

天啓六年窑户汪元作頭李縣造

天啓六年窑户邢書作頭劉□□

天啓六年窑户汪元作頭李縣造

天啓六年窑户汪元作頭李縣造

天啟七年窑户汪元作頭劉虎造

天啟七年窑户□□□

天啟七年窑户汪元作頭劉虎造

天啓七年窑户蒋賓作頭劉貴造

天啟七年窑户朱文作頭□□□

天啓柒年窑户吳士龍作頭□□□

天啓七年窑户楊□□□

天啟七年窑户宋尚約作頭高臣造

天啟十年□□□□作頭張弘造

崇祯（1628—1644）

崇禎元年窑户陳禮作頭趙清造

（局部）

崇禎元年□□□□□□劉虎造

崇禎元年窑户吴养心匠人石贝造

崇禎元年窑户楊逢時作頭□□造

崇禎元年窑户朱文作頭张時造

崇禎元年窑户尚世□作頭□□□□

崇禎元年窑户孫宗義作頭□□□

崇禎元年窑户吴養心□□□□□

（局部）

崇禎元年窑户朱文作頭劉虎造

崇禎元年窑户朱文作頭张□造

崇禎元年窑户朱文作頭張時造

崇禎元年窑户胡禾作頭張時造

崇禎元年窑户楊逢時作頭□□造

崇禎四年窑户王甸作頭□□□造

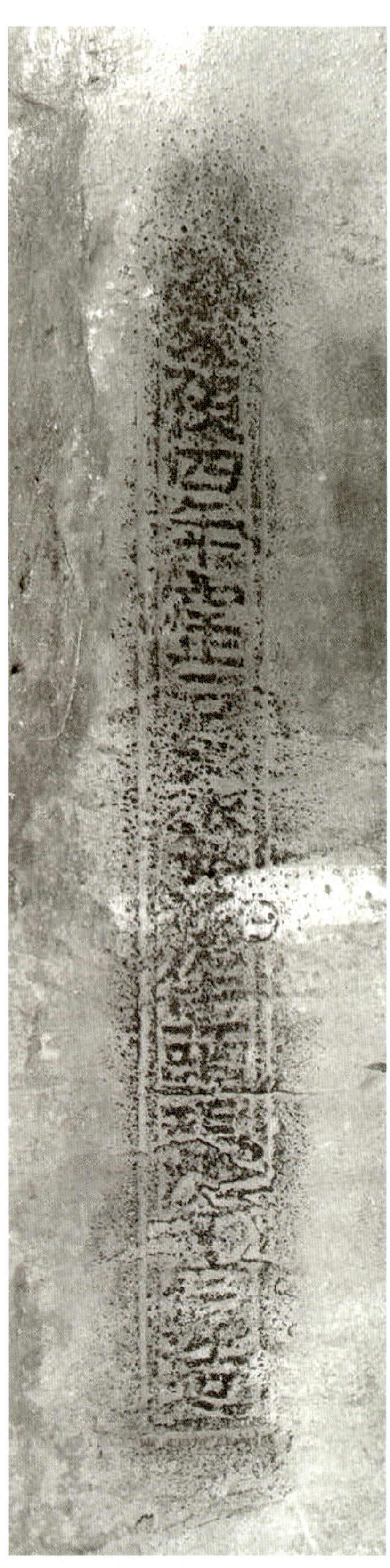

崇禎四年窑户張亨作頭張守信造

崇禎七年窑□□□□

順治十五年分臨清窑户張有德作頭□□□

順治十五年分臨清窑户孟守科作頭崔文舉造

順治十五年分臨清窑户孟守科作頭崔文舉造

順治十五年分臨清窑户暢道作頭郭守貴造

順治十五年分臨清窑户張有德作頭□□□

順治十五年分臨清窑户暢道作頭□□□□

順治十五年分臨清窑户暢道作頭郭守貴造

顺治十五年分臨清窑户孟守科作頭崔文舉造

順治十五年分臨清窑户張有德作頭翟茹造

順治四年分窑户張澤作頭趙邦印造

順治十五年分臨清窑户張有德作頭翟茹造

顺治十五年分臨清窑户張亨作頭刘仲擧造

顺治十五年分臨清窑户張有德作頭翟茹造

顺治十五年分臨清窑户平柴誠作頭李仕造

顺治十五年分臨清窑户平柴誠作頭李仕造

順治十五年分臨清窑户孟守科作頭崔文舉造

順治十五年分臨清窑户蒋賓作頭劉京造

順治十七年分臨清窑户暢道作頭郭守貴造

順治十五年分臨清窑户張澤作頭趙印造

順治十五年分臨清窑户平柴誠作頭李仕造

順治十五年分臨清窑户張澤作頭趙印造

順治十五年分臨清窑户周循魯□□□□□

順治十五年分臨清窑户孟守科作頭崔文舉造

順治十五年分臨清窑户平柴誠作頭李仕造

顺治十五年分临清窑户孟守科作頭□□造

来源：《山东临清市河隈张庄明清“贡砖”窑址发掘报告》山东省文物考古研究所、临清市博物馆。

順治十六年分臨清窑户劉承恩作頭李仲道造

順治十七年分臨清窑户錢歧作頭刘顕德造

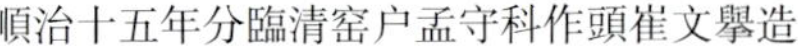
順治十五年分臨清窑户孟守科作頭崔文舉造

順治十七年分臨清窑户錢歧作頭刘顯德造

顺治十七年分臨清窑户周循魯作頭賀登選造

顺治十七年分臨清窑户孟守科作頭崔文舉造

順治十七年分臨清窑户孟守科作頭崔文舉造

順治十七年分臨清窑户暢道作頭郭守貴造

順治十七年分臨清窑户暢道作頭郭守貴造

順治十七年分臨清窑户暢道作頭郭守貴造

順治十七年分臨清窑户平柴誠作頭李仕造

順治十七年分臨清窑户孟守科作頭崔文學造

順治十七年分臨清窑户暢道作頭郭守貴造

順治十七年分臨清窑户平柴誠作頭李仕造

顺治十七年分臨清窑户孟守科作頭崔文舉造

顺治十七年分臨清窑户孟守科作頭崔文舉造

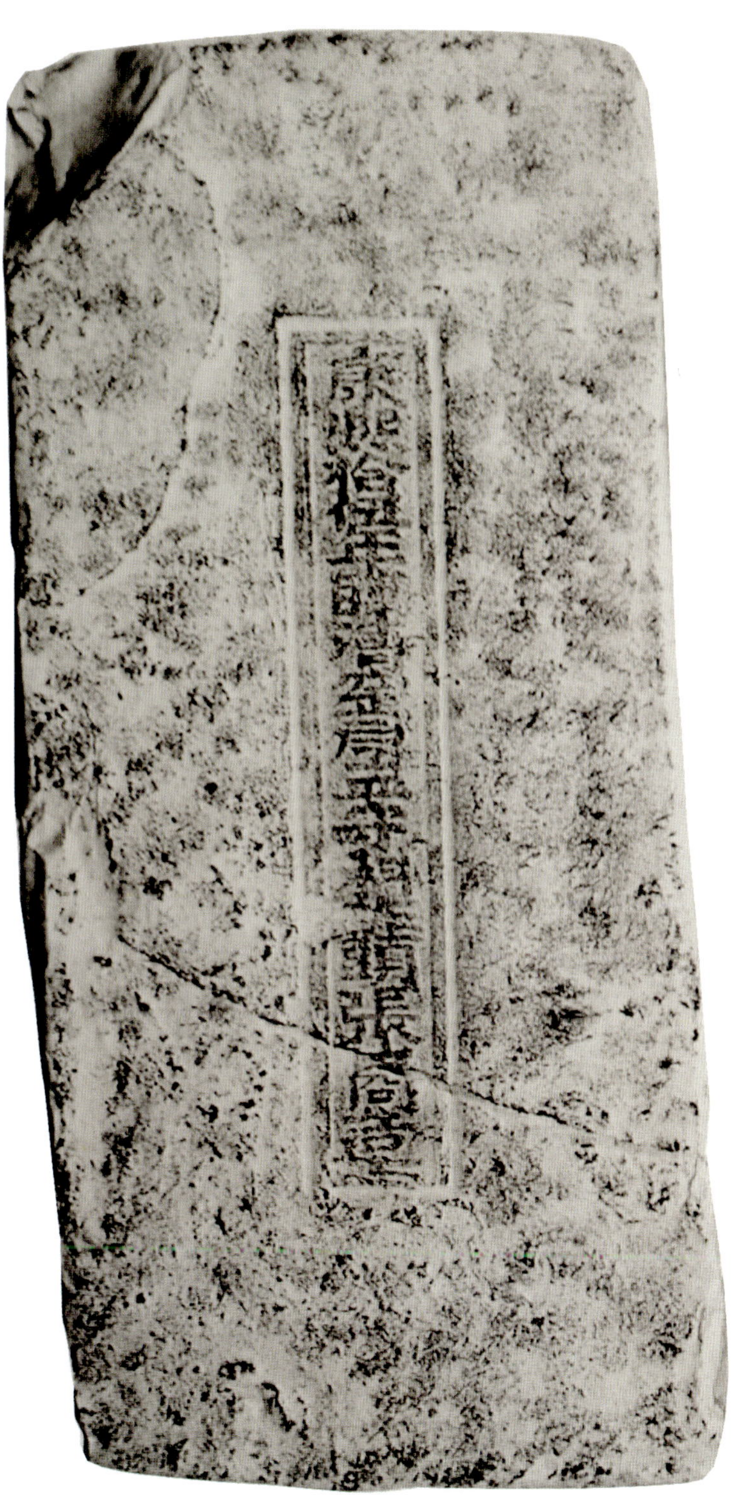

康熙拾伍年臨清窑户孟守科作頭張商造

来源：《山东临清市河隈张庄明清“贡砖”窑址发掘报告》

山东省文物考古研究所、临清市博物馆。

康熙拾伍年臨清窑户孟守科作頭嚴守才造

来源：《山东临清市河隈张庄明清“贡砖”窑址发掘报告》山东省文物考古研究所、临清市博物馆。

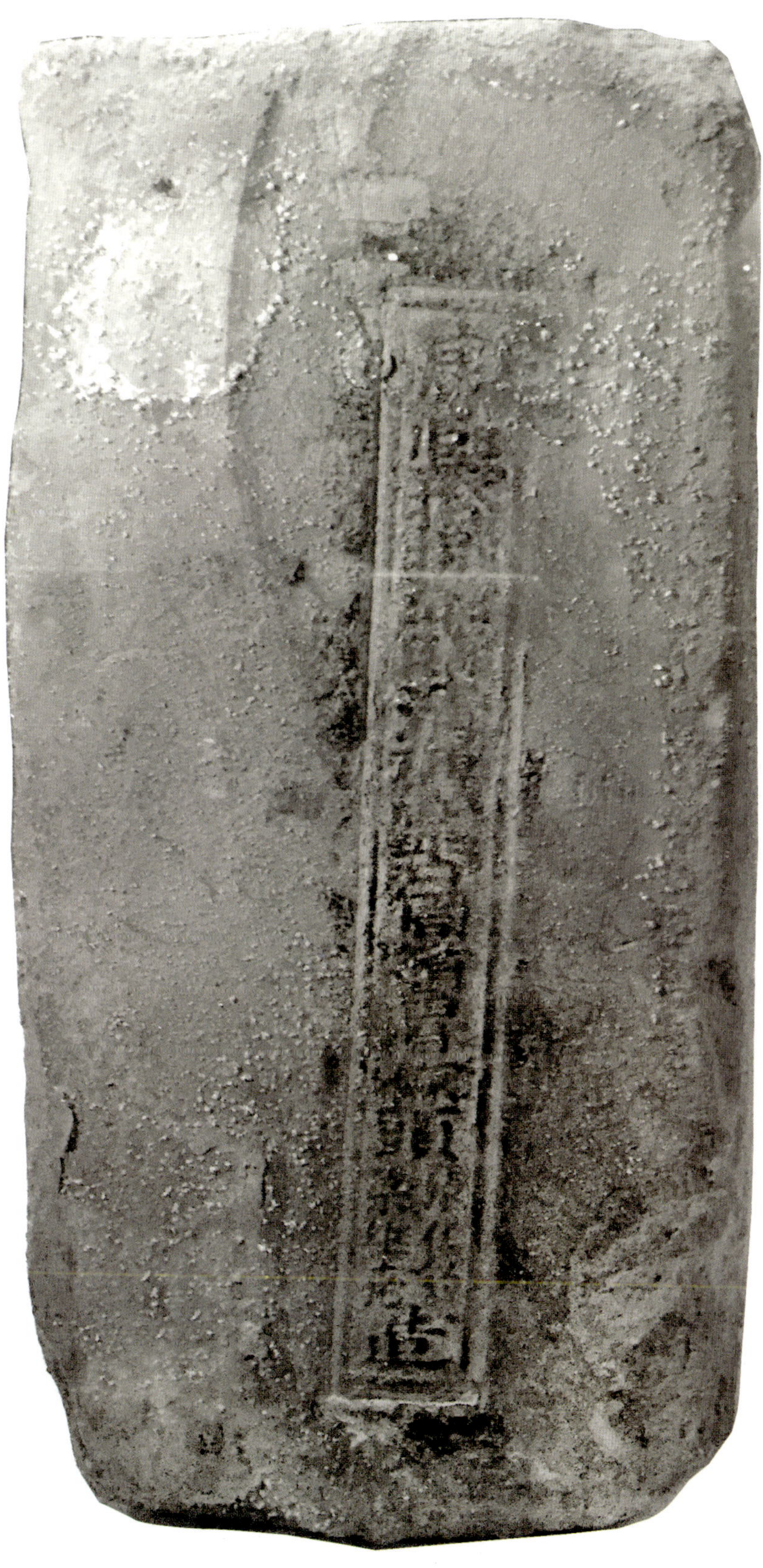

康熙拾捌年臨清磚窑户周循鲁作頭梁继尧張化豹造
（来源：临清博物馆）

康熙二十八臨清磚窑户張有德作頭□□□□

康熙拾伍年臨清磚窑户張澤作頭趙邦印造

康熙二十八年臨清磚窑户張有德作頭刘奇施茂擇造

康熙二十八年臨清磚窑户孟守科作頭崔振先造

来源：《山东临清市河隈张庄明清“贡砖”窑址发掘报告》山东省文物考古研究所、临清市博物馆。

康熙二十八年臨清□□□□作頭郭守貴造

雍正五年臨清磚窑户劉成恩作頭王加禄造
（来源：临清博物馆）

乾隆贰年分臨清窑户張有德作頭焦天禄造

乾隆貳年分臨清窑户張有德作頭焦天禄造

乾隆貳年分臨清窑户張有德作頭焦天禄造

乾隆十四年臨清磚窑户孟守科作頭崔成造

乾隆丙子年燒造

乾隆拾伍年臨清磚窑户暢道作頭盛邦現造

乾隆丙子年燒造

乾隆拾伍年臨清磚窑户暢道作頭盛邦現造

乾隆拾伍年臨清磚窑户張有德作頭王禄造

乾隆拾伍年臨清磚窑户張有德作頭王禄造

乾隆拾伍年窑户周循鲁作頭林森造

□□窑户楊正國乾隆辛未年製

乾隆十六年臨清磚窑户孟守科作頭崔成造

乾隆十六年臨清磚窑户孟守科作頭崔成造

乾隆年臨清磚窑户暢道作頭盛邦現造

乾隆年臨清磚窑户暢道作頭盛邦現造

乾隆辛未年製

乾隆辛未年製

乾隆辛未年製

乾隆辛未年製

乾隆辛未年製

乾隆辛未年製

乾隆辛未年製

乾隆辛未年

□□辛未年製

乾隆辛未年製

乾隆辛未年製

乾隆辛未年製

乾隆辛未年製
人和窑户武邦照

乾隆四十二年窑户孟守科作头崔成造

来源：《山东临清市河隈张庄明清“贡砖”窑址发掘报告》山东省文物考古研究所、临清市博物馆。

嘉庆五年臨清磚窑户薛洺作頭于彭年造

道光十年臨磚程窑作頭崔貴造
来源：《山东临清市河隈张庄明清“贡砖”窑址发掘报告》山东省文物考古研究所、临清市博物馆。

道光二十七年臨磚窑户程□□

道光□□窑户曹智造（临清）

□光□□□砖程窑作頭□□□

□□□□□□程窑作頭崔荣造

2. 纪年、干支款

柒年长垣縣窑造

捌年窑户韓經造

十八年高唐州窑造

拾玖年 月日 淇县

十九年窑户秦禄造

二十一年窑户趙孝造匠人高臣造

二十年窑户張亨匠人暢克造

二十四年窑户□岩作頭刘宗仁造 ㊊

二十六年窑户朱文匠人趙□□造

二十五年窑户秦禄造

二十九年窑户紀鄉□□□□

□□年春季窑户張鹗造

二十六年窑户閆□□

三十年窑户周循鲁作頭吳□造

加泒　三十年窑户李顕禎作頭葛孟陽造

□□年加泒窑户張来進作頭王大用造

三十年窑户刘邦才作頭刘東明造

三十年加泒窑户孫清作頭孫憲造

叁拾一年窑户吳三樂作頭趙逢□造

三十一年窑户秦祿匠人孔虎造

叁拾一年窑户吳三樂作頭□□□□

三十二年窑户李顯禎作頭葛孟陽造

三十二年窑户孫岳作頭于□

三十二年窑户蒋志大作頭王九思造

三十二年窑户萬化造

三十二年窑户張廉作頭刘二造

三十二年窑户呉□造

三十三年窑户吳應龍造

三十三年窑户柴永作頭張□造

三十三年窑户姜鲸匠人□□造

□□□ 月 日臨清縣窑造

□□四年窑造唐

三十六年窑户胡永成作頭李□造

三十六年窑户孟守科作頭谢二造

叁拾玖年窑户梁棟作頭高臣造

四十五年窑户□□□□鄭福造

四十四年窑户吴养心造

四十五年窑户吴养心造

四十六年窑户楊炳作頭趙邦彦造

四十七年窑户王甸作頭申才造

四十六年窑户李國仕作頭趙邦彥造

四十六年窑户吴中翠作頭刘顕德造

四十八年窑户刘松作□□□□

四十八年窑户楊炳作頭趙邦彦造

四十八年窑户汪元作頭石文華造

四十八年窑户暢紀作頭于化龍造

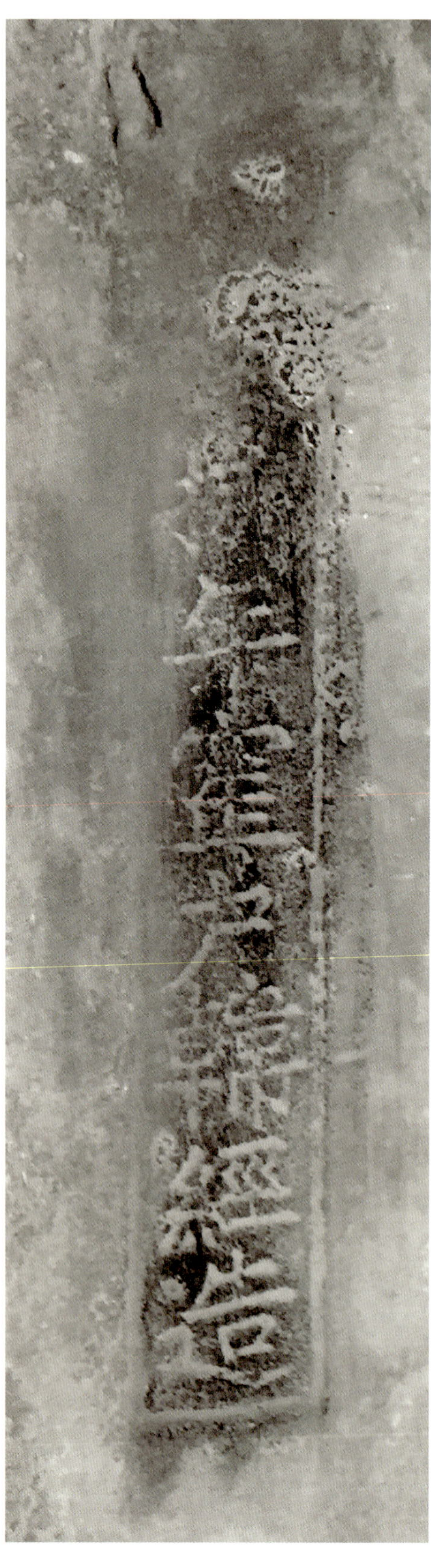

□□捌年窑户韓經造

卅年窑户□□□□造

□□□□春窑户李栾为兖州府造

卅年窑户紀卿作頭高臣造

卅一年窑户暢道造

卌九年窑户李養德造

丙寅年窑户符□□作頭□□造

甲申年臨清廠窑户□□□□□□□

甲申年臨清廠窑户張廉匠人孫現造

辛巳年誠造

池　戊子年窑户

辛巳年誠造

甲辰年窑户将志大作頭□□□

壬寅年窑户蒋志大匠人□□□

□辛未年製

戊子年窑户□□□

甲申年臨清廠窑户趙舉賢

甲申年臨清窑户張廉匠人孫現造

乙酉年臨清窑户宋尚約　匠人□前造

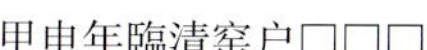

甲申年臨清窑户□□□

甲申年臨清窑户暢道匠人趙金造

乙酉年臨清窑户朱文杲　匠人朱秋造

甲申年臨清厰窑户張有德　匠人張隆造

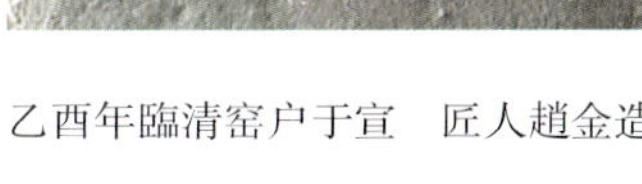

乙酉年臨清窑户于宣　匠人趙金造

甲申年臨清廠窑户蒋志大匠人□□造

甲申年臨清廠窑户張亨匠人高尚仁造

戊寅年窑户張越翔造

甲申年臨清窑户暢道匠人趙金造

（局部）

戊子年窑户紀鄉造

甲申年臨清厰窑户張廉匠人孫經造

甲申年臨清廠窑户張廉匠人孫現

甲申年臨清廠窑户張廉匠人孫現造

庚申年窑户黄誠□□□□

甲申年臨清廠窑户張廉匠人孫現造

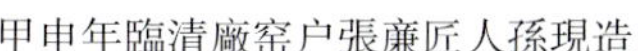

甲申年臨清廠窑户張廉匠人孫現造

（局部）

甲申年臨清廠窑户張廉匠人孫現造

甲申年臨清廠窑户朱文匠人□□□

甲申年臨清窑户□□□□□□造

甲申年臨清窑户張□□□□□□

辛亥年窑户□□□造

乙酉年臨清廠窑户朱章造

3. 官府款

皇城官窑新様城砖

官造城工細磚

工部監督福

内府官辦裕成窑記

工部監造官圖記□□

工部監督永

工部監督克

官窑辦造新様城磚

永順窑官造城工細磚記

皇城官窑新樣城磚

工部監督克

興泰官窑誠造

工部監督桂

工部監督桂

裕金窑官辦亭泥城磚

工部監督桂

皇城墻新樣城磚

内府官辦裕成窑造

永定官窑瓣造新樣城磚

工部监造官圖記□

工部監督来

镇江府官砖

工部監督桂

皇城官窑新様城磚

皇城墻新様城磚

皇城墻新様城磚

工部監督桂

興泰官窑誠造

皇城墻新様城磚

永定官窑辦造新樣城磚

興泰官窑誠造

皇城官窑新樣城磚

镇江府造官磚窑户高六十七

應天府句容縣官磚窑户朱勝八

應天府句容縣官磚窟户蘇華造

镇江府官磚
丹徒縣委官□□

句容县官塼窰户刘浩

工部接瓣監□□

工部監督克

镇江府官砖
瑶户王贝進

镇江府官砖

窑户戴敬　鎮江府官磚

皇城官窑新様城磚

4. 产地款

三樂匠人高尚義造

保定府造

五里屯窑户孫山貴造

句容县窑匠李双四造

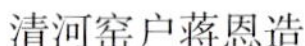

清河窑户蒋恩造

清河窑户蒋恩造

鎮江府丹陽縣窑户周全造

直隸常州府無錫縣造

□河窑户蒋恩造

常州府武進縣造

定陶縣造

兗州府金鄉縣□□窑

常州府無錫縣造

直隸池州府委□□□
貴池縣

窑湾劉记

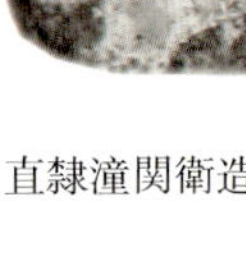

直隸潼関衛造

直隸潼関衛蒲州□□

歸德衛窑造

蒲州申卫千户所造

常州府□□□□

直隸常州府武進縣

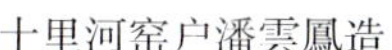

十里河窑户潘雲鳳造

六合縣

應天府委官通判戴昊
江寧縣委官典史□□

直隸常州府武進縣造

六合縣

直隸常州府武進縣造

直隸常州府無錫縣造

直隸徐州造

直隶廣平府清河縣造

捌年捌月
委官直隶常州府推官□□
武進縣□□□□

直隸常州府無錫縣造

直隸常州府武進縣造

直隸常州府武進縣造

直隶扬州府泰州委官戴
继成湾頭鎮窑户□□造

直隶松江府城磚

直隶常州府無錫縣造

直隶常州府無錫縣造

直隶常州府武進縣造

直隶常州府□□县造

莘县窑造

（局部）

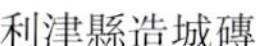
利津縣造城磚

（局部）

金鄉縣窑造　號

兖州府金鄉縣□□窑

鉅野縣焼造

聊城縣委官□□□□窑户王保

直隷常州府武進縣造

直隷常州府武進縣造

5. 窑厂款

德順窑記

廣義窑造

天立大新樣磚

天立窑細泥停城磚

天立窑細泥□□□

永成窑記

德順窑記

荣陞窑細泥大停磚

遵欽窑新樣城磚

廣順窑細泥停城

通和窑澄漿停城

西通合窑造

永慶窑大亭城磚記

通和東窑

臨清厰窑户程□□匠人□□造

天立窑細泥停城磚

義盛窑記細泥城甎

寳祥窑廠

臨清窑户程伍□作頭□文魁造

天立大新樣磚

官窑辦造新樣城磚

□盛窑細泥停城磚

義和興窑製

德興窑停城

□钦窑大亭城磚

西通合窑澄漿□□

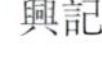

興記

德順窑記

興記

天立窑細泥停城磚

萬順窑成造

寳祥窑厰

臨清磚厰窑户□□

德順窑記

聚盛磚廠

西通合窑澄漿停城

□城窑□

遵欽窑細泥城磚記

通和窑澄漿停城

通和窑細泥停城

寶豐窑記

德順窑記

裕盛窑細泥停城磚

通和窑細泥停城磚

德順窑記

通和窑細泥停城

臨清窑户□□造

通和窑細泥停城

後厰窑户暢道

裕成窑武邦㒷記

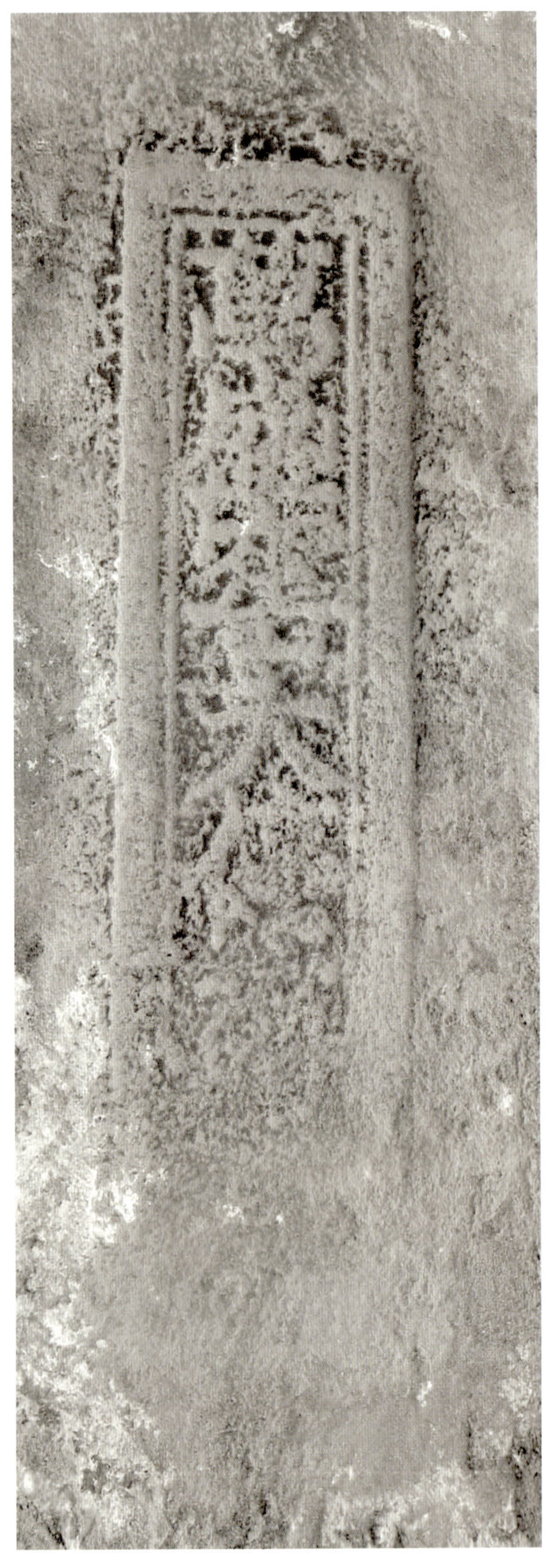

萬盛窑大停磚

通和窑澄漿停□

□□年臨清廠窑户張亨造

寶豐窑記

遵钦窑新樣城磚記

裕盛窑細泥停城磚

廣慶窑細泥停城磚

□廣窑大停城磚

後厰窑户暢道

新廣窑大亭□磚

遲窑

□□年臨清窑户刘乙 磚匠□□

後廠窑户暢紀造

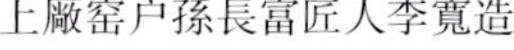

上厰窑户孫長富匠人李寬造

後厰窑户栾伯□造

後厰窑户陳明遠造

永豐窑窑户張鹏

（局部）

中上厰窑户□□

廣義窑吳鸿基記

興盛高窑

三義窑窑户郭昇

□□年臨清磚窑户張□□□

遵钦窑亭泥磚記

永益窑窑户郭成

永益窑窑户郭成

興盛窑窑户武逢旺

廣義窑記

廣義窑記

三義窑窑户郭昇

廣義窑窑户吳宏基

永豐窑窑户张鹏□

增盛窑

三義窑窑户郭昇

施興窑大新樣磚

臨清厰窑户吳應龍造

臨清廠□□□□□□

通和窑記

通和東窑

復贝窑

昌盛窑大停磚

昌盛窑大停磚

永成窑造

永成窑記

永成窑新様

□□□細泥停城磚

□□□□永裕窑成造

萬盛窑□□□□

榮陞窑澄漿停城磚

天立窑細泥停城磚

天立窑細泥停城磚

天立窑細泥停城磚

天立窑細泥停城磚

三益窑新樣磚

榮陞窑

廣義窑吳鸿基記

□□窑停城磚記

遵钦窑亭泥磚記

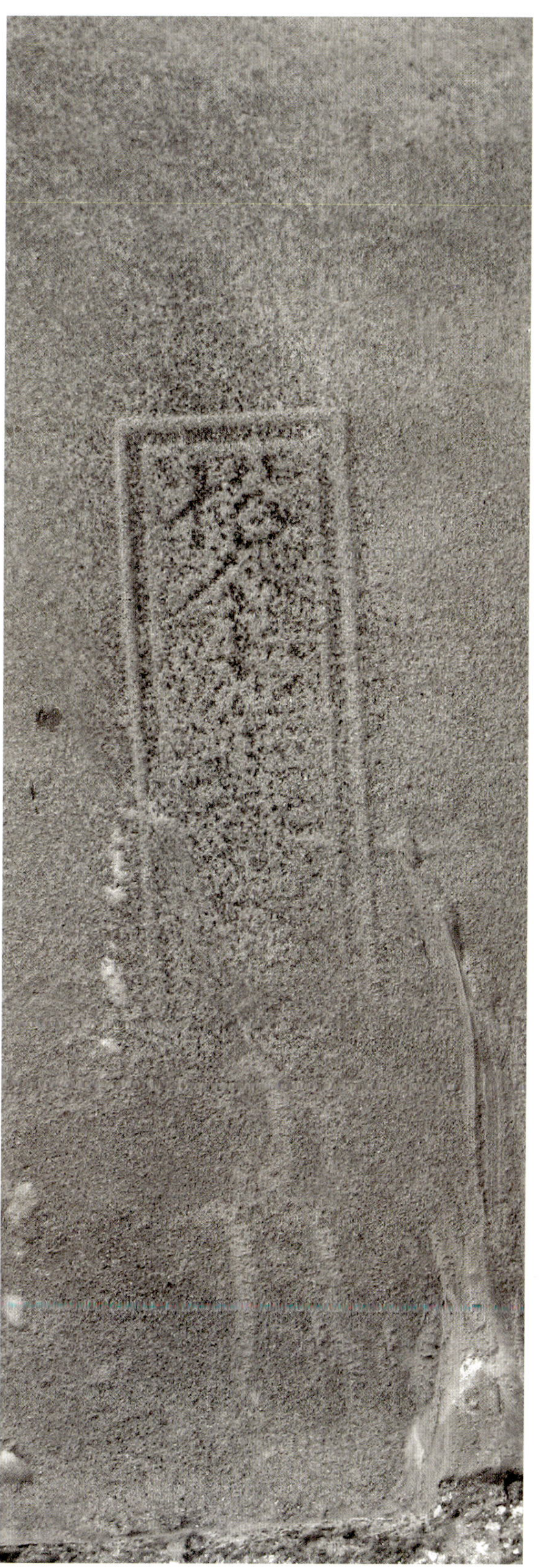

裕金窑□□□

通和東窑

興盛窑停城磚記

廣義窑記

萬順窑記

人和㒷窑

三益窑新樣磚

萬順窑記

正制永義窑記

裕盛窑新樣城磚

□□□年寧山衛造

永豐窑新樣磚

裕金窑新樣磚

武定窑定造停泥

廣泰窑大停細磚

後厰窑户暢□□

萬盛窑大停磚

恒盛窑澄漿停城磚

通和窑澄漿停城

齊家堰窑廠
五月初四造

聚盛窑澄浆停城磚

暹窑

□日胙城縣窑造

滎陞窑澄漿停城磚

復贠窑亭城磚

天惠窑記

裕盛窑細泥亭城磚

□□□□臨清窑户黄誠作頭□□□

新豐窑細泥停城磚

裕成窑武邦貝記

遵钦窑亭泥磚記

□清城磚

6. 窑户款

窑户白宣

窑户洪堂作頭孫現造

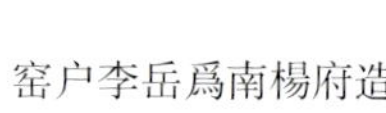

窑户李岳爲南楊府造

窑户加沠吴三樂作頭刘堂造

窑户孫国貴

窑户陳禮高臣造

窑户洪堂　匠人刘天□

義和窑窑户武邦照

□□年窑户隋邦音匠役高臣造

窑户于錢造

□□窑户汪昂作頭余才造

窑户刘鯨造

窑户□□□作頭刘金造㊊

窑户朱文言造

窑户石欽

廣義窑窑户吳宏基

窑户徐見

窑户張春造

加泒窑户暢紀造

窑户□寿　匠人□登造

池

窑户張春造

窑户于錢造

□□□窑户張廉造

□□辛文祥匠人騰还造

窑户孫国貴造

□□年臨清厰窑户朱章造

窑户王朝松造

窑户方禄匠人賈林造

□□年窑户宋尚約造

加泒窑户蘆魁造

□□臨清窑户朱文杲　匠人朱秋造

臨清窑户朱文匠人王進用造

窑户畅道匠人刘金造

窑户孫長明造

□户王朝松造

□□□月窑户杨潼造

窑户梁旺造

李邦

□□窑户吴□賓造

窑户姬□□造

窑户劉□卿造

窑户孫□□造

窑户蒋江造

窑户吴天爵造

窑户王雲鶴造

窑户符榮

窑户隋邦音

窑户段洲造

窑户李荣

窑户龚一桂造

窑户丁□造

窑户蘇万户造

窑户孫長明造

窑户柴楊朴造

□□六年窑户張啟造

窑户婁□□

窑户□時茂造

窑户張邦彦造

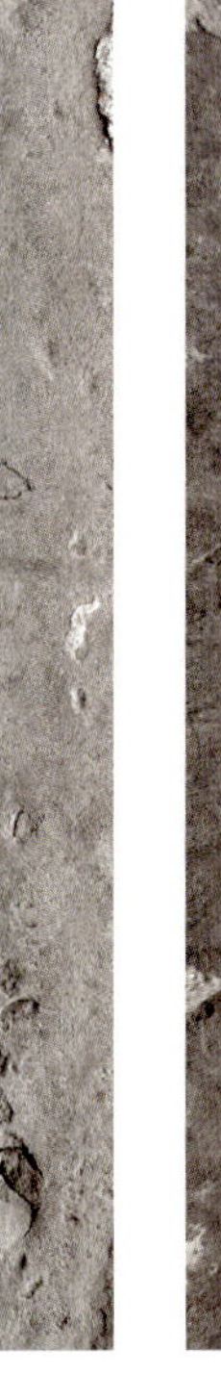

窑户錢□

窑户紀鄉造

窑户張冕造

窑户王朝松造

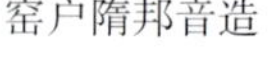
窑户隋邦音造

汪槿

窑户王朝松造

窑户程洲造

窑户□隆造

窑户王朝松造

窑户吴三樂造

窑户柴永造

臨清窑户方世亨　匠人□□造

窑户齊盛造

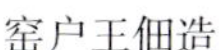
窑户王佃造

□□窑户隋邦音匠役高臣造

□□窑户盧宣造

□□□□窑户梁耻造

窑户徐鑑造

□□□□□窑户李龍造

窑户姚鎮造

万順窑窑户張愷

□□□□□□窑户張輔造

窑户柴楊朴造

窑户張冕造

窑户紀鄉造

加泒窑户蒋□□

臨磚窑户畅道作頭盛邦現造

遵钦窑窑户楊正國

永裕窑窑户武濟和

裕成窑窑户武邦興

窑户孫国貴造

裕金窑窑户趙應璜

遵钦窑窑户楊正國

永裕窑窑户武濟和

張窑造

永裕窑窑户武濟和

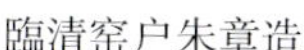

臨清窑户朱章造

□□窑窑户王永慶造

（局部）

窑户刘福

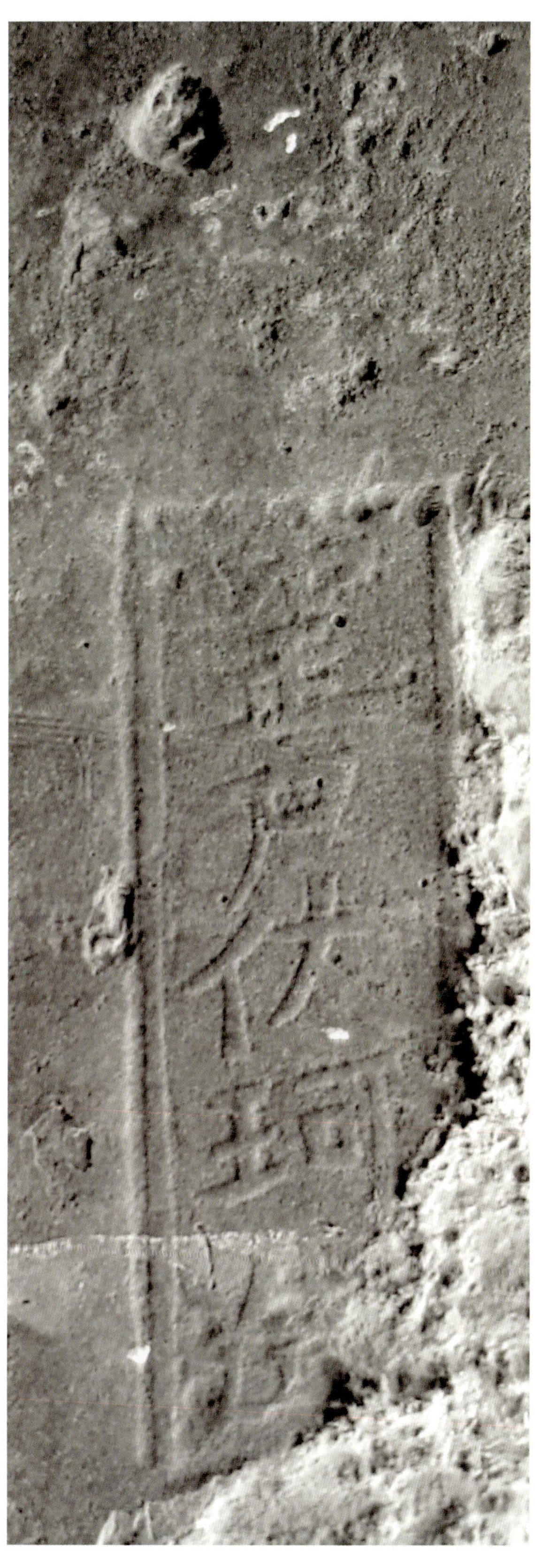

窑户伏珂造

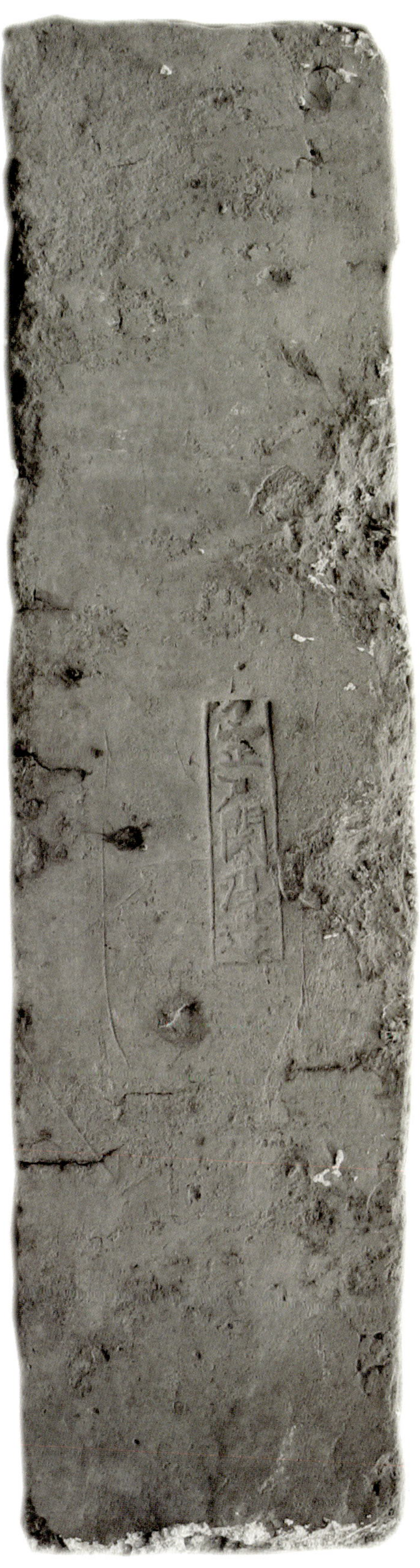

窑户閔淳造

秋季窑户崔舒造

□□分窑户紀缜造

□□窑户鄭雨造

窑户孫岫造

窑户李忠造

□□□窑户郭成

永豐窑窑户張鵬儒

裕成窑武邦興記

裕金窑窑户趙應璜

永裕窑窑户武濟和

遵钦窑窑户楊正國

增盛窑窑户姚顯義

□□磚匠丁鉞

窑户鄭釗

遵钦窑窑户楊正國
乾隆辛未年□

朱孫官記

孫官記

石閆記

石馬記

朱張記

石閆記

石馬記

□宋記

窑户吴养心匠人□□□

窑户平柴誠作頭李文士造

窑户吳邦吉作頭李現造

秋季窑户邢書作頭劉□俊造

□□李顯貞作頭李登科造

加泒窑户□□造

□季窑户楊相

加泒窑户朱文造

加泒窑户□□造
（来源：临清博物馆）

遵钦窑窑户楊正國

臨清窑户吴中粹．匠人閆魁造

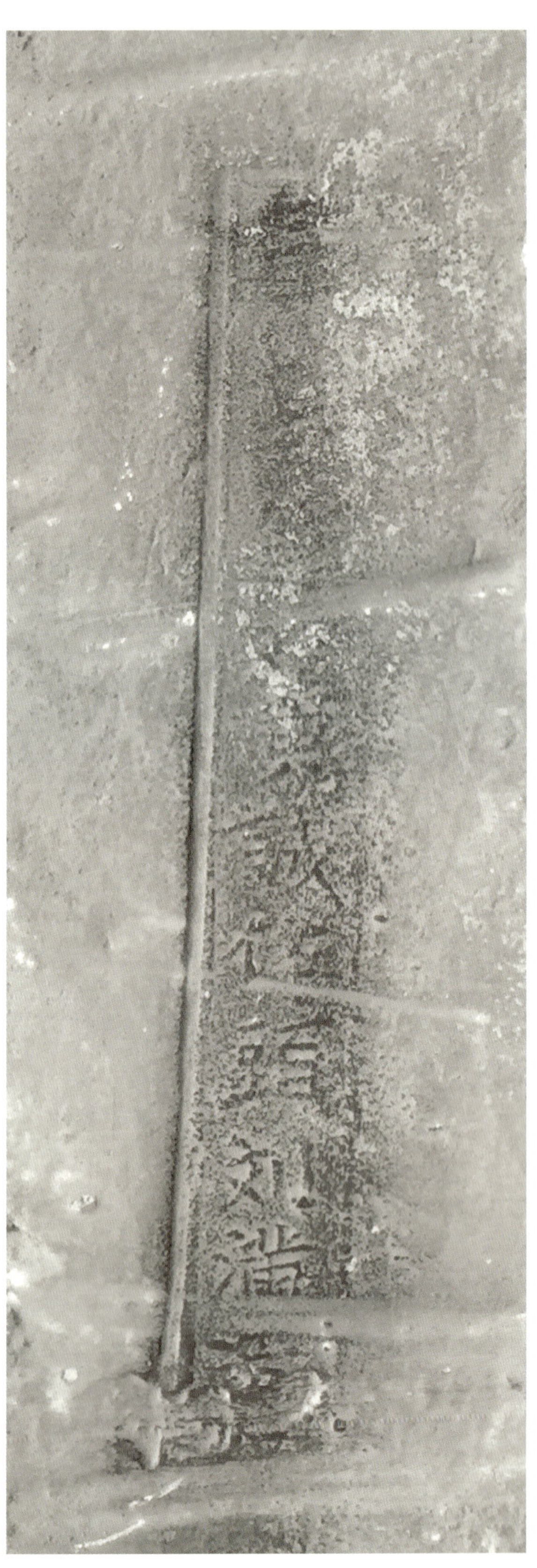

□□□□黄誠作頭刘满造

匠人王信

秋季窑户孙明造

□□□窑户卜仝造

窑户李德

□□□□窑户梁贝造

窑户姚縝

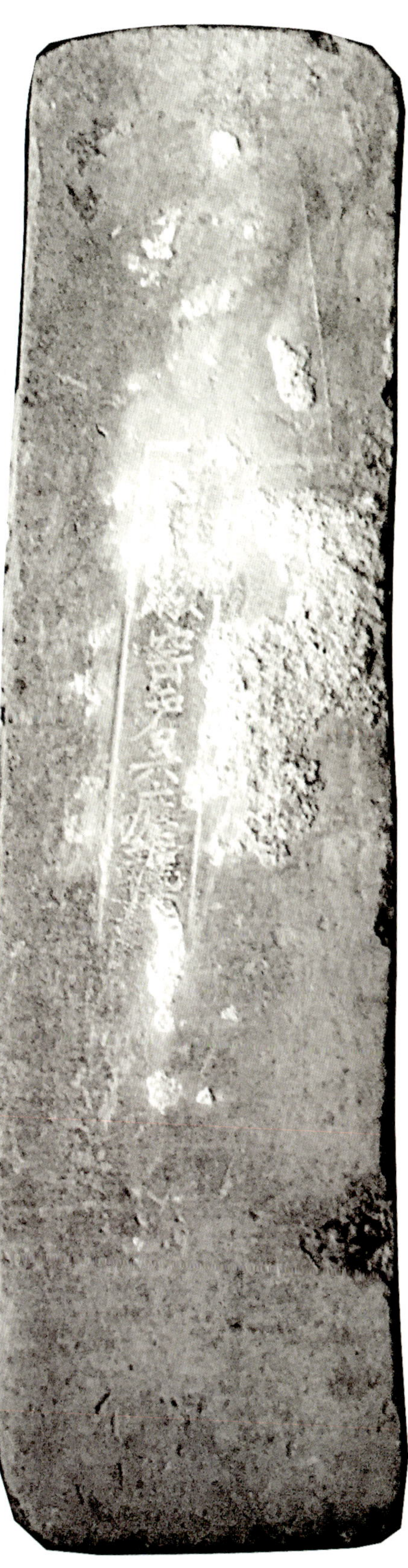

□□□窑户吴應龍

临清窑户□□□

四十六年窑户楊炳作頭□□□

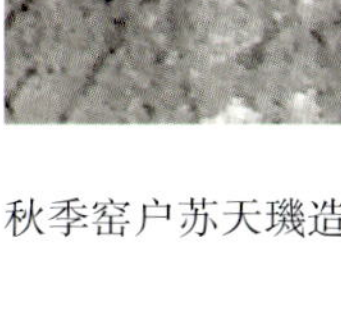

秋季窑户苏天璣造

窑户于□

7. 专项款

大工

年利

年利

壽工

壽工

年例

大工

壽工　臨清窑户姚□□　匠人崔尚文造

壽工

壽工　臨清窑户江□□

壽工　臨清窑户芦魁 匠人張子孝造

年例 · 嘉靖十年秋季窑户□□□□

壽工 . 臨清窑户方禄 . 匠人杜萬造

壽工．臨清窑户吳謙□□□□□

年例

圓明園

王府足製

王府足製

王府足製

大工

大工

王府足製

壽工　臨清窑户許大成 匠人王大用造

壽工　臨清窑户吴邦吉匠人刘良造

大工　嘉靖十年秋季窑户高雄為登州府造
（来源：临清博物馆）

内工　贰拾伍年窑户陈禮 作頭高臣造
（来源：临清博物馆）

王府足製

王府足製

8. 图形款

云纹款

停城（葫芦款）

葫芦款

足（桃形款）

飞龙款

（局部）

停城（葫芦款）

停城（葫芦款）

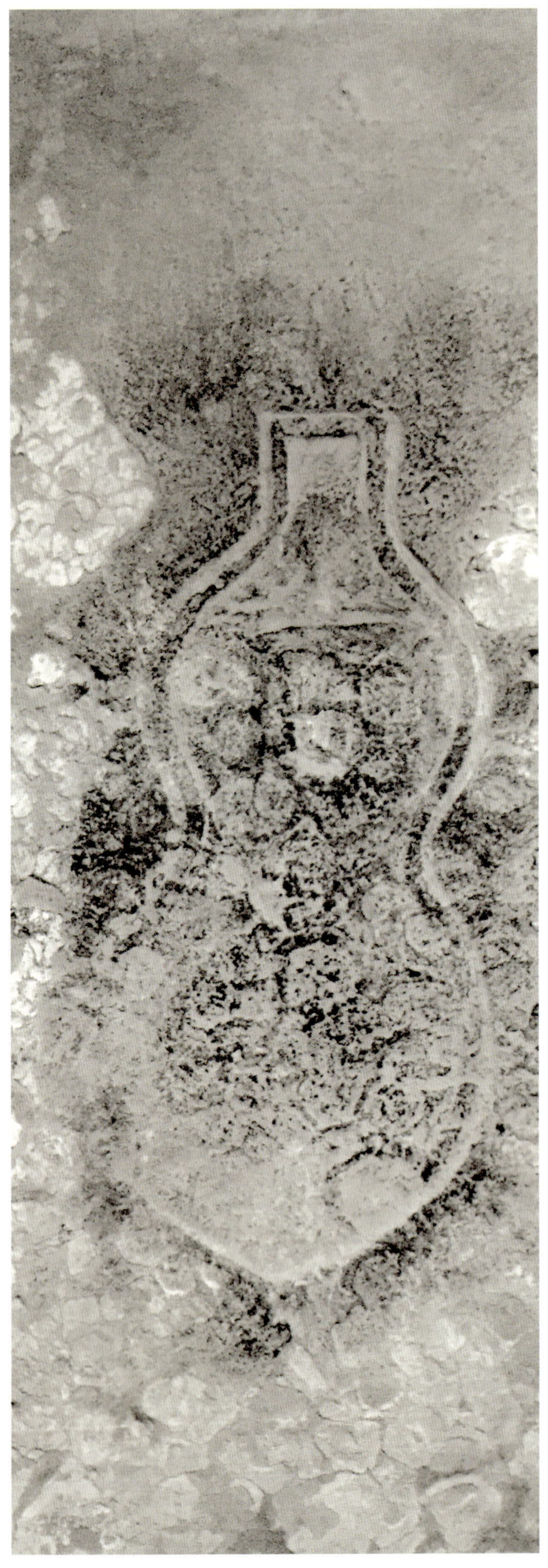

停城（葫芦款）

停城（葫芦款）

停城（葫芦款）

三十三年窑户侯傑作頭刘金造 周

亭城（葫芦款）

铜钱款

（局部）

篆字印章款

（局部）

9. 色印款

監记（黑色印）

上用（红色印）

□□验中收（红色印）

張啟□（红色印）

荣（红色印）

鉞（红色印）

验收记 （红色印）

验中收（红色印）

上用（红色印）

□□验中收（红色印）

艾记（黑色印）

□□验（红色印）

七年米□（黑字印）

臨清工部验中（红色印）

红印 （红色印）

验中收（红色印）

周世隆（红色印）

验中收（红色印）

圆圈．脩林（红色印）

验中收（红色印）

于瀛（红色印）

验中□（红色印）

丁國□（白色印）

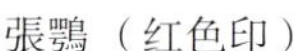

張鹗（红色印）

东昌府临清砖（红色印）

民記（黑色印）

陳龍壽（白色印）

臨清工部验中（红色印）

臨清工部验中（红色印）

圆圈．火（红色印）

臨清工部验中（红色印）

楊記（白色印）

軍（红色印）

圆印（红色印）

大（红色印）

新磗（红色印）

上用（红色印）

荣（红色印）

10. 材质款

大新樣甎

大新樣甎

大新樣甎

大新樣城磚

大新樣城甎

亭城磚記

亭泥城磚

亭泥城磚

新樣細泥城磚

城工細泥

大亭城磚記

新樣城磚

亭泥城磚

停城磚

停城磚

细泥金城磚

亭城磚記

新砖□□□□□□

□□年 月 日停滚砖

新砖二十六年窑户□□□

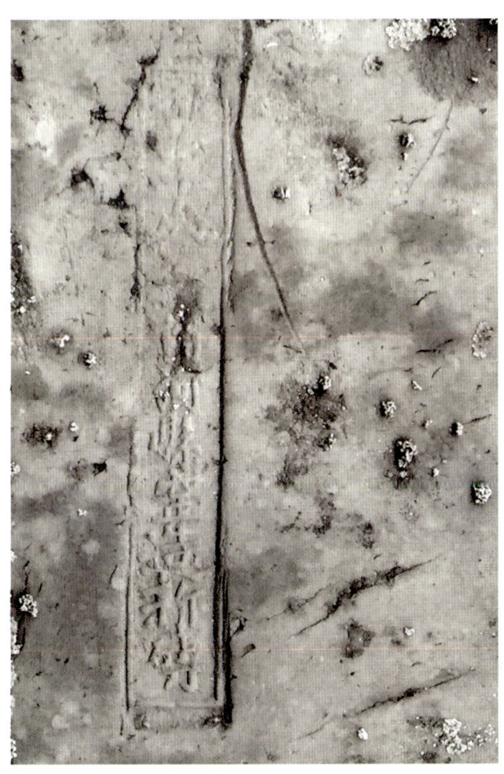

□□□□商沟縣窑造新磚

□□二十六年窑户閆道造

新様城磚

城工細泥城磚

□□□新様城磚

大亭城磚

細泥停城甎

新磚　□□窑户蒋賔作頭張豹造

11. 杂项款

足製

篆字款

三作

加泒

□□二十日

二作磚匠張安

足製

足製

天啓元年窑户錢歧作頭□□□

先错印（万历）四十八年款，后改印天启元年款

券甎.嘉靖十四年□□□□（型砖款）

蒲州中卫千户所造（反字款）

嘉靖伍年臨清廠精造窑户陳經（折印款）

（局部）

一作

四号

匠作崔整

匠作□□

自

附录一
明清北京城砖铭文名词释读

提调官：

提调官是朝廷根据工役需要临时设置的一种非常设官职的职务称谓，通常多采取相应职级官员异地调任的方式兼职，所负责的工役项目结束后则回归原籍。府级提调官一般由相应的知府（或直隶州知州）兼任，或由其委派府（或直隶州）署的同知、通判、经历、知事、照磨、判官、吏目等兼任。县级提调官一般由相应的知县（或府属州知州）兼任，或由其委派县（或府属州）衙的县丞、主簿、典史等兼任。

管工：

主管工程、匠役的官员。

委官：

职责与相应的府、州、县各级提调官相同，“委”字表示其受府、州、县等职官委托临时受任，

指挥、指挥使：

1．都指挥使（都）

省级最高军事机构都指挥使司的长官，正二品。

2、卫指挥使（卫）

都指挥使司下辖的军事机构卫指挥使司的长官，统兵五千六百人，正三品

千户：卫指挥使司下辖的军事机构千户所的长官，统兵一千一百余人，正五品。

监造官：

专职负责监督城砖烧造的政府官员。

工部监督：

工部所派负责监督城砖烧造的专职官员。

知府：

府级最高行政长官，掌管一府行政，上听命于布、按二司，正四品。

同知：

知府佐官，分管巡捕、海防、水利、督粮等事物，正五品。

通判：

知府属官，分管农田水牧、粮运等，正六品。

推官：

知府属官，专司刑事，正七品。

经历：

知府属官，主管府署中的总务工作，负责收发上下行文，正八品。

知事：

知府直属的中级事务官，正九品。

照磨：

知府属官，掌管文案卷宗，负责审计，从九品。

检校：

知府属官，负责检、校公事卷宗等。

知州：

明代分两种州级行政长官。

1、直隶州知州：

直隶州最高行政长官，掌管一州行政，直属于布政使司，地位相当于知府而略低，正五品。

2、府属州知州（散州）：

府属州最高行政长官，掌管一州行政，地位相当于知县而略高，从五品。

同知：

分管巡捕、海防、督粮，从六品。

判官：

佐理州一级政事，从七品。

吏目：

知州属官，掌文书出纳，从九品。

典吏：

知州属官，掌管文移。

知县：

县级最高行政长官，掌管一县行政，上听命知府，正七品。

县丞：

知县佐官，协管县政，掌农粮、巡捕等，正八品。

主簿：

知县佐官，掌文书、簿籍和印鉴，正九品。

典史：

协管刑狱及其他县事。

窑户：

砖窑的所有者，城砖生产的主要负责人。

作頭：

城砖生产环节和窑匠的管理者和组织者。

匠人、窑匠、黑窑匠、砖匠、工匠、人匠、匠作、匠役：

专门负责制造城砖的人员，是掌握城砖各项烧造技能的基本技术工人。

造砖人、人夫：

参与造砖工役的最底层劳动者，只从事简单、繁重、技术含量低的体力劳动。

附录二

《北京铭文城砖研究》人名检索

（下表中人名均来源于本书《明清北京城砖铭文目录》，括号内数字为相关砖铭图片所在页码，未标示页码者表示与该人名相关的砖铭图片未录入《城砖铭文图录》）

明代

成化（1465—1487）

官员（知府、知县、指挥、提调官、管工、推官、大使、千户、百户）

窑匠、高手匠、高手、黑窑匠、匠作

弘治（1488—1505）

官员（知府、知县、指挥、提调官、推官、大使）

窑户

作頭

窑匠、窑夫、匠作、匠人

正德（1506—1521）

官员（知府、知县、指挥、提调官）

窑户、老人

徐宽（262） 王缙（253） 刘浩 曹刚（261） 陈泰（258） 金兰（263）

窑匠

谢礼（249） 朱昂（252） 卢道卯 朱胜八 潘道四（252） 董贵四（252）
王谦 李双四（249） 李秀五（249） 胡苓 刘□ 赵□（258）
曹胜（257） 赵隆（259）

嘉靖（1522—1566）

官员（知府、知县、指挥、提调官、督造推官）

陆钶 李钦吴 周邦 黎明 陈□ 罗江
罗达（302） 孙怡（303）

窑户

裴斐（308） 纪乡（452） 张钦（382） 蒋符（303） 蒋定（303） 刘刚（389）
孙文锐（378） 孙文铭（361） 李栾（329） 刘钊 李养德（445） 畅伦（304）
于盈（414） 王玠（442） 孙子澄（425） 庄胜（302） 孙敬 孙伦（333）
张辅（361） 张奉（349） 朱文杲（461） 蒋儒（415） 关锐（415） 刘勋（400）
王禄（335） 罗凤（363） 王廒（391） 王吉（383） 王保（359） 张世用（336）
孙祁（453） 张世梁 曹来（438） 李章 符杰 宋贵
邓受（458） 梁炼（448） 陈府（449） 畅秋（447） 赵仪（456） 周经会（433）
梁腾（441） 刘大得（441） 段洲 余义 罗江 孙怡
杲经荣（368） 吴鼎（320） 蔡来奉（413） 刘世（377） 蒋恩（614） 周世隆（376）
罗富（374） 陈辅尚（457） 袁伯仓（392） 王远 郭春 刘听
卢宣（401） 赵经（373） 刘刚（388） 李舜卿 曹吉（371） 李经
李清（374） 姚缜（327） 杜珽（305） 闫浩（395） 孙保 陆经（319）
符居（324） 张铭 卢敢（350） 吴世一（352） 李继（306） 栾铠（304）
王徵（420） 辛文祥（426） 伏珂（452） 谭得成（313） 李祯（422） 张鹗
孙隆（416） 刘松（386） 吴三省（402） 高雄 王锐（444） 吴昆（457）
冯惠（411） 朱贤（408） 白仲仁（407） 刘玨（393） 孙宗仁（406） 许友（314）
方贤（418） 刘钊（362） 杨仲儒（412） 陈伦（410） 刘禄（403） 杨杲（296）
王隆 王坤（396） 贾智（395） 杨守仁（403） 吴三乐（678） 沙兴（400）
李岳 侯增（353） 曲宣（325） 李辅（351） 王唯忠（346） 孙伦（312）
杜迂（341） 刘景李（342） 杜文（353） 吴世豪（341） 马坤（354） 张世用
杨文伟（352） 孙铭独（336） 韩经（350） 吕政（307） 祝澄（318） 赵钺（327）
张宗（315） 陈清（436） 孙杰（310） 陈经 曹志 王钊（322）
胡永清 裴宗（275） 韩浦（419） 孙九铭（384） 李舜卿（378） 张伦（364）
丁禄（360） 孙铭（358） 梁进鎏 张增 卜仝（350） 庄胜（302）

匠人

杨鹿 刘灵（356） 董志（436） 胡玉 商让（391） 刘现（391）
胡大贤（349） 刘李（437） 赵乐（413） 王信（328） 周善（401） 葛禄
王隆（382） 刘岳（403） 郭灵（418） 刘学（409） 高臣（442） 孙堂（332）
李刚（335） 米德（330） 任隆（331） 朱秋（461） 王安（369） 王大用（426）
王名（379） 李景 刘继宗（376） 孙现（319） 王玉（381） 曲梅（389）

崇祯（1628—1644）

窑户

吴养心（519）	王　甸（525）	杨逢时（520）	朱　文（520）	尚　世（521）	孙宗义（521）
刘元焕	张　亨（526）	陈　礼（518）	胡　禾（524）		

作頭

张　时（524）	刘　虎（519）	张　石（520）	赵　清（518）	张守信（526）

匠人

石　兴（519）

清代

顺治（1644—1661）

窑户

孟守科（534）	畅　道（527）	周循鲁（537）	张有德（530）	平柴诚（530）	朱　文
张　泽（529）	钱　歧（535）	蒋　宾（531）	张　亨（530）	刘承恩（535）	

作頭

赵邦印（529）	李　仕（533）	刘　京（531）	刘显德（535）	刘仲举（530）	翟　茹（530）
郭守贵（538）	李仲道	贺登选（537）	李文士	崔文举（536）	赵　印

康熙（1662—1722）

窑户

畅　道	孟守科（542）	周循鲁（543）	张有德（544）	张　泽（544）

作頭

郭守贵（545）	张名仕	张化豹（543）	胡仕口	刘　奇（544）	梁继尧（543）
施茂择（544）	赵起口	崔　成	赵邦印（544）	崔　贵	崔振先（545）
严守才（542）	张　商（541）				

雍正（1723—1735）

窑户

刘承恩（546）	张　泽

作頭

王加禄（546）	赵起奉

乾隆（1736—1795）

官员（工部监督、工部监造官）

桂（605）	永（601）	福（600）	来（604）	克（601）	图（604）

窑户

作頭

嘉庆（1796—1820）

窑户

作頭

道光（1821—1850）

窑户

作頭

咸丰（1851—1861）

作頭

同治（1862—1874）

光绪（1875—1908）

宣统（1809—1911）

其他人名检索

（源自无年号、无朝代、漫漶、残缺的城砖铭文）

窑户

吴天爵（695） 王云鹤（695） 龚一桂（697） 隋邦音（680） 郭　升（655） 丁　钺（720）
张邦彦（700） 白　宣（678） 崔　舒（716） 柴杨朴（699） 朱　文（690） 吴养心（723）
朱文言（682） 吴三乐（678） 王朝松（687） 孙国贵（679） 平柴诚（723） 梁　兴（730）
孙长明（691） 辛文祥 刘　福（714） 纪　缜 郑　雨（717） 郭　成（657）
郭时信 张　辅（708） 张　钦 石　马（722） 石　闫（721） 吴应龙（731）
石　宋 朱　张（713） 朱孙官（721） 李　岳（678） 洪　堂（678） 高　雄（742）
芦　魁（689） 张三丰 高　臣（679） 吴　谦（739） 方　禄（738） 侯　杰（747）
蒋　旺 梁　旺（692） 孙　现 李　现（724） 纪　乡（701） 于　瀛（757）
张　鹗（566） 闫　道 杜　珽 蒋　宾（771） 张来进（568） 陈龙寿（759）
杨　相（726） 张　泽 张　廉（686） 许大成（741） 赵举贤 武逢旺（657）
宋尚约（688） 吴邦吉（724） 孙　明（729） 杨　炳（732） 吴中梓（728） 赵　李（563）
韩　经（561） 黄　诚（728） 姚　缜（707） 吴　八 孟守科 秦　禄（563）
李　德（729） 卜　全（729） 苏天璣（733） 高　臣（679） 陈　礼（679） 张　亨（563）
陈　经（776） 刘郑才（568） 李显祯（725） 万　化（571） 柴　永（572） 高六十七（608）
朱胜八（608） 苏　华（609） 刘　浩（610） 孙长富（653） 栾　伯（653） 葛孟阳（562）
高　进（611） 高尚义（613） 刘　鲸（681） 朱文杲（689） 畅　道（690） 杨　潼（692）
段　洲（697） 苏万户（698） 张　启（700） 徐　鑑（707） 李　龙（707） 张　恺（707）
盛邦现（709） 张鹏儒（718） 汪　昂（681）

作头

刘口俊 朱　章 赵逢口 余　才（681） 李登科（725） 刘　堂（678）
刘　金（682） 张　豹（771） 王大用（568） 刘　满（728） 孙　现（678） 刘　二（571）
刘宗仁（564） 刘东明（568） 谢　二（574） 郑　福（575） 申　才（577） 刘显德（578）

匠人、匠役、窑匠、匠作

张子孝（737） 杜　万（738） 腾　还（678） 刘　天（680） 王进用（690） 王　信（729）
王大用（741） 曹　林（688） 刘　良（742） 张云轩 闫　魁（728） 崔尚文（736）
孙　现（583） 孙　经 高　臣（563） 崔　整（778） 朱　秋（689） 张　安（773）
畅　克（561） 孔　虎（569）

注：在研究中发现，同一人名有时会出现在不同朝代、不同类别的城砖铭文中，如：有的人作为窑户连续出现在几个不同朝代的砖款上；也有的人分别以窑户、作头或匠人的不同身份出现在不同的砖款中；甚至有些窑户名出现在砖铭上的时间跨度竟长达一百多年（此现象是否缘于当时窑厂的注册管理制度，尚待研究）。为便于对比和深入研究，分别将其收录于表中相对应的类别。

参考书目

1.《明史》，（清）张廷玉等撰，北京：中华书局，1974 年版。

2.《明实录北京史料》，赵其昌主编，北京：北京古籍出版社，1995 年版。

3.《明实录类篡 . 北京史料卷》，李国祥、杨昶主编，武汉：武汉出版社，1995 年版。

4.《明代建筑大事年表》，单士元、王璧文编，北京：紫禁城出版社，2009 年版。

5.《清代建筑年表》，单士元编，北京：紫禁城出版社，2009 年版。

6.《钦定古今图书集成》考工典之营造篇，（清）陈梦雷、蒋廷锡等编，武汉：华中科技大学出版社，2008 年版。

7.《光绪顺天府志》，（清）周家楣、缪荃孙等编篡，北京：北京古籍出版社，1987 年版。

8.《史论丛编》，单士元著，北京：紫禁城出版社，2009 年版。

9.《南京城墙砖文》，南京市明城垣史博物馆编撰，南京：南京师范大学出版社，2008 年版。

10.《明代州县政治体制研究》，柏桦著，北京：中国社会科学出版社，2003 年版。

11.《明中都研究》，王剑英著，北京：中国青年出版社， 2005 年版。

12.《南京城墙志》，杨国庆、王志高著，南京：凤凰出版社，2008 年版。

13.《中国运河文化史》，安作璋主编，济南：山东教育出版社，　年版。

14.《明代的漕运》，（美）黄仁宇著，张浩、张升译，新星出版社，2005 年版。

15.《清代漕运》，李文治、姜太新著，北京：中华书局，1995 年版。

16.《北京的城墙和城门》，（瑞典）奥斯伍尔德 . 喜仁龙著，许永全译，北京：北京燕山出版社，1986 年版。

17.《北京城市历史地理》，侯仁之主编，北京：北京燕山出版社，2000 年版。

18.《中国史稿地图集》，郭沫若主编，北京：中国地图出版社，1996 年版。

19《北京史》，北京大学历史系北京史编写组，北京：北京出版社，1999 年版。

20.《明代政治史》，张显清、林金树著，桂林：广西师范大学出版社，2003 年版。

21.《清代国家机关考略》，张德泽著，北京：学苑出版社，2008 年版。

22.《中国装饰图案集成》，回顾编著，沈阳：辽宁美术出版社，2001 年版。

23.《明代卫所政区研究》，李新峰著，北京：北京大学出版社，2016 年版。

24.《锦溪窑火——砖瓦制作技艺》，赵红骑主编，上海：上海人民出版社，2011 年版。

25.《大明会典》

26.《康熙字典》，北京：国际文化出版公司，1996 年版。

27.《现代汉语词典》，中国社会科学院语言研究所词典编辑室编，北京：商务印书馆，2006 年版。

28.《简化字源》，李乐毅著，北京：华语教学出版社，1999 年版。

29.《运河名城：临清》北京：中国文史出版社，2010 年版。

30.《中国历史年代简表》，北京：文物出版社，2001 年版。

31.《山东临清市河隈张庄明清“贡砖”窑址发掘报告》，山东省文物考古研究所、临清市博物馆。

32.《探寻、追忆与再现——齐鲁地区非物质文化遗产调查与研究》，于海广著，山东大学出版社，2007 年版。

后　　记

十三年前，当我在拆迁的废墟中搬起第一块城砖的时候，无论如何也想不到日后它会成为一个令我倾心的研究课题。

在很多人心目中，城砖不过就是砌筑城墙的大砖头而已，殊不知，它还是研究明清北京城垣史极其难得的、具有多元历史文化价值的实物史料，其砖铭更是承载了这座古城几百年的营建信息。

长期以来，这一珍贵的建筑文化元素似乎被世间所淡忘。而在北京城垣建筑文化的研究体系中，关于城砖铭文的研究也几乎是一个空白，而造成铭文城砖研究阙如的原因，主要还在于难以累积一定规模的原始素材，基本资料不成系统，研究无疑如同管中窥豹。

在一个历史城市失去城墙几十年后再去研究其城砖文化，其难度可想而知。然而，北京大规模的城市危改却为我提供了近距离接触这项实物史料的良机，为了不错过这稍纵即逝的机遇，十多年来不辞艰辛地奔波于各个危改拆迁工地及一切可能有城砖存在的地方，大海捞针般地搜寻那些钤有珍贵铭文的城砖，力求通过抢救性的发掘和研究，重新揭示城砖厚重的历史文化内涵，使那些长年埋没的城砖铭文焕发新的生机。

多年来，能够始终坚持北京城砖文化的研究，无疑离不开长期支持帮助我的老师、朋友和家人，他们的指导、鼓励和理解是我最大的动力。

首先感谢已故著名古建筑学家罗哲文先生生前对我这项研究的热情鼓励和悉心指教。

感谢国家文物局顾问、著名文物保护专家谢辰生先生多年来对我研究北京城市文化的一贯支持和帮助。

感谢国家文物局原副局长、中国收藏家协会名誉会长阎振堂先生为本书题词。

感谢北京交通大学张世文老师的帮助，共同的志趣使我们成为挚友，并经常结伴外出探寻铭文城砖，书中部分砖文即是我们一起考察的收获。

感谢山东临清市博物馆馆长魏辉先生和徐洪真女士在我赴临清实地考察时给予的热情支持和帮助。

本书能够获得2017年度国家出版基金，则是金城出版社及张朴远副社长精心策划和细致工作的结果。还要衷心感谢国家文物局顾问、著名文物保护专家谢辰生先生和中国社会科学院考古研究所研究员许宏先生对本书申报国家出版基金的热情推荐。

特别感谢夫人严师在搜集资料、实地考察、图片整理等方面的长期参与和支持。

《北京铭文城砖研究》只是城砖多元文化研究的一个阶段性成果，尚有很多需要探究的疑难问题，相信随着砖铭的不断蒐集、解读砖文能力的不断提高以及理论研究的深入，北京铭文城砖的文化价值还将得到进一步展现。

这一研究课题较为冷僻，可供参考借鉴的文献史料极少，目前主要依据已获得的铭文砖资料进行探索性研究。由于本人在历史、考古方面专业水平有限，书中定会有错误和纰漏，还望广大读者朋友给予指正。

蔡　青

2017 年夏于海淀大钟寺太阳园